DE LA JUSTICE

DANS L'EXERCICE DE LA SOUVERAINETÉ

IMPRIMERIE GÉNÉRALE DE CHATILLON-SUR-SEINE, JEANNE ROBERT

PUBLICATIONS DE L'ÉGLISE DE LA LIBERTÉ

DE LA JUSTICE

DANS L'EXERCICE DE

LA SOUVERAINETÉ

OU

LE CONTRAT SOCIAL

DES RÉPUBLIQUES DE L'AVENIR

PAR

LE Dr JUNQUA

Tout par le peuple
et pour le peuple.

—--oo$\{$o$\}$oo—--

PARIS

LIBRAIRIE SANDOZ ET FISCHBACHER

33, RUE DE SEINE, 33

1879

DE LA JUSTICE DANS L'EXERCICE DE LA SOUVERAINETÉ

—

PRÉFACE

DE LA JUSTICE

DANS L'EXERCICE

DE LA SOUVERAINETÉ

PRÉFACE

Tous les grands hommes ont été et seront des
martyrs, ne serait-ce que de leur propre génie
ou de l'indifférence plus ou moins insensée de
leurs contemporains.

Je n'ai point la prétention d'être un grand
homme ; j'en suis loin, mais je ne craindrais pas
d'avoir l'autre si déjà mon passé ne m'avait conquis ce droit et cette gloire.

Je ne fais point une œuvre d'opportunisme,
j'en fais une de radicalisme pur, dans le sens le
plus philosophique du mot : mon second titre :
le contrat social des républiques de l'avenir le dit

assez, et quand on écrit avec de telles intentions, on ne peut jamais compter que sur le martyre.

Les peuples approchent de l'âge mûr; ils commencent à n'être plus des enfants; je veux leur parler et leur parlerai, dans ce livre, comme on parle à l'âge de puberté; ils feront de moi ce qu'ils voudront.

Il y a, dans l'histoire humaine, deux génies divins, que j'admire plus que tous les autres; ils me semblent avoir été posés, devant la série des âges, comme les grands modèles à imiter : et, quelque petit que l'on soit, on s'honore toujours en les imitant, de si loin qu'on puisse le faire.

Ces deux génies de la raison et du cœur furent Socrate et Jésus.

Furent-ils opportunistes en se faisant condamner, l'un à boire la ciguë dans Athènes, l'autre à être crucifié dans Jérusalem?

Jamais les esprits vraiment forts ne seront opportunistes; ils auront toujours pour destinée un martyre quelconque, fût-il celui de la conspiration du silence, et ce seront leurs contemporains qui seront leurs bourreaux. Ce martyrelà du moins, on le subit invariablement quand on expose une vérité radicale, et qu'on la jette armée de la brutalité des principes à une humanité qui est encore trop enfant pour la pouvoir comprendre.

Socrate prêcha, dans les échoppes et sur les forums, l'unité du principe des choses dans un temps où l'on n'en comprenait encore que la multiplicité, puisque c'était le temps du polythéisme positiviste : Socrate fut conspué ; il endura les railleries de la scène et, en fin de compte, il vit se former une majorité suffisante, au grand conseil, pour le condamner à boire le poison.

Jésus prêcha la même vérité qu'avait prêchée Socrate, en y ajoutant quelques-unes des conséquences fondamentales desquelles sortira, un jour, la transformation des sociétés diverses, avant que cette transformation se fasse cosmopolite et réunisse toutes les sociétés et tous les hommes en un. Il dit à ses frères : « Vous n'avez qu'un maître : Dieu qui est le père ; et vous êtes tous égaux . » Il tira de ce principe les dogmes, radicaux en socialisme, de l'égalité,

de la liberté, de la fraternité. Il posa les bases
des républiques et même de la république universelle en disant : « Les rois dominent les nations, et les nations appellent les rois leurs pères, leurs bienfaiteurs ! Chez vous qu'il n'en
soit point ainsi, que le plus grand soit le serviteur des autres. » Le Christ osa proclamer les
droits de l'homme dans un temps où l'humanité
n'était encore fondée que sur l'esclavage.

Que fit-on de lui ? On le crucifia.

Jésus fut un génie beaucoup plus extraordinaire que Socrate. Arrêtons-nous plus longtemps
sur lui.

Jésus est l'homme qui a été le plus Dieu depuis que l'humanité est une génération de Dieu,
γένος, comme l'a dit Paul son plus intelligent
disciple. Jésus fut le grand cartésien type avant
que Descartes parût et dît : « Je pense, je sens. »
Il fut le grand panthéiste qui avait compris le mystère des essences et des créations. Il ne fut ni un
homme manquant de sincérité comme l'avait
dit Renan dans la première édition de sa *Vie
de Jésus*, ni un homme atteint d'une névrose

comme quelques savants voudraient le dire aujourd'hui ; il fut un panthéiste convaincu, qui
avait compris ce que les autres hommes ne devaient comprendre que longtemps après: les générations indéfinies de la substance éternelle,
et qui s'exprimait devant ses contemporains,
incapables de le comprendre, selon la vérité dont
il avait l'intuition pure.

Il pouvait dire avec l'exactitude la plus absolue, en conformité avec les principes panthéisto-
cartésiens, perçus de son esprit avant l'heure
des manifestations publiques : « Qui me voit
voit le père. » « Le père et moi, sommes un. »
Il pouvait répondre au grand-prêtre, lorsque
celui-ci lui demanda : «Etes-vous Dieu?» « Je le
suis; » et le laisser, l'âme tranquille, déchirer
ses vêtements en s'écriant : « Il a blasphémé. »

Oui! Jésus put et dut faire toutes ces réponses
sans être un malade ni un imposteur. Il sentait
la cause immanente en lui, éclairer son âme de
cette lumière « qui éclaire tout homme venant
en ce monde, » et il la sentait avec une clarté
qui devançait les temps, il la sentait comme

personne ne l'avait encore sentie; il se voyait la
raison même et comprenait que dire « je suis
la raison, » revenait à dire : « Je suis la raison
éternelle; je suis le Verbe de Dieu, je suis Dieu
dans l'homme. »

Tout homme de génie peut dire la même
chose relativement aux vérités, claires pour lui,
qu'il annonce à ses frères.

Voilà Jésus! grand cartésien! grand panthéiste! le seul tellement grand à ces deux titres
qu'on ne l'a point encore compris; et, de plus, le
grand prolétaire, l'ouvrier type, le fils de l'homme
qui disait : « Les renards ont des tanières, les
oiseaux du ciel ont des nids; et moi, le fils de
l'homme, je n'ai pas où reposer ma tête. »

Avant de quitter ce monde, il put dire encore,
conformément à sa logique : « Toute puissance
m'a été donnée au ciel et sur la terre; allez donc
et enseignez toutes les nations, les baptisant au
nom du Père, du Fils et de l'Esprit, leur apprenant
à observer tout ce que je vous ai confié. Je suis
avec vous tous les jours jusqu'à la consommation des siècles. » (*Matt.*, XXVIII, 18 à 20.) Ce

sage extraordinaire sentait en lui, à un degré
assez élevé « ce Verbe de Dieu, » « cette vraie
lumière, qui illumine, » à un degré quelconque,
« tout homme venant en ce monde, » pour se
sentir, en même temps et par là même, le droit
de transmettre à ses adeptes une semblable mission de la part du Père, du Fils et de l'Esprit ;
c'est ce qu'auraient pu dire avant lui et ce que
pourront dire après lui tous les grands sages,.
ces luminaires des nations, en parlant au nom
du même Verbe, qui est la raison elle-même.
Celui-là seul se sentit assez Dieu pour avoir
l'audace de poser cet exemple sublime devant
les sages de l'avenir, pour aussi longtemps que
l'ignorance et l'injustice régneront sur la terre
au point de faire répéter aux hommes de raison,
ce que dira son grand apôtre : « L'attente de la
créature est d'espérer la révélation des enfants
de Dieu. Toute créature sera délivrée de la servitude des corrompus, et élevée à la liberté de la
gloire des enfants de Dieu. Toute créature gé-
mit et produit jusqu'à présent ; et nous-mêmes
aussi, qui avons les prémices de l'esprit, gémis-

1.

sons en nous, en attendant l'adoption des fils
de Dieu, la rédemption de nos corps. »
(*Rom.*, VIII, 19 à 23.)

On objectera sans doute : pourquoi Jésus ne
s'est-il pas expliqué de manière à se faire comprendre des hommes de sa génération, et à éviter d'être crucifié par eux? Oh! je réponds avec
assurance, qu'il n'y était pas obligé : quand un
homme comme lui a reçu d'en haut la vision
céleste de la vérité, il n'est tenu ni à se taire ni
à s'expliquer. Mais, après tout, n'en avait-il pas
dit assez un jour aux Pharisiens, en leur ré-
pondant par rapport à ce titre qu'il proclamait
très-haut : « Je suis le fils de Dieu, » : « votre
Moïse a bien dit de vos prophètes : ils sont des
dieux (*Jean*, X, 34), et moi n'ai-je pas dit et pu
dire des hommes pacifiques : ils seront appelés
les fils de Dieu? » (*Matt.*, V, 9.) Il faisait la première de ces réponses après avoir dit de lui-
même : « le Père et moi sommes un, *ego et pater
unum sumus.* » N'en était-ce pas assez? D'ailleurs
si la génération présente qui devait le crucifier
n'était pas appelée à comprendre son langage,

ce n'était pas pour elle seule qu'il parlait, il parlait pour l'humanité future, et l'humanité future, instruite par là même à son panthéisme, devait un jour le comprendre. Le sentiment de l'égoïsme seul lui eût inspiré de s'expliquer davantage, puisque c'eût été pour lui le moyen de sauver sa vie; il considéra pour rien ce motif d'intérêt propre et ne vit que celui des intérêts spirituels de l'homme à venir, qui sera l'homme panthéiste.

Que nous reste-t-il à penser de Jésus après cette courte explication? Est-ce un Dieu au sens catholique orthodoxe ? non. Est-ce un névrotique? encore moins. Est-ce un imposteur? moins encore. Jésus n'est plus qu'un grand type qui avait compris la vérité des essences, parlait conformément à ses visions des choses, identifiait avec lui-même le père des êtres comme celui-ci s'identifie, dans le fond des natures, avec tous ses produits; il parlait selon la vérité qu'il percevait dans l'essence de l'être, pour les races à venir, sans se préoccuper des faibles conceptions des races présentes, au moins dans les moments où il faisait abstraction des considérations qui auraient pu rapprocher son vol de la terre ; c'est ce qui lui arriva dans ces jours d'enthousiasme doctrinal où il émit les propositions que j'ai citées.

Il en fut de même de tous les sages dans tous les âges ; il en fut ainsi des grands panthéistes de l'Inde, des auteurs védiques et des bouddhas, aussi bien que des Socrate de la Grèce se disant inspirés par un démon.

Imitons les Socrate et les Jésus, élevons le flambeau de la raison aussi haut que possible sera ; et si nous sommes délaissés, si notre livre attend longtemps le jour où les malheureux humains se presseront pour y boire la sagesse, leur guide intérieur, il s'en consolera comme la science de Dieu s'est consolée, pendant plusieurs siècles de patience, de la nuit que faisait, autour des lois de Képler, l'antique préjugé devant ce lever du jour.

N'est-ce pas ainsi que s'est accompli le sort des premiers des philosophes, Socrate et Jésus ? Leur mémoire et leur parole n'ont-elles pas dormi dans la tombe de longs siècles, avant que l'un

fût proclamé le Dieu des sages, l'autre le Sage
des dieux?

Je n'en citerai pas d'autres, quoiqu'il y en ait
beaucoup que je pourrais citer au second plan.
Ces deux-là résument, avec l'éclat suprême, les
grandeurs divines-humaines : l'un est la raison
naturelle la plus simple; l'autre est cette même
raison renforcée d'un élément relatif, qui devait
surexalter sa nature, à l'époque où il parut
dans le monde. Aujourd'hui que la civilisation a
repris un caractère de ressemblance avec ce
qu'elle avait été dans Athènes au temps de Socrate, et s'est lavée des superstitions dont elle
s'entourait dans Jérusalem au temps de Jésus,
besoin n'est plus de l'élément surnaturaliste
pour accréditer la vérité ; je la présenterai
dans sa simplicité naturelle comme le firent les
Socrate et les Confucius aux deux extrémités du
monde ancien. Le monde moderne n'a plus besoin que de ces sortes de sages, à la condition
qu'ils soient éclairés par la science.

Ceux-là aussi n'auront pour destinée qu'un
martyre, quoique d'un nouveau genre, celui des

silences calculés qui seront faits autour de leurs
noms et de leurs écrits, jusqu'au jour où ce ne
seront plus les hommes qui régneront, mais la
vérité.

Dans ce siècle de transition entre le passé et
l'avenir, il a paru un génie qui a tout soutenu
dans la catégorie des erreurs et dans la catégorie des vérités, c'est le fameux Proudhon. Il fut
la victime, lui aussi, de grandes injustices de la
part de ses contemporains, mais il y eut beaucoup de sa faute, parce qu'il fut exagéré dans ses
négations; il fut un démolisseur plutôt qu'un
constructeur. On le honnit, on le méprisa, on le
condamna pendant que, d'autre part, on l'élevait
au faîte; ses amis et ses ennemis ne le considé-
rèrent que dans ses excès, soit pour l'abaisser
soit pour l'exalter. Les classes populaires ne le
suivirent que pour ses grandes formules qu'elles
ne comprirent point, et dans lesquelles ce qu'elles se plurent à caresser, n'était que l'exagéra-
tion, c'est-à-dire l'erreur.

Proudhon avait, de son fait, mérité les deux
sorts.

Cela m'empêchera-t-il, aujourd'hui que je me trouve appliqué à penser sur les problèmes qu'il agita pendant sa vie d'écrivain, de reprendre en sous-œuvre quelques-uns de ses traits de génie? Non, puisque je ne suis et ne veux être qu'une voix de la vérité pure.

Déjà, dans l'ouvrage en deux volumes que je viens de publier, j'ai repris un des grands axiomes dont il n'était pas l'inventeur, mais qu'il avait longuement et bruyamment développé, après que l'avait énergiquement posé dans la science humaine, l'humanité antique. Les axiomes ont tous ce caractère de n'être jamais des nouveautés. La vérité dont je parle a pu être appelée proudhonienne dans notre âge, à cause des discussions auxquelles Proudhon avait provoqué sur elle l'esprit des économistes; elle avait été, dans les âges précédents, d'abord judaïque, ensuite chrétienne et, en fin de compte, catholique; puis elle avait pris le nom, en tant que proudhonienne, et en tant qu'appliquée dans les faits, d'égal-échange en économie sociale. L'exposé très-détaillé que j'en ai donné dans mon ou-

vrage *De la justice dans l'usage de la propriété*,
constitue la base de toute ma science économique.

Dans le volume que je commence à composer,
je reprends une autre vérité du même Proudhon,
qui n'est pas moins substantielle et capitale en
politique et en gouvernement. Proudhon ex-
prima cette dernière par le mot AN-ARCHIE, dans
lequel l'introduction du trait d'union fut un trait
de génie.

Cette vérité politique dit tant de choses, d'un
seul mot, en organisation sociale, qu'il me semble qu'elle n'a pas été encore comprise, même
par celui qui la formula de la sorte. J'entreprends
de la rendre claire, en la traduisant dans une autre formule un peu plus longue qui, tout en exprimant encore la pensée qu'elle recèle, résu-
mera, dans sa complète vérité, le sens qu'elle
vise, et que son auteur s'amusa devant le public à laisser jusqu'à sa mort sous une forme
énigmatique.

Voici cette formule nouvelle, exprimée en un
principe parfaitement clair : *Exercice permanen t*

du suffrage universel dans tous les ordres, avec révocabilité constante de tous les fonctionnaires par l'initiative, toujours en activité, de leurs électeurs.

C'est ainsi que l'on n'aura plus de gouvernement proprement dit; que la république, seul gouvernement légitime, sera réalisée; et que s'établira le *Contrat social des républiques de l'avenir*.

Ce sera l'an-archie organique de l'état républicain.

Ce sera l'individualisme dans le gouvernement, démailloté des langes d'un communisme aussi vieux que le monde ;

Ce sera la *justice rigoureuse dans l'exercice de la souveraineté.*

Ce sera l'application en vérité de la parole du Christ, « le plus grand sera le serviteur de tous. » Tout, en effet, partira d'en bas : c'est en bas que sera le Souverain; tous les dignitaires de la société seront ses créatures; ils tiendront de lui tous leurs droits; ils seront sans cesse révocables par lui seul : comme souveraineté il

n'y aura plus d'*archie,* ce sera l'an-archie ; ce sera
la position naturelle des choses, et, par conséquent, l'inverse de ce qui est : tout sera porté sur
la vraie base, qui est tout le monde ; ce sera la
hiérarchie des serviteurs qui s'échelonnera, de la
base au sommet selon l'ordre naturel, et dont le
degré le plus élevé ne sera plus, comme
l'a dit Jésus, que le siége du serviteur de
tous.

Ce sera enfin tout ce que j'ai dessein de développer dans ce livre, qui doit être le plus radical, sans doute, en politique, qui ait jamais été
conçu, médité et écrit.

Je tiens à dire des choses positives, pratiques,
faciles à comprendre, ce que ne fit pas Rousseau dans son *Contrat social.* Ce génie démocrate du xviii° siècle, puisant ses théories dans
les principes mêmes des choses, se borna à en
extraire des propositions générales, dont l'ensemble devint une sorte de métaphysique de la
politique à caractère trop collectiviste, parce
qu'il lui fut impossible de dépouiller absolument
la théorie elle-même des préjugés de tout un

passé collectiviste : le génie humain était communiste, comment Rousseau ne l'aurait-il pas été quelque peu, lorsqu'il rejetait en fonte toute la politique sociale dans la solitude de sa puissante rêverie?

Je ne suivrai donc pas Jean-Jacques ; je fermerai son livre pour faire le mien, après en avoir parlé dans un chapitre comme il le mérite, et laissant de côté toutes ses propositions, plus ou moins paradoxales selon qu'elles ont plus ou moins besoin de distinctions, j'établirai sur mon propre fond quatre études qui auront pour objet les matières qui suivent :

I. Le *contrat social* des républiques de l'avenir dans sa constitution et ses constitutions générales, c'est-à-dire le contrat social en tant que fournissant les constitutions rationnelles de chaque Etat, et la constitution générale des Etats fédérés ; car je ne conçois l'humanité que constituée en Etats peu considérables pour le maintien de la liberté, et formant une vaste fédération d'États unis pour le maintien de la paix.

II. Les *libertés inviolables*, constitutionnelles,

constammont protégéos par la forco publiquo
contro l'invasion do touto tyrannio, promièro
condition indispensablo do touté constitution.

III. Los *lois communes* auxquollos tous s'assu-
jcttiront en vertu du contrat social lui-mèmo,
ot qui constitucront l'*archie* ou l'ordro, par un
communismo rationnol, dans chaquo Etat ot dans
la fédération dos Etats. Co seront cos lois qui
feront l'ordro dans lo désordro, lo go"vornomont
dans la liborté.

IV. La fratornité ou l'amour, firmamont divin
qui doit planor sur l'ousemblo dos institutions
politiquos ot dos pratiquos civilos, commo lo
ciol plano sur tous nos paysagos do la torro pour
y fairo régnor la lumièro, la chalour ot la séré-
nité.

Un dos ministros do notro Républiquo fran-
çaiso proclamait naguèro lui-mèmo co principo
proudhonicn : *le moins de gouvernement possible!* (Do Marcèro), ot un autro disait : « Jo suis
en autorité pour lo minimum, ot on liborté, pour
lo maximum du possiblo.

« Lo plus d'autorité, c'ost l'inortio, l'ongour-

dissement; c'est l'infériorité d'âme et d'esprit ;
c'est l'ignorance justifiée ; c'est le retour au
passé, bientôt la servitude.

» Le plus de liberté, c'est l'énergie, c'est l'activité, la sève intellectuelle et morale ; c'est
l'instruction nécessaire ; c'est, par l'affranchissement, la marche en avant de l'esprit humain :
telle est l'idée moderne. Contre elle, tout est
factice, égoïste, haineux et jaloux. Hors d'elle,
tout nous ramène au joug de la théocratie... »
(Casimir Périer.)

Ce libéralisme an-archique devient donc, peu
à peu, de plus en plus populaire ; grand signe
des temps ! preuve pratique, que je ne serai
pas autant utopiste qu'on pourrait le croire en
établissant mon système de gouvernement
comme je vais le résumer.

Tout gouvernement intérieur doit se réduire
à une simple police chargée de protéger la liberté qui n'est autre que la révolution permanente. La révolution, c'est le mouvement de la
vie ; le progrès en est l'effet constant ; et le
gouvernement ne doit point immobiliser ce

mouvement, il doit, au contraire, le favoriser
sans cesse en ouvrant, le plus grandes possible,
les portes au progrès nouveau. Ouvrir ces portes, c'est lâcher les rênes à la révolution, au lieu
de les retenir. Loin donc de se présenter comme
un frein, le gouvernement doit se présenter
comme un entraînement dans l'inconnu de la vie.
Mais comme ce n'est pas lui qui entraîne, mais
bien la science, l'art, la religion, la littérature,
toutes forces de l'humanité supérieure, le devoir
de l'Etat consiste à laisser ces forces agir d'elles-
mêmes dans les individus libres ; il doit les dé-
barrasser de toute entrave à l'aide d'une police
qui veillera toujours à déblayer le lit du torrent,
c'est-à-dire à empêcher les mauvaises volontés,
les mauvaises passions, les sataniques projets
de réaction vers le passé, de former des arrêts
au développement social. Son devoir n'est point
de modérer, mais bien d'arrêter l'action fatale
des prétendus modérateurs, « des *bornes*, » disait Lamartine.

C'est ainsi qu'en empêchant l'*anarchie*, il fa-
vorisera l'établissement de la vraie *an-archie*.

Telle est la pensée que je vais développer, en exposant un plan de gouvernement des hommes, pour les républiques de l'avenir, d'après les seuls enseignements de la raison, dans cette troisième publication de l'ÉGLISE DE LA LIBERTÉ.

DE LA JUSTICE DANS L'EXERCICE DE LA SOUVERAINETÉ

PREMIÈRE PARTIE

LE CONTRAT SOCIAL

CHAPITRE PREMIER.

LA BASE DE TOUT ORDRE SOCIAL RATIONNEL EST LA
LIBERTÉ INVIOLABLE, DONNÉE PAR LA NATURE
ET SURMONTÉE D'UN CONTRAT ENTRE CITOYENS
LIBRES.

Le titre seul que choisit, en écrivant sa politique, celui qui se qualifia le premier de tous,
en tant qu'auteur, *citoyen de Genève*, fut une
grande révolution dans la philosophie du XVIII⁰
siècle et chez lui un grand coup de génie. Déjà,
sans doute, beaucoup d'esprits supérieurs, éle-
vés et inspirés par l'évangile, avaient posé la
théorie démocratique des gouvernements humains ne tenant leur droit que du concert des
hommes réunis en nation, et par suite ne le
dérivant de Dieu, origine de toutes choses, que
médiatement, par l'entremise des frères et des
égaux : telles avaient été les idées des plus
grands théologiens du moyen âge, des Bellar-
min, des Melchior Cano, etc., après avoir été

celles des plus grands pères de l'Egliso ; et telles
furent aussi celles des premiers écrivains du
xviie siècle. Les citations que je pourrais faire
de presque tous les génies du christianisme
depuis saint Augustin jusqu'à Fénelon, en
ayant soin d'excepter Bossuet, le théologien des
rois, seraient à l'infini. Mais aucun n'avait résumé dans un mot toutes ces théories jusqu'à
ce que Rousseau vînt le faire à la veille de la
grande révolution américaine et française qui
devait clore son siècle, et donnât au fruit de
son génie le nom de *Contrat social*.

On a dit que la *déclaration des droits de
l'homme* de 89 et de 93 avait été précédée de
déclarations, à peu près semblables pour l'esprit, dans les constitutions américaines datant
de l'émancipation des Etats-Unis [1]. Cela est
vrai ; mais ce que l'on n'a pas eu soin d'ajouter,
·c'est que le *Contrat social* de J.-J. avait été le
germe inspirateur de ces constitutions elles-
mêmes, avant que cet ouvrage émancipateur
eût inspiré notre Robespierre, notre constituante
de 89 et notre convention de 93 ; leur histoire
en fait foi, et elles en font même quelquefois
l'aveu.

1. Voyez, à ce sujet, par exemple, le préambule de la constitution de la *Virginie*.

La réflexion par laquelle je viens de débuter ne signifie pas que, d'après mon jugement, tout soit exact et juste dans l'étude de J.-J. Rousseau. Cette étude est assez féconde en propositions paradoxales ayant le plus grand besoin de distinctions pour être ramenées à un sens rationnel. Mais ce premier des grands hommes de son temps par la profondeur de l'esprit, par celle du sentiment, par le sérieux de la pensée, et par le style, conçut l'ordre social dans la donnée chrétienne que je viens de rappeler, laquelle est la seule que puissent admettre la vérité et le bon sens. Ce qui, dans toute législation politique, engendre le droit et fait que la loi a vertu obligatoire devant la conscience, c'est un pacte résultant de l'accord libre des citoyens sur tous les points et sur ceux-là seuls, où l'individu lui-même a compétence pour apposer son vote, son engagement volontaire à observer la chose convenue.

N'est-ce pas aussi la pensée qui a triomphé dans les grands faits sociaux qui sont devenus les fruits de la révolution française et qui sont en voie, sous nos yeux, d'en devenir des fruits cosmopolites ? Le suffrage universel n'est-il pas la forme la plus directe par laquelle se parfait le contrat social rêvé par Rousseau ? Et quel peu-

2.

ple échappera, demain, à cette loi suprême de la terre ?

Les erreurs de Rousseau sont aujourd'hui faciles à préciser, et c'est la pratique du suffrage universel, dont il est le véritable père, qui les rend palpables.

Rousseau raisonnait comme il suit :

L'universalité des citoyens ne peut vouloir que le plus grand bien de tous, lequel est nécessairement la conformité à la nature, à la raison, à la conscience droite de chacun d'eux. Si donc je cherche et trouve ce qui est, en politique, conforme à la nature, à la raison, à la conscience droite, je saurai ce qui est conforme à la volonté de l'universalité et j'aurai, d'une part, posé la règle qui est celle de la constatation du vote rationnel de tous, (ou du suffrage universel) et, d'autre part, déterminé ce que voudra l'universalité, par cela seul qu'elle devra le vouloir, et ce à quoi elle devra se soumettre par suite de son contrat social.

Et, ce principe étant posé, le citoyen de Genève en tira, comme conséquences, les règles politiques de spéculation et même d'application qui se lisent dans ses études de politique générale.

Or le principe était lui-même rempli d'obscu-

rités aussi déplorables qu'elles étaient peut-être
utiles au temps où elles se produisirent, pour
faire triompher le gouvernement démocratique
de tous par tous, sur le gouvernement des classes dirigeantes qui était le seul en règne et le
seul soutenu par le plus grand nombre des esprits éclairés du XVIII° siècle dont le roi était
Voltaire.

Ensuite, dans l'application, venaient se mêler,
chez Rousseau, plusieurs erreurs très-graves,
qui étaient formelles et précises, tandis que celles qui se trouvaient impliquées dans son principe y étaient plutôt par défaut d'exposition que
par affirmation formelle, plutôt par obscurité
que par clarté.

Je développerai quelque peu les unes et les
autres.

Celles qui peuvent naître du principe de Rousseau, qui est si profondément démocratique, se
rapportent aux questions d'infaillibilité et de souveraineté.

Il y a, sur la terre, une puissance qui est infaillible et souveraine par sa nature même;
mais elle ne possède ces prérogatives que dans
un cercle déterminé de compétence ; en dehors
de ce cercle, elle les perd à tel point qu'elle
n'est plus qu'une impuissance. Cette force est

la lumière de la raison tant individuelle que gé-
nérale, ou universelle, et le cercle de compé-
tence où elle est infaillible et souveraine, est
celui de l'évidence clairement perçue, ou, si l'on
aime mieux, des premières vérités tellement claires qu'elles apparaissent à la raison, qui les per-
çoit, sous la forme lumineuse de la certitude absolue. Pour décider, par exemple, que *le tout est plus
grand que sa partie,* que *deux choses égales à une
troisième sont égales entre elles,* que *tout être
raisonnable est obligé à être reconnaissant d'un
bienfait,* qu'il *péchera s'il ne traite pas son
semblable comme il pourrait exiger qu'on le traitât
dans un cas équivalent,* et le reste, toute raison
est infaillible et souveraine, aussi bien la raison
d'un seul que la raison de plusieurs, ou que la
raison de tous. Cela ne signifie pas que toute
raison jouira toujours de la lumière absolument
claire qui rend le principe évident ; il pourra se
faire parfois que des raisons abruties, obtuses,
obscures, ne perçoivent point cette lumière ; mais
cela signifie que, quand elles la verront et que
l'évidence existera pour elle, elles seront aussitôt, sur ce point, infaillibles et souveraines.

Mettons donc en réserve cette catégorie des
choses clairement et distinctement perçues,
comme le disait notre grand Descartes.

En dehors de cette catégorie, qui est très-nom-
breuse et très-riche, puisque c'est sur elles
qu'est fondée toute la logique humaine qui engendre les langues, y a-t-il, de droit de nature,
une infaillibilité et une souveraineté ? Supposons
qu'il y eût, par exception surnaturelle et miraculeuse, ainsi que le professent toutes les religions, et toujours à leur profit, des révélations
de Dieu même ou, du moins, d'êtres extramon-
dains, par ordre ou permission de Dieu. Oh ! alors
il pourrait exister, par là même, une autorité infaillible et souveraine à laquelle chacun serait
tenu de croire et d'obéir dans le cercle de compétence où l'autorité suprême aurait limité sa
puissance. Il y aurait encore, dans ce cas, une
limitation quelconque, attendu que, Dieu lui-
même fût-il le révélateur supposé, il ne délègue-
rait jamais, du moins probablement, en pareil
cas, sa propre infaillibilité et souveraineté,
d'une manière absolue.

Mais, où est cette révélation surnaturelle bien
établie, bien prouvée ? « Toujours des hommes
entre Dieu et moi, » disait Rousseau ; chacun
de nous ne dit-il pas comme lui ? Non, il n'y a
pas de puissance surnaturelle de cette sorte sur
la terre ; toutes les religions en réclament une
pour elles toutes seules, à l'exclusion de leurs

sœurs; la raison sait bien qu'elles ne peuvent
pas dire vrai toutes à la fois ; elle conçoit, cette
raison, qu'elles ne se trompent point dans les
enseignements dogmatiques et moraux qui leur
sont communs, et sur lesquels elles s'accordent
toutes, ce qui revient à dire qu'il y a une religion
fondamentale qui sert de base à toutes les religions, et qui se retrouve, dans toutes, toujours
la même ; mais elle ne saurait donner gain de
cause à l'une d'elles plutôt qu'à toutes les autres
dans ce qu'elles nient réciproquement, et, par
suite, dans l'autorité surnaturelle qu'elles s'at-
tribuent. Oui, la raison saine imite toutes les
religions dans ce qu'elles nient les unes des
autres, et par conséquent nie tout ce sur quoi
toutes ne s'accordent pas. Elle nie donc toute
infaillibilité et souveraineté supranaturelle ; et
nous rejette, sur ce point, dans la nature s'étudiant elle-même.

Parlons donc de la nature simplement nature,
et demandons-nous s'il peut exister chez elle,
en tant qu'humanité, une infaillibilité et une
souveraineté s'étendant plus loin que le cercle
des premiers principes évidents que j'ai distin-
gués tout d'abord.

Dans l'étendue des déductions qui, tout en dé-
coulant de ces principes, en sont assez éloignées

pour que la liaison avec eux n'en soit point évidente, il faut distinguer d'abord entre ce qui peut être l'objet de l'infaillibilité et ce qui peut être l'objet de la souveraineté.

Sous le premier rapport, l'infaillibilité consistera, si elle existe, dans une science naturelle, certaine, des choses en tant que vérités.

Sous le second rapport, la souveraineté consistera dans un droit réel, existant naturellement, de faire des lois obligatoires.

Quand on a mis à part toutes les évidences naturelles, soit directement perçues par toute raison saine, soit susceptibles d'être perçues à titre de déductions incontestables par les enchaînements que démontre la science, le domaine de l'infaillibilité naturelle est épuisé, et il ne peut rester que des choses qui seront peut-être démontrées mais qui ne sont jusque-là que plus ou moins probables ; et l'on n'a, pour les juger, que la conformité plus ou moins grande qu'elles présentent avec la nature et la raison. Telles sont, en général, les déductions politiques dont l'ensemble forme tout système de gouvernement.

Point d'infaillibilité dans l'humanité sur ces choses par là même, et, partant, point d'autorité dans le monde qui ait mission d'en imposer telles ou telles formules.

Une assemblée d'hommes ne sera pas plus infaillible que ne le sera un individu, pour déclarer qu'une dogmatique doit être crue, dans
l'ordre politique, dans l'ordre scientifique, dans
l'ordre religieux, dans aucun ordre. Supposez
dans cette assemblée l'unanimité, cette unanimité ne vaudra pas plus, comme infaillible, que
ne vaudra la majorité; la majorité ne vaudra pas
mieux non plus que la minorité. Ce ne sera
jamais qu'une émission doctrinale humaine, portant avec elle la possibilité de l'erreur, et ne
pouvant obliger qui que ce soit des individus
qui la composent. Il arrivera même très-souvent
qu'un seul homme sage formulera mieux la vérité sur les questions débattues que ne le pourra
l'assemblée.

A titre d'infaillibilités les assemblées sont
donc inutiles; elles n'ont droit de rien définir;
elles ne peuvent enseigner comme ayant puissance; elles ne peuvent qu'émettre des opinions
que jugeront les raisons particulières, en conservant toujours le droit de les adopter ou de
les rejeter.

Voilà pour l'infaillibilité. Rousseau, après avoir
émis, dans son *Contrat social*, des propositions
qui semblent dire que l'unanimité des citoyens
dira toujours la vérité, et ce qui est le mieux en

fait d'utilité, devant la raison absolue, a eu le
sentiment des erreurs communistes très-pro-
fondes auxquelles une pareille émission pouvait
conduire : car il s'est posé ce problème : « Si
le peuple se fait du mal à lui-même en votant,
par ses assemblées, ce qui lui est contraire,
c'est-à-dire l'erreur au lieu de la vérité, qu'arrivera-t-il?... » Et malheureusement il a ré-
pondu : « Eh bien, qui donc aura le droit de le
réformer? » Il n'y a pas loin de cette infaillibilité
de l'ensemble des citoyens, à la thèse du vieux
catholicisme qui disait infaillibles, en religion,
ses conciles universels et l'absurdité n'est pas
moins grande. Il n'y a d'infaillibilité collective
de cette espèce sur aucun terrain. J'aurais ré-
pondu à Rousseau : toute raison individuelle
a le droit de réformer l'assemblée quand elle
juge à faux ; la raison seule est compétente en
fait de doctrine ; et la raison de chacun vaut la
raison de plusieurs en tant qu'autorité pour s'imposer à la raison des autres.

Ceux qui mettent la collectivité, comme valeur,
avant l'individu, dans les décisions dogmatiques
comme dans les décrets législatifs, renversent
l'ordre de la nature. La valeur des décrets n'est
qu'une résultante de la valeur des individus.
Comment procède la nature? Dans tous ses pro-

duits, ne commence-t-elle pas par en établir les
éléments? Sa marche n'est-elle pas toujours du
simple au composé? Ne fait-elle pas les individualités avant les collectivités? Elle crée les êtres
par individus, les dote de vertus propres, puis
de ces individus résultent les collections, et des
vertus de chacun d'eux se forme, en résultante
générale, la vertu de l'ensemble.

Comprenons donc la marche de la nature ;
greffons toujours, comme elle, le multiple sur
l'*un*, le communisme sur l'individualisme ; et ne
cherchons jamais dans les ensembles ce qui ne
serait pas déjà posé, par les essences, dans les
parties qui composent ces ensembles.

C'est ainsi que, sur la première question, celle
d'*infaillibilité*, je ramène toute la politique vraie
du contrat social à un pur individualisme.

Ni les majorités, ni les unanimités, jamais le
nombre, en un mot, n'ont autorité pour imposer
une foi dans un ordre quelconque.

Considérons maintenant la *souveraineté* proprement dite en particulier.

Est-ce qu'une majorité, ou même encore une
unanimité de citoyens, ne peut pas décréter des
règles obligatoires pour chacun de ceux qui
composeront l'assemblée et la nation?

Ici la question change : Si la *vérité* ne se dé-

crète point et n'est, de sa nature, que per-
ceptible par toute raison en son particulier, il
n'en est pas de même de la *loi*. Sur ce point
voici la vérité ore énoncée en deux propositions.

1ᵉ *Proposition*. Tout ce que la nature pose
elle-même dans la raison de l'individu comme
inviolable et immodifiable, l'est en réalité; tout
cela doit être toujours respecté par la nation
réunie en assemblée à l'effet de voter le contrat
social, aussi bien que par chacun des citoyens.
Cette partie est le roc inattaquable, qui doit
rester debout, en dépit des assauts de tout
océan et de toute tempête.

2° *Proposition*. Il est certaines choses dont
la nature ne déclare point le mode, et qui, par
conséquent, restent libres; c'est sur cet ordre
de choses que le contrat social doit porter; c'est
là qu'il devient compétent, et c'est dans ces
matières qu'il convient d'en poser la question à
l'égard des citoyens pour savoir s'il les oblige
les uns envers les autres. Nulle autorité ne peut
s'élever, dans ce cercle, que par suite d'un
pacte conclu, explicitement ou implicitement,
entre les citoyens : là encore revient nécessairement l'individualisme; ce n'est, en effet, qu'en
vertu du droit que chaque citoyen possède de

s'engager lui-même, que peut naître la force
qu'aura la loi de les engager tous.

Point d'autorité politique autrement que
comme résultat d'un contrat social. Voilà où
Rousseau reprend toute sa force et redevient le
plus grand légiste des temps modernes.

Quelles sont ces choses à jamais inviolables,
contre lesquelles le contrat social lui-même,
issu du vote universel, est impuissant?

Je me borne, dans cette première partie, à
poser le principe général de leur inviolabilité;
je les considérerai en détail dans la seconde,
et l'on verra, dans cette seconde partie, que le
dépôt sacré de la nature dans l'homme citoyen
consiste en un ensemble de libertés qui sont
l'arche sainte à laquelle il est interdit par la raison
à toute puissance de porter atteinte. J'appellerai
la partie de ce traité, qui en fera le sujet de ses
études, *les libertés inviolables*.

Au delà de cette arche sainte, pourront se
développer les *lois*; et ces lois, possibles, formeront l'objet d'une troisième partie. Je ne passe-
rai point en revue toutes les lois qui se peuvent
concevoir comme résultat du contrat social;
mais j'étudierai les principales dans tous les ordres, par exemple dans l'ordre domestique, dans
l'ordre politique, dans l'ordre économique, etc.

Pour le moment, je ne dois établir que les principes, et je m'en tiens à montrer que l'autorité qui a compétence pour faire ces lois, ne peut être posée que par le contrat même qu'avait conçu Rousseau.

Après qu'on a mis de côté, comme je viens de le faire, ce qui est loi absolue de par la nature et *a priori*, que reste-t-il qui puisse devenir l'objet d'une loi sociale?

J'ai dit qu'il ne reste que ce qui est laissé au choix du citoyen, c'est-à-dire de l'individu. L'individu, par exemple, ne peut pas décréter qu'il y a ou qu'il n'y a pas de Dieu; pourquoi? Parce que cette question, qui est essentiellement philosophico-dogmatique, ne peut de sa nature être étudiée et résolue que par la raison même percevant les motifs qui doivent forcer la lumière intérieure de la conscience à la résoudre dans un sens ou dans un autre, et si l'individu n'a aucune autorité de commandement pour imposer cette réponse, l'ensemble des individus n'en a pas davantage. C'est la nuit dans l'élément; c'est la nuit dans la collection.

Il en sera de même sur ces autres questions: L'enfant doit-il le respect à son père? Tout bienfait mérite-t-il reconnaissance? Ce sont là des problèmes tout résolus par la nature, et que

toute raison individuelle a le même droit et le
même devoir de résoudre dans le sens affirmatif, qu'une nation tout entière.

Il en est de même de tout ce que j'appellerai
les libertés inviolables.

Mais il y a des multitudes de problèmes d'une
autre nature, lesquels deviennent les objets de
ce que j'appellerai les lois proprement dites. Ici
l'évidence de la nécessité n'existe plus ; il y a plusieurs modes à choisir, et c'est là que se montre
le besoin d'un contrat social pour fixer, par le
suffrage de tous, le mode dont on usera dans
la nation. Les lois qui en résulteront ne seront
point des obligations posées par la nature et la
raison ; mais elles ne seront obligatoires que par
suite de l'engagement que tous auront pris librement de s'y soumettre.

Par exemple, fera-t-on un trésor public pour
subvenir à l'éclairage nocturne des rues de la
cité, et en faciliter, par là, l'habitation à tous les
citoyens?

N'est-il pas évident qu'un tel système d'éclairage, à frais communs, devient une question de
police sociale qu'il dépend de chaque citoyen de
résoudre selon sa manière de comprendre les
intérêts communs, les avantages communs, les
facilités communes, et ce qui sera le plus avan-

tageux pour le tout. Si chaque individu est
compétent pour apprécier, dans ce cas, et pour
voter en vue de ce qu'il préfère et de ce qu'il
aura à donner pour sa part, il est évident qu'il
résultera du suffrage de tous, et de tous sans
excepter personne, un vote de majorité qui fera
la loi et qui constituera une obligation dont la
source ne sera plus une nécessité provenant de
la nature, mais résidera dans la souveraineté du
peuple, ce qui signifie dans l'assemblée des
votants; cette obligation ne sortira, en ligne
directe, que de la volonté de la majorité; mais
elle sera, indirectement, l'effet de l'unanimité
elle-même, puisqu'il aura été convenu, soit explicitement soit implicitement, que la minorité
acceptera comme sien le vote de la majorité et
s'y ralliera.

Voilà un exemple de ces choses contingentes
et libres sur lesquelles l'individu, et partant
l'assemblée, a pleine compétence pour décider
du mode d'exécution.

On doit ranger dans cette catégorie tout ce
qui n'est plus du domaine de l'inviolabilité naturelle et rationnelle, tout ce qui demande un
choix que l'on fera toujours pour la plus grande
utilité de la nation. Si la nation s'est trompée
dans un essai et le reconnaît, elle changera sa

constitution et c'est ainsi qu'elle réussira peu à
peu à se donner à elle-même l'ordre de choses le
plus parfait en organisation politique. Se rangent
dans cet ordre libre, objet véritable des constitutions nationales, les questions d'impôts, les
questions du traitement des coupables, les questions d'enseignement public, les questions d'assistance publique, les questions des moyens de
garanties que l'on prendra contre la guerre et
pour la paix, les questions, en un mot, de tous
les services publics. De là les lois; et ces lois
seront toujours valides, à la condition qu'elles
auront été voulues par tous soit directement, soit
indirectement, au moyen d'une assemblée de
mandataires élue elle-même par tous pour faire
ces lois.

Voilà l'ordre de choses libres sur lequel le
contrat social, conçu par Rousseau, a le droit
de se constituer et ne pourra jamais être que
valide ; c'est là que l'on peut dire avec vérité :
« Si le peuple veut se faire du mal à lui-même,
qui aura le droit de l'en empêcher? » On pourra
ajouter qu'à force de temps, d'essais, de tâton-
nements, le peuple finira par trouver, sur cette
partie dont il est maître, de sa constitution et
de ses lois ce qui sera le meilleur, le plus avan-
tageux pour le bien de tous.

Il est, d'ailleurs, incontestable, ainsi que je l'ai dit, que le suffrage universel lui seul, peut légiférer validement dans cette limite, en respectant toujours les inviolables droits de la nature qui sont au delà. Pour qu'une autorité fût compétente, en dehors de cette compétence de tous qui ressort de la compétence de chacun, il faudrait qu'elle fût surnaturelle, révélée, et qu'elle s'interposât de droit divin supérieur; or, j'ai commencé par rejeter l'existence d'une telle autorité, non pas à titre d'impossible, mais au titre même qu'invoquait Rousseau contre une telle hypothèse, c'est-à-dire à titre d'indémontrable et d'indémontrée.

Il n'y a de certain qu'une chose: à savoir que, ne prenant pour base que la nature telle qu'elle existe en chacun de nous et telle qu'elle se démontre elle-même par sa propre évidence, il ne se peut concevoir aucune autre puissance compétente pour faire des lois que la puissance même de la raison individuelle, comme base radicale, s'universalisant par le suffrage de tous.

Voilà donc le *Contrat social* de Rousseau qui surnage comme la seule autorité solide et certaine de laquelle puisse sortir la *loi*, après que cette autorité n'a fait elle-même que son devoir le plus strict en déclarant les libertés inviolables

II.   3.

qui sont les droits de l'homme. Elle a trouvé
dans l'individu ces droits écrits par la nature et
ne les a pas faits, mais les a seulement déclarés
solennellement à la face des peuples; elle a posé
le reste sous forme de loi, que chacun de ses
éléments avait le droit de voter par suite des
conventions mêmes; et voilà tout le *contrat social.*

Ce contrat résulte de deux parties: l'une fondamentale que nul n'a la force d'entamer et qui
se *déclare;* l'autre libre dans son mode et dans
son expression, qui se *décrète* et ne devient loi
sacrée que par la vertu même des forces individuelles qui ont signé le contrat.

CHAPITRE II.

Je n'écris pas pour un siècle plutôt que pour un autre siècle; et, comme je l'ai dit, je ne fais point une œuvre d'opportunisme; je ne fais une telle œuvre à aucun point de vue. Je considérerai donc le contrat social tel que l'avenir doit nous le présenter au jour où se sera réalisé l'idéal que peut s'en faire une raison froidement philosophique.

Il y a deux sortes de contrat social à imaginer.

1° Celui qui résultera de l'accord de tous les citoyens d'une même contrée, en vue de leur gouvernement intérieur, pour la concorde, la liberté et le bien-être des individus eux-mêmes considérés entre eux;

2° Celui qui résultera d'un accord des Etats

entre eux pour la liberté des échanges et pour
la solidité de la paix.

Quel est donc le but de toute organisation
politique? N'est-ce pas le maintien de la paix,
du bien-être et de la liberté? La guerre est l'état
anormal, l'état morbide, la grande maladie du
genre humain; c'est la forme la plus énergique
sous laquelle se révèlent toutes les misères de
l'humanité. On se bat entre individus et entre
nations pour arriver, par la force, à se procurer
plus de jouissances, et, en attendant ces jouissances, on s'impose les plus affreuses misères ;
on se tue et en se tuant on se rend à jamais
impropre à jouir. On trouve que la paix est le
plus grand des biens, qu'elle devrait être le dé-
sidérat universel; et jamais on n'en est satisfait,
puisque c'est toujours par la guerre qu'elle se
dénoue. Quelle contradiction! quelle folie! Mais
la vérité évidente pour tous n'en est pas moins
dans l'adage du philosophe: *tout pour la paix*, et
ce sera à la réalisation de cet adage qu'il faudra,
en fin de compte, aboutir. Oui, l'humanité en
viendra à ce résultat, s'il y a progrès chez elle;
or il y a progrès, puisque déjà une moitié des
mesures de pacification est prise, et réussit.

Est-ce que les simples tribunaux civils et de
commerce n'ont pas rendu à peu près insolites

les guerres entre les individus? Les quelques
faits qui persistent sont des faits de criminalité;
la grande universalité des individus dans les
sociétés obtient la paix assurée au moyen de
ces tribunaux, simples juges arbitres auxquels les
citoyens sont convenus entre eux de se soumettre toujours. Il doit finir par en être de même
des guerres entre nations. Est-il plus difficile
que la fédération des Etats s'entende pour soumettre, selon la grande idée de M. Le Monnier,
les causes de discorde à un arbitrage reconnu par
tous et soutenu dans son efficacité, par la force
de tous?

Oui, la guerre entre les groupes et les cités
verra sa fin comme la guerre entre les citoyens
a vu la sienne; et c'est alors que tous les frères
auront réalisé l'objet de tous leurs vœux.

Ce n'est pas seulement la guerre qu'il s'agit
d'éviter et entre les citoyens et entre les cités;
il s'agit aussi d'y rendre facile et florissante la
pratique de toutes les libertés.

Parlons seulement de la liberté des échanges.
Entre citoyens d'un même Etat, on l'obtient par
une législation qui respecte véritablement les
libertés inviolables; et entre nations ou états, on
l'obtiendra par un pacte fédéral qui renversera
toutes les barrières et laissera circuler libre-

ment tous les produits de l'un d'eux chez tous
les autres.

On parle de protection des états faibles devant
une industrie pour leur donner le temps de s'instruire et de devenir forts. Oui sans doute; il y
a un temps d'enfance pendant lequel la faiblesse
peut et même doit être protégée; mais ce temps
est court; bien vite l'homme d'un pays devient
assez fort dans une industrie pour faire face à la
concurrence des autres pays, si les forces naturelles de la contrée sont suffisantes, et alors,
ce doit être le libre échange. Si ces ressources
sont insuffisantes, ce ne seront plus les mêmes
produits qui devront occuper son temps, ce
seront d'autres produits pour lesquels la nature
l'aura muni de l'armure convenable.

Avec le libre échange absolu, complet, régnant sur toute la face du globe, et avec lui
seul, l'humanité jouira un jour, par prêts et em-
prunts réciproques, de tous les bien-êtres pour
lesquels Dieu l'a faite en ce monde.

Je viens de trouver deux espèces de contrat
social ou de constitution dans les républiques
de l'avenir : la constitution particulière et la
constitution fédérative. Toutes les deux seront
pour la paix et pour la liberté; l'une sera pour
la paix entre citoyens et pour la liberté des rela-

tions entre les citoyens dans chacun des États de
la fédération ; l'autre sera pour la paix entre les
États et pour la liberté des échanges entre les
états, d'un pôle à l'autre de la fédération, c'est-à-
dire du monde.

On peut appeler toute constitution de la première espèce, *pacte national*, et la grande constitution qui finira par être unique en son espèce,
le pacte fédéral ou international.

Le monde humain ne sera bien organisé,
c'est-à-dire organisé selon sa nature, qui est raisonnable, que quand il se sera établi, dans sa
totalité, sur ces deux pactes constitutionnels.

Le but de cet ouvrage est d'étudier, à l'a-
vance, les principales conditions qui formeront
l'essence de ces deux pactes et celles-là aussi
qui consisteront à réaliser enfin l'utopie féconde
de l'abbé de Saint-Pierre.

CHAPITRE TROISIÈME.

LE PRINCIPE GÉNÉRATEUR DE TOUTE SOUVERAINETÉ VRAIE EST L'INDIVIDU LUI-MÊME.

Je juge à propos de faire ce chapitre troisième, afin de donner plus de développement à la pensée qui m'a inspiré le premier.

J'ai fait comprendre, dans ma seconde publication de l'EGLISE DE LA LIBERTÉ [1], comment l'idée communiste ou collectiviste avait régné sur tout le passé en économie sociale, et n'avait produit que des fruits de misère; comment, par contre, l'idée fondamentale qui doit, dans l'avenir, engendrer l'égalité parmi les hommes, autant que cette égalité est compatible avec la nature hu-

1. La première de ces publications porte pour titre : *L'Eglise de la Liberté;* la seconde est mon traité en deux volumes *De la justice dans l'usage de la propriété* ou le *Contrat économique des républiques de l'avenir.* Le présent traité est la troisième.

maine, remettra le travail dans ses droits et établira le règne de la justice, c'est l'idée individualiste.

Je veux établir, dans le présent ouvrage que,
dans l'ordre politique, c'est aussi cette idée qui
produira le salut, donnera la paix sociale et réalisera le désiderat, jusqu'à présent cherché en
vain, des sociétés.

Je veux, dans ces quelques pages, démontrer
mathématiquement, qu'en tout ordre, la base du
droit ne réside que dans l'individualisme et ne
sera découverte que le jour où l'association, re-
nonçant à ses vieux préjugés communistes-au-
toritaires, cessera de chercher le droit social,
national et fédéral, dans les collectivités, et le
mettra où la nature l'a mis, c'est-à-dire dans les
personnalités mêmes dont les collectivités se
composent.

N'ai-je pas dit, dès mon début du traité de la justice, en citant mon théologien, que le principe auquel je me rattache n'est point le principe traditionnel, mais bien le principe rationnel? Je poursuis,
sans solution de continuité, le développement de
ce principe; je m'en réfère uniquement à la raison
pure, ne me servant des imposants accords des raisons étrangères que comme d'éloquentes confir-
mations de la valeur de la raison individuelle; et

je dis en général, tout d'abord, qu'il n'est pas un seul ordre de matières où la raison de l'individu ne soit l'élément radical fournissant la valeur.

Si je considère l'ordre logique qui est celui de la certitude, je trouve deux systèmes : celui des grands esprits qui ont mis la société avant l'individu, et celui des grands esprits, qui ont mis l'individu avant la société. Les premiers, soit qu'ils fussent surnaturalistes, soit qu'ils fussent naturalistes, ont nié la valeur de la raison de chacun, et, par une contradiction flagrante, ont donné, comme le critérium radical de toute certitude, la raison générale ou traditionnelle, comme si une addition de zéros pouvait fournir une somme qui eût une valeur supérieure à zéro. Les seconds, parmi lesquels brille comme un soleil, notre grand Descartes, ont reconnu une valeur plus ou moins grande à l'accord des multitudes, parce qu'ils ont considéré cet accord comme un résultat de chiffres significatifs. L'élément, ont-ils dit, a de la valeur, donc la somme a de la valeur; et ce qui donne une valeur à l'ensemble c'est la valeur même primordiale de l'élément. — Rentre en toi-même, disait Descartes à chaque individu, tu sais que tu penses, tu sais que tu crois être, que tu doutes si tu doutes, que tu crois si tu crois; donc tu es quelque chose; donc tu es, puisque tu ne pourrais pas croire, douter, sentir en un mot, si tu n'étais pas. Donc une certitude quelconque est en toi. Additionne maintenant toutes ces certitudes des individus qui composent la société dont tu fais partie, et tu auras une valeur de certitude qui pourra te servir de critérium. Mais dans cette somme, l'élément, c'est toi-même, c'est l'individu; c'est donc toi-même et tout semblable à toi, qui est la base de toute la certitude humaine.

Voilà le cartésianisme, c'est-à-dire la seule logique solide; et cette logique, c'est l'individualisme en certitude; c'est la négation du communisme qui voudrait mettre la conséquence avant le principe, et renverser tout l'ordre de la nature. Le composant, en toute chose, ne précède-t-il pas le composé?

En politique, c'est le même raisonnement qui prévaut. S'il n'y avait pas des droits dans l'individu, y en aurait-il dans la collection des individus? Les mathématiques répondent avec leur brutalité de l'absolu : non, des zéros additionnés ne donnent que zéro. Pour avoir une somme qui soit une valeur, il faut des valeurs élémentaires; et ainsi dans les arts : une collection de peintres aura-t-elle de la valeur si elle ne se compose de peintres qui en aient, chacun en particulier? Et ainsi dans la littérature : une collection d'écrivains vaudra-t-elle quelque chose si chacun des écrivains qui la composent ne vaut rien? Inutile de développer davantage une si lumineuse évidence.

Je conclus de cette généralité que la cité, qui n'est qu'une collection de citoyens, ne peut avoir de droits que ceux qui résident originairement dans chacun de ses membres; c'est donc à l'individualisme, et nullement à un communisme plus ou moins étendu, qu'il faut s'adresser en organisation politique, quand on veut remonter à la base du droit; on peut dire, en général, qu'il ne peut exister dans l'ensemble un droit qui ne serait pas dans chacun.

Ne doit-on pas raisonner, en effet, sur chaque droit, comme je viens de raisonner sur l'ensemble des choses, des valeurs, des droits, de tout enfin?

Prenons pour exemple le droit supposé de vie et de mort. Si chacun n'a pas le droit de mort sur un homme, est-ce que l'ensemble pourra jamais l'avoir? Sous ce rapport chacun n'est qu'un zéro; et l'ensemble des zéros ne donne que zéro.

Ainsi de tous les droits possibles, il n'est pas de droit dans la cité qui ne soit en germe dans le citoyen.

Les systèmes opposés sont tous des rêveries et des fables. Les uns font intervenir Dieu comme révélateur et venant imposer des lois; les autres ne font intervenir que la société; ces deux systèmes sont équivalents. Si Dieu a parlé, c'est par la société que nous viennent ses paroles, et c'est la société qui vient nous imposer une autorité que la raison pure ne peut admettre. Il faudrait, pour que la société, traditionnelle dans ce cas, eût de la valeur, que chacun des éléments civiques qui la composent, fût lui-même porteur de de sa part de révélation divine. Consultez chacun, chacun répondra : non, ou mentira. Donc tous répondront non ou mentiront; donc c'est une négation pure qui est là, et non pas une autorité, c'est du vide, rien de plus.

Si vous ne faites pas intervenir Dieu, c'est encore pire : vous n'avez plus que des zéros, qui ne donnent que zéro pour résultat social en droits politiques.

Ma conclusion est, que c'est dans l'individualisme et non dans le communisme, ou collectivisme, qu'il faut chercher la base de tout droit social, de toute souveraineté.

Qu'y a-t-il déjà dans ce principe? Il y a l'*anarchie*. Nulle autorité ne pouvant résider ailleurs que dans les individus eux-mêmes qui composent la collection, c'est l'*an-archie* du grand original Proudhon.

On doit raisonner de même sur le droit fédéral de la représentation collective de tous les États fédérés pour la paix entre les nations : il faut que l'autorité du tribunal suprême d'arbitrage, qui résoudra les contentions soit sans appel possible d'aucune force, parce qu'il représentera lui-même la force universelle, et il n'obtiendra cette vertu que parce que tous seront engagés par la constitution même de la fédération, à se ranger du côté de l'arbitre et à rendre impossible toute réclamation contre la chose jugée. Ce tribunal suprême, qui ne sera que la quintessence de toutes les constitutions ne pourra tirer son droit que de la délégation première de l'individu. Sans ce premier pacte, il n'aurait aucun droit sur l'ensemble; il n'en aurait pas plus que le premier venu des membres de l'assemblée, constituante ou législative, particulière à chaque État.

Partout ailleurs que dans le pacte social primordial, signé par tous, il n'y a que le vide.

CHAPITRE QUATRIÈME.

LE DROIT DE LA FORCE ET LA FORCE DU DROIT.

Laquelle des deux idées fondamentales, en droit politique, celle de l'individualisme et celle du communisme, a régné jusqu'à présent dans les faits humains?

Hélas! l'idée individualiste, la seule *an-archique* dans le bon sens du mot, la seule libérale et la seule génératrice, par sa nature, de la justice dans l'ordre social, naquit à peine de la conscience humaine qu'elle fut étouffée, soit par ses propres excès, soit par les égoïsmes absorbants des forts, profitant de l'ignorance des faibles.

Étudions un peu comment se réalisa, contre cette idée, l'idée communiste, son antithèse.

L'homme devenu son maître au sortir des soins de l'autorité paternelle et maternelle, vécut d'abord absolument libre et absolument égal à

4

l'homme. Si les lois morales de justice et de fraternité avaient été rigoureusement observées,
eût-il été besoin d'organisation dans la cité?
Non, l'état absolument *an-archique*, c'est-à-dire
sans autre autorité que l'autorité philosophique
du bien perçu par la conscience, aurait toujours
suffi.

Mais cet état avait pour compagnon l'état sauvage dans lequel sont encore aujourd'hui beaucoup de sociétés humaines; et le compagnon en-
gendra les inconvénients. On reconnut bientôt
que cette liberté laissée à chacun n'était pas, dans
tous, génératrice efficace des perceptions claires
de justice qui auraient suffi pour faire l'ordre et
la paix. Il y eut de mauvais frères qui voulurent
dominer les autres et posséder plus qu'il ne leur
était dévolu par la justice. Ceux-là devinrent puissants par leurs rapines mêmes; ils furent désireux
de ce qu'ils n'avaient pas gagné par leur travail;
ils furent envieux de domination sur leurs égaux;
ils devinrent rusés, et ils mirent le désordre dans
la société naturelle; ils devinrent forts par la richesse, par la puissance, par le génie, par tout ce
qui n'eût été que bon, s'ils fussent restés dans la
limite des droits donnés par la nature; ils s'armè-
rent du glaive et abusèrent de leur force et de
leur génie pour accaparer plus de puissance en-

core. De là tous les désordres; et il fallut songer
à établir une règle sociale qui mît un frein extérieur aux envahissements que la conscience
de chacun réprouvait inutilement par ses pures
inspirations dépourvues de sanction.

Naquit dès lors la nécessité d'un organisme
régulier dans les sociétés.

La force brutale fut d'abord la seule règle;
mais cet ordre même n'était que le désordre
complet, puisqu'il mettait toute justice et toute
injustice à l'arbitraire du puissant. On se soumit,
on se résigna. Mais bientôt l'éducation se fit
parmi ceux qui obéissaient et l'on se demanda
pourquoi cet assujettissement absurde; quelle
était la raison de ce droit du régnant.

Le régnant se vit donc menacé de perdre sa
domination; car les subordonnés, étant les nombreux, tendaient promptement à devenir une
force brutale prête à se camper à la place de l'autre. Cette menace fut sentie par les puissants, et,
en même temps, s'éveilla en eux le besoin d'ap-
puyer leur puissance sur quelque prétexte qui
eût l'apparence de la raison. C'est alors qu'ils
imaginèrent les hypothèses suivantes :

Nous ne sommes pas maîtres en vain, dirent
les uns, nous sommes les représentants de la
puissance paternelle; nous sommes les pères ou

les bienfaiteurs de l'humanité; nous sommes les précepteurs du genre humain; notre droit découle du droit des pères et des vieillards. Ils firent croire cela aux peuples simples, et réussirent à se faire obéir, non plus par la force seule, qui leur échappait, mais par l'épouvantail consciential d'un masque grandiose du droit lui-même.

Tel fut le premier système. Il suffisait de lui répondre que les pères, en mourant, n'avaient rien transmis ni pu transmettre à de prétendus successeurs; que tous leurs fils étaient égaux entre eux, étant créés par la nature indépendants les uns des autres et, partant, prédestinés par elle à l'affranchissement des devoirs qui ne sont dus au père et à la mère par l'enfant qu'autant qu'il reste faible et ayant le besoin de la protection d'un vieillard et d'une famille. Mais les humains n'étant pas encore assez instruits pour faire ce raisonnement, et ce raisonnement n'étant encore dans leur conscience qu'à l'état intuitif, les chefs établis, affermis par cette ignorance même, continuèrent de régner.

Un autre système consista à invoquer une révélation de la divinité même. Les chefs, d'après cette prétention, furent investis d'un droit surnaturel qu'il appelèrent *droit divin;* ils imaginèrent des monts Sinaï dans le passé des peuples, et vécurent, sur cette fiction ridicule d'une loi révélée par Dieu même, aussi long-temps que le leur permit le lever progressif de la lumière dans les esprits, remontant peu à peu vers les causes mêmes des choses.

Un troisième système fut imaginé, d'après le-quel tout fait acquis, de force pure, étant une permission de la divinité, créait le droit par suite de cette permission même. « Obéissez aux puissances, a dit certain génie dans un sens quelconque qui a été pris, à tort ou à raison, pour ce sens-là, ce n'est pas en vain qu'elles portent le glaive. » Elles le tiennent de la providence. Que faut-il de plus que le fait de la force pour établir le droit?

Ce système fut le plus absurde, mais non pas le plus stérile ; il séduisit les foules. Ce fut sur son raisonnement, tout ridicule qu'il soit, qu'il s'établit dans le monde. C'est ce système qui a fini par triompher dans ces derniers temps. Toute logique s'était si bien émoussée sous le règne de . . force, qu'il n'était plus resté que la force pure devant les nations qui étaient, en effet, la force. Il ne restait devant elles, pour justification de tout, que ce pauvre raisonne-ment, qui justifie en effet toute chose, la plus grande injustice aussi bien que la plus grande

4.

justice : je suis fort; donc je suis le droit, parce
qu'étant fort, je suis le doigt de Dieu.

Ces trois systèmes n'étaient que des ruses de
l'esprit mauvais pour créer des prétextes imaginaires et tromper les hommes.

Le premier système, qui donna naissance aux
patriarchies, était contraire à la raison et ré-
futé par la nature même de l'autorité paternelle
et maternelle; cette autorité ne persiste qu'un
temps, le temps de l'élevage, ce qui n'empêche
que, dans l'être intelligent, qui comprend et se
souvient, le respect et l'amour ne restent jusqu'à la tombe.

Tout animal a son temps d'élevage donné par
sa nature, pour le développement suffisant de
ses forces physiques et de son instinct, s'il n'est
doué, au moral, que de l'instinct, et de son esprit, s'il est pourvu de l'esprit. Le lionceau devenu lion, prend la clé des déserts, fait la chasse
lui-même, et oublie sa tanière. Le petit de
l'oiseau, devenu oiseau, ouvre ses ailes au
grand air, et oublie ceux qui l'ont nourri. L'enfant devenu homme est devenu son maître et
l'égal de ses frères, c'est de sa nature intelligente qu'il tirera désormais ses règles de conduite. Voilà la loi des choses; toute prolonga-
tion de l'autorité du père et de la mère n'est plus

qu'un fantôme, à titre d'autorité. Il ne reste que
le respect et l'amour.

Ce second système créa les théocraties et, en
les créant, ne fut aussi qu'un leurre. Certes la
théocratie surnaturelle ne serait point une impossibilité en elle-même : mais la simple possibilité, en toute chose, n'est rien ; avec elle on
imagine tous les romans. Pour passer dans
l'ordre du réel, il faut au possible franchir un
grand abîme, il lui faut devenir le fait, et en
fournir à l'être pensant la preuve péremptoire.
Quelle démonstration me fournissait-elle avec ses
traditions qui ne sont basées que sur la légende ?
Point de preuve du fait, je nie le fait, tout en
concédant sa possibilité absolue. Prouvez-moi
que Dieu a parlé : les hommes le disent, c'est
vrai ; est-ce là tout ? Je ne crois pas. « Toujours
des hommes entre Dieu et moi, » a dit le plus
fort et le plus sérieux des argumentateurs, je
ne crois que ma raison, qui, ne me disant rien,
me laisse la liberté. Que de contes se découvrent
tous les jours dans les traditions des peuples !
que de contes aussi qui ne se réfuteront ni ne se
démontreront ! C'est toujours le domaine de la
fable, quand on prétend mettre la réalité à la
place du simple possible. Arrière tous ces contes
du vieux temps ! ma raison me suffit.

Le troisième système, qui fut la source de toutes
les autocraties, monarchies, aristocraties, polyar-
chies, démocraties tyranniques et le reste fut un
rêve aussi vain; sa théorie fut celle du droit
du plus fort. La source des droits, l'absolu, en
donnant aux uns la force, aux autres la faiblesse,
leur donnait-il avec la force, le droit et la justice?
consacrait-il le vol en en laissant les moyens?
En ce cas, la ruse et la force engendreraient le
droit? Ce serait le plus monstrueux des renver-
sements de la morale que puisse éclairer la
conscience; ce serait le plus ineffable des désordres élevé en règle suprême de toute justice.
Vous êtes fort, donc vous êtes juste. Voilà le
raisonnement. C'est le fait élevé en droit; c'est
l'apothéose de l'assassinat et de tous les crimes,
attendu qu'il n'en est aucun qui ne s'appuie sur
la force. Encore ici je ne me sers que de ma conscience, et je n'écoute que la voix de ma raison.
Quand je me sens faible, et que je sais que le droit
est attaché à ma cause, je proteste contre l'abus
de la force aussi longtemps qu'il me le faut pour
devenir fort, et puis j'emploie ma force acquise
à faire régner mon droit.

Avant la naissance de ces trois systèmes
conçus par les forts pour tromper les faibles,
et aussi vains l'un que l'autre dans leurs mo-

tifs, avait régné la simple anarchie sauvage,
bien différente de l'an-archie civilisée qui
constituera la politique de l'avenir. Cette primitive anarchie fut d'abord l'embryon pur de l'an-
archie dernière à laquelle est appelée l'humanité ; elle en renferma les principes dans leur
pureté naturelle, comme toute graine, non dépravée, contient les éléments du grand arbre qui
en sortira peu à peu et qui se déploiera magni-
fiquement au soleil de son âge mûr. Mais elle
devint bientôt, par l'influence du méchant dans
le monde, l'absence hideuse d'harmonisation
dans un corps fait pour l'harmonie, disons le
mot, une pourriture. Ce ne fut plus que l'injustice du pervers sans cesse triomphante, et
traînant à sa suite une perturbation permanente ;
ce fut le désordre toujours aux prises avec
l'ordre, la guerre éternelle de l'âge de puberté :
les seules vertus morales auraient suffi pour en
être le perpétuel remède si elles avaient émo-
tionné les cœurs, mais cela ne pouvait être au
sein des intérêts égoïstes des hommes méchants. Cette anarchie n'était qu'une négation
et ne renfermait aucune garantie d'ordre : elle
n'était qu'un grand abîme sur lequel la société
paraissait devoir être toujours suspendue. La
conspiration permanente du mal fit croire aux

hommes que le remède serait dans quelqu'un des trois systèmes que j'ai décrits ; et, par cette ruse, affermit le mal et le rendit durable par l'application de l'un de ces trois systèmes. C'est ainsi que naquirent et s'acclimatèrent dans l'humanité les systèmes gouvernementaux, systèmes communistes, autoritaires, qui devaient, jusqu'à la grande rénovation révolutionnaire, tenir suspendue sur la société, vivante encore, l'épée de Damoclès !

Voilà les horreurs dans lesquelles se sont crispées les sociétés humaines durant leur passé. Ces horreurs ne sont autres que celles du communisme lui-même concentré dans un maître, et elles ne peuvent avoir de médecin que l'idée individualiste qui fait consister l'ordre dans le droit de chacun à la liberté de tout ce qui n'est pas attentatoire aux libertés d'autrui; c'est l'idée de l'an-archie civilisée, fille de la révolution des temps modernes.

Cette an-archie pourra seule désorganiser le plan de la force pure, appuyé sur l'armée, cette personnification de l'obéissance, que notre grand Lamennais peignit si bien, dans ses *Paroles d'un croyant*, par le morceau qui suit :

« Satan dit aux princes :

» Voici ce qu'il faut faire. Prenez dans chaque

famille les jeunes gens les plus robustes et
donnez-leur des armes, et exercez-les à les ma-
nier, et ils combattront pour vous contre leurs
pères et leurs frères ; car je leur persuaderai
que c'est une action glorieuse.

» Je leur ferai deux idoles, qui s'appelleront
Honneur et Fidélité, et une loi qui s'appellera
Obéissance passive.

» Et ils adoreront ces idoles, et ils se sou-
mettront à cette loi aveuglément, parce que je
séduirai leur esprit, et vous n'aurez plus rien à
craindre. »

» Et les oppresseursdes nations firent ce que
Satan leur avait dit, et Satan ainsi accomplit ce
qu'il avait promis aux oppresseurs des nations.

» Et l'on vit les enfants du peuple lever le bras
contre le peuple, égorger leurs frères, enchaî-
ner leurs pères, et oublier jusqu'aux entrailles
qui les avaient portés.

» Quand on leur disait : « Au nom de tout ce
qui est sacré, pensez à l'injustice, à l'atrocité de
ce qu'on vous ordonne, » ils répondaient :
« Nous ne pensons point, nous obéissons. »

« Et quand on leur disait : « N'y a-t-il plus
en vous aucun amour pour vos pères, vos
mères, vos frères et vos sœurs ! ils répon-

daient : « Nous n'aimons point, nous obéissons. »

« Et quand on leur montrait les autels du Dieu qui a créé l'homme et du Christ qui l'a sauvé, ils s'écriaient : « Ce sont là les dieux de la patrie ; nos dieux à nous sont les dieux de ses maîtres, la Fidélité et l'Honneur. »

« Je vous le dis, en vérité, depuis la séduction de la première femme par le serpent, il n'y a point eu de séduction plus effrayante que celle-là.

» Mais elle touche à sa fin. Lorsque l'esprit mauvais fascine des âmes droites, ce n'est que pour un temps. Elles passent comme à travers un rêve affreux et au réveil elles bénissent Dieu, qui les a délivrées de ce tourment. »

LAMENNAIS. (*Paroles d'un croyant.* — 1834.)

Faites régner mon individualisme, dans sa pleine *an-archie*, et toutes ces machinations de Satan s'en iront en fumée.

CHAPITRE CINQUIÈME.

COMMENT POURRA SORTIR DU CHAOS COMMUNISTE L'INDIVIDUALISME CIVILISÉ?

Pour sortir de ce réseau dans lequel se résume oppressée, la cité depuis ses origines, que fera l'homme?

Oh! repoussons d'abord ces doctrines de désespoir qui consistent à enfermer l'humanité entre deux abîmes : l'abîme du mal originel, et l'abîme du mal définitif; disons et croyons avec fermeté que la force absolue, qui vivifie toutes choses, est bonne et ne peut conduire qu'au bien et au bonheur toutes ses productions, dans toutes leurs phases, dans toutes leurs vies, dans leur repos dernier, s'il y en a un.

Rejetant donc *a priori* toutes les traditions issues de la malice des hommes, toutes ces fables qui nous font sortir d'une déchéance pri-

5

mitive pour nous lancer, en majorité, dans
un gouffre éternel, l'homme interrogera enfin
la pure raison, et celle-ci lui dira :

Le soul droit véritable est dans l'individu ;
mais il faut que l'ensemble des individus s'entende et s'organise ; il faut que la souveraineté
se reconnaisse elle-même et s'établisse à demeure sous une forme qui puisse se conserver
sans se noyer jamais dans le communisme. Un
tel naufrage serait toujours facile, soit par l'effet
d'un écueil, soit par l'effet d'un autre écueil, et
aussi bien par l'écueil démocratique que par
l'écueil aristocratique. Il faut que la société imagine pour elle-même un cercle à parcourir qui
soit, à la fois, son propre entraînement et sa
propre limite. Il faut que le souverain soit une
personnalité morale toujours active, résultant
des individualités elles-mêmes et pourtant s'en-
fermant sans cesse dans une voie nationale de
régularité, de liberté et de progrès réunis.

Toute autorité qui s'impose et commande dans
une nation, soit au nom d'un pouvoir de tradition paternelle, soit au nom d'une révélation divine, soit au nom de la nation plébiscitant elle-
même, et donnant carte blanche à ce pouvoir,
n'est qu'un communisme dans sa cause et dans
ses résultats. Il doit nécessairement, fatalement

s'échouer, dès le début, dans tous les excès d'un communisme qui sera d'autant plus tyrannique et abrutissant qu'il se concentrera mieux dans une unité centralisatrice. Plus un mal se fortifie par la centralisation, plus il produit de maux. Quand un élan est donné, on le suit. Si l'élan est mauvais, le parcours sera fatalement mauvais, et l'on ira, en le suivant, du mal au pire jusqu'à ce qu'enfin la machine se brise et devienne, en fait de nation, une anarchie sauvage dans laquelle on s'entre-dévorera et où ce sera encore le plus fort qui martyrisera le plus faible.

Voilà l'histoire de tous les gouvernements qui ont existé jusqu'à présent.

Les plus mauvais ont été les plus centralisateurs, les plus centralisés et les plus forts. Or, ceux qui ont le plus centralisé leurs forces, les ont concentrées dans un seul individu devenu puissant par l'acquiescement de ses semblables. Le suffrage universel, par ses plébiscites, ne fait, comme les autres puissances constituantes, que créer des tyrannies ; il faut qu'il s'organise et se limite lui-même de manière à ne plus produire de tels fruits.

On rencontre, dans le passé des nations, quelques séries historiques, le long desquelles les peuples ont eu soin de conserver, dans leurs constitutions, assez d'individualisme pour pouvoir se présenter sous une forme trompeuse qui jette, sous ce rapport, beaucoup de poudre aux yeux ; cela se fit remarquer dans les siècles qui se distinguèrent par une couleur républicaine et démocratique à l'excès. Les peuples auxquels je fais allusion ont eu soin de ne jamais se donner à un homme ; ils ont eu soin de conserver toujours la forme républicaine et ont eu beaucoup plus de raison que les peuples monarchistes. Mais le bien qu'ils ont gardé n'était encore que dans la forme ; il n'était pas dans le fond et, par conséquent, dans la réalité, parce que leurs élus au pouvoir recevaient de leurs électeurs une autorité trop vaste et trop durable ; ces élus devenaient bientôt de petits Césars propres à constituer, par leur collection, un grand César qui ne valait pas mieux qu'un seul individu qui se serait fait appeler le grand César. C'était le communisme qui remontait, en même temps, sur l'eau et qui reprenait le sceptre en se personnifiant dans la majorité de l'assemblée.

Une majorité gouvernante ne vaut pas mieux souvent qu'un individu gouvernant ; elle ne fait rien, et, en ne faisant rien, fait beaucoup de mal ; un seul peut avoir du génie et de la bonté d'âme ; dans ce cas, il vaut mieux qu'une majorité se réunissant autour d'un système exclusif cassant et brutal. D'ailleurs une majorité ne vaut jamais un bon génie qui allie le moelleux de l'homme à la fermeté ; la majorité, ce n'est qu'une systématique pratiquée avec un grand décousu ; c'est souvent l'absurde ; et si elle est à demeure, fixée là pour des années, qui vous dira, quand elle est bonne un jour, qu'elle le sera demain?

Oh ! j'ai flétri les Césars individus s'ils se présentent au nom de la divinité, s'ils se présentent, comme la représentation et la continuation du pouvoir paternel, s'ils se présentent armés d'un plébiscite, comme personnifiant le peuple ; je les ai flétris à ces points de vue comme une des plus grandes infamies des sociétés, mais je ne flétris pas moins les majorités établies pour rester indéfiniment à la tête des nations. C'est l'inconstance et le hasard qui les caractérisent, c'est toujours le *je veux*, l'arbitraire exercé sur l'individu, qui doit pourtant être son propre guide, son propre roi, c'est-à-dire avoir pour son seul maître sa conscience éclairée par sa raison.

Comment parviendront les nations à concilier l'an-archie individualiste, où chacun reste son arbitre, avec un organisme régulier? Voilà le problème à résoudre, et voici comment on le résoudra.

La solution sera dans une organisation vraiment *républicaine*, dans laquelle tous voteront, même les femmes et, à tout le moins, celles qui seront les seuls représentants d'une famille de mineurs ; et dans laquelle seront à jamais mises en loi et exécutées les trois conditions suivantes.

1° Toute investiture, en dehors de la représentation nationale, sera donnée par le suffrage universel, choisissant à son gré parmi des candidats dont la capacité aura été reconnue au concours et brevetée par un jury dont la compétence aura été préalablement constatée relativement aux fonctions auxquelles pourront être appelés les candidats.

2° A toutes les lois sera assigné un temps de proscription, au bout duquel celle qui n'aura pas été rénovée explicitement ni rééditée formellement par l'assemblée, s'annulera d'elle-même.

3° Révocabilité constante des représentants et de tous les autres fonctionnaires, du plus grand jusqu'au plus petit, non point par décrets du pouvoir exécutif ni du pouvoir législatif, mais par les électeurs eux-mêmes de ces représentants ou de ces fonctionnaires ; et pour la pratique de cette révocabilité, droit permanent des électeurs de s'assembler pour rappeler leur mandataire.

Avec ces trois conditions vous aurez l'an-ar-chie organique, l'individualisme véritable et régnant à perpétuité. Vous aurez aussi la révolution en permanence dans la collectivité des citoyens comme elle est toujours, nécessairement, dans les esprits par suite de leur progression constante, de leur constant perfectionnement.

Avec ces trois conditions, vous aurez, par vos jurys jugeant sur concours la certitude de la capacité, qualité la plus essentielle à l'exercice de toutes les fonctions. Avec ces trois conditions, tu auras, ô peuple, et conserveras tout ce que tu voudras, et cela seulement qu'il te plaira de vouloir et de conserver.

Tu auras des tyrans si les tyrans te plaisent, des philosophes si tu aimes les philosophes, des bourreaux d'hommes, si ce sont là ceux que tu désires pour maîtres ! Tu auras de bons et honnêtes citoyens, si tu as le bon esprit de les aimer. Tu auras ce que tu voudras, et tu ne pourras jamais te plaindre ; tu devras toujours dire, si le résultat est mauvais : « par ma faute. »

Peuple souverain, tu seras toujours en activité efficace ; tu seras toujours et à tout instant ce que tu voudras être.

Mais le peuple, ainsi organisé, pourra-t-il tout

faire? Ne pourra-t-il pas lui-même outrepasser
ses droits et devenir tyrannique? Eh! oui, certes : il y a des droits, des libertés, inhérents à
l'individu, que ne peut atteindre l'individu lui-
même. L'individu n'a pas le droit par exemple,
du suicide, et de là le souverain, qui n'est que le
résultat de la collection des individus, n'a pas le
droit de tuer aucun de ses membres parce
qu'aucun d'eux n'a le droit, dans le contrat, de
renoncer à sa vie.

Il y aura donc encore une sphère de compétence à tracer devant l'œil du souverain, une
sphère qu'il ne pourra dépasser jamais sans
violer la justice inhérente à sa propre nature.

Ainsi, conditions intrinsèques de constitution
du souverain pratique; conditions de compétence relatives à la matière des lois ; telles sont
les bases que je dois étudier, au seul flambeau
de la raison, dans les chapitres qui constitueront
cet ouvrage destiné à prédire, à l'avance, les
constitutions politiques rationnelles des républiques futures.

J'ajouterai des considérations sur le droit
international qui devra régir les Etats-Unis du
monde dans la grande fédération de l'avenir.

CHAPITRE SIXIÈME.

DES GROUPES NATIONAUX.

Plus les États sont grands, disait Rousseau avec raison, plus la liberté perd dans le citoyen. Je traduis cette vérité en cet autre langage : le communisme gagne et l'individualisme perd en proportion de l'agrandissement des unités nationales.

Comment en serait-il autrement? L'activité directrice devient alors, par nécessité, trop puissante ; elle est forcée de concentrer trop fortement sa vigueur en se centralisant. Or la centralisation, c'est toujours la tyrannie, parce qu'il en résulte une fusion des intérêts particuliers dans des règles trop générales.

Que l'autorité s'incarne dans une individualité à titre de délégation ou à tout autre titre, cette

5.

individualité devient, dès lors, une souveraineté qui gouvernera, selon les préjugés de son éducation, selon ses théories préconçues, selon ses opinions, selon ses instincts presque toujours mauvais, au nom de la communauté. Ce ne sera plus une république ; ce ne sera qu'une espèce de royauté, sortie le plus souvent d'un plébiscite qui aura ou créé ou affirmé et confirmé cette puissance. En dehors de ce plébiscite en effet, la royauté aurait, pour règles de ses devoirs, des traditions antiques qui seraient utiles aux peuples, et que respectent toujours ce qu'on appelle les légitimités, bien que, dans la vérité, la seule légitimité qui soit et qui puisse être, ne résulte que de l'accord des gouvernés. Ordinairement les traditions, ou le droit traditionnel, établissent, devant celui qui règne, un frein qui l'oblige à s'arrêter aux abords des excès. Ces excès sont toujours, d'ailleurs, entachés de communisme parce qu'ils ne peuvent se réaliser sans être motivés, au dire du souverain de fait, que par le bien commun.

Si la souveraineté ne s'incarne que dans une aristocratie élue, le même raisonnement reviendra et reviendra d'autant mieux que l'unité nationale sera plus considérable, et toujours au profit de cette aristocratie qui ne sera qu'une assemblée de petits rois, avec ce seul avantage que la division de la souveraineté entre plusieurs sera moins solide, par sa division même, et risquera sans cesse de se détruire pour tomber aux mains d'un seul et redevenir l'autocratie pure.

La liberté n'est durable et facile à pratiquer que dans les petits États, parce que, dans ceux-là seulement, n'est point nécessaire une personnification de la cité en un seul ou dans quelques-uns qui s'unissent par l'intérêt qu'ils ont à régner, et parce que ce sera dans le plus petit État seulement que chaque citoyen pourra être un surveillant vigilant de ses propres droits. Dans le grand État, l'individu est trop amoindri par la masse dont il fait partie ; les intérêts généraux pèsent d'un tel poids contre les intérêts particuliers que ces derniers, dans la pesée, disparaissent.

Moi donc qui rêve toujours la liberté comme étant la condition indispensable du bonheur public, et, par là même, l'individualisme, je prends pour types de mes rêves les États les plus petits ; ce sont eux qui, fédérés, réaliseront l'unité des hommes, non point par leur constitution intérieure, mais par leur fédération seulement, non destructive des libertés ; ce sont eux qui garanti-

ront, en même temps, la paix et les échanges
universels ; ce sont eux enfin qui incarneront
l'idéal de l'avenir, idéal formé de milliers de républiques libérales ayant fixé chez elles l'assurance de la paix.

Mais nous faudra-t-il, pour réaliser cet idéal,
détruire les grandes unités existantes fondées
par le travail des siècles qui ont été plus souvent monarchiques que démocratiques? Ce travail a produit ses fruits et a fixé la nature des
nations dans des habitudes qui leur sont devenues indispensables. C'est ainsi que la France
est devenue unitaire dans toute son étendue,
surtout depuis sa division démocratique en départements par la grande révolution de 89 et
de 93. Prétendrais-je la constituer désormais
en petits Etats? non, la démocratie future la
prendra telle que la lui auront faite les travaux
de nos pères, de ses rois et de ses républiques.
Elle n'entreprendra pas l'impossible, qui consisterait à refaire un système de nation qui ne
peut jamais se fonder que peu à peu sous toutes
les espèces d'influences qui passent sur elle. La
démocratie dont je parle, saura s'assimiler elle-
même aux nécessités créées par le temps durant
un si long passé.

Les nations sont des natures complexes, qui

garderont toujours des restes de ce qu'elles furent avant d'être ce qu'elles sont, et pendant qu'elles devinrent ce qu'elles étaient appelées à devenir.

CHAPITRE SEPTIÈME.

LES CONSTITUTIONS POLITIQUES.

Je fais table rase de tout ce qu'ont imaginé et essayé les hommes, pour ne consulter que la nature.

De quels éléments la nature essentielle d'une nation se compose-t-elle ?

Je n'en vois que deux qui soient nécessaires ; un troisième qui, à force de temps, de prescriptions et de pratiques, devient demi-naturel, d'artificiel qu'il fut à l'origine ; et tous les autres qui sont et doivent rester absolument artificiels.

Les deux éléments essentiels indestructibles sont les individus et les familles vivant en famille.

L'élément élevé à l'état mi-naturel, quoiqu'il ne soit à l'origine qu'artificiel, est la commune.

Tous les autres, tels que départements, arrondissements et le reste, ne sont qu'artificiels.

Quels sont donc les éléments qui, dans la nation, fourniront des représentants à l'assemblée nationale vraiment démocratique de la république future? Ce seront l'individu et la famille. La commune en fournira de spéciaux pour l'administration d'elle-même; et, quant aux autres groupes artificiels, on ne voit la nécessité pour aucun d'en fournir. Toutes ces divisions peuvent être utiles pour la simplification et la facilité des administrations; mais ne le sont point relativement à l'assemblée gouvernante qui représente la république.

Il y aura donc une assemblée, à la fois constituante, légiférante et gouvernante, établie à demeure avec unité parfaite en elle-même, et par conséquent existant seule, ne se donnant point un président, mais seulement un conseil de ministres sans cesse révocables par elle, lequel sera le seul pouvoir exécutif délégué pour obéir sans cesse à l'assemblée souveraine émanée du souverain électif; et cette assemblée sera composée de membres élus par les individus et par les familles qui constitueront la nation.

C'est à cette simplicité qu'il faudra tôt ou tard réduire tout gouvernement; tous les essais de présidents élus soit par la nation, soit par l'assemblée, avec des pouvoirs plus ou moins étendus, sont des coups d'épée tirés dans l'eau par les nations encore enfants. Tout cela ne peut produire que la division et la guerre. Consultez l'histoire, elle répondra comme je le fais. Rejetons tous ces mauvais rêves, et revenons donc enfin à la simplicité de la nature.

Toute constitution particulière d'un État doit avoir pour base le suffrage universel dans son universalité parfaite ; or, pour que le suffrage soit véritablement universel, il doit sortir de tous les individus et de toutes les familles. Si les représentants ne représentent que les individus, ils ne représenteront qu'une partie rationnelle de la nation tout entière ; ils représenteront la nation fractionnée en individus ; et les familles avec leurs enfants en bas âge, les familles en tant que familles, n'auront point la représentation de leurs intérêts à titre de groupes naturels. Que faudra-t-il pour que cette condition soit remplie ?

Il faudra 1° que tout individu vote en tant qu'individu. 2° Que tout chef de famille, soit homme quand le père existe, soit femme, quand il ne reste qu'une femme pour représenter la famille, vote en tant que chef de la famille pour représenter les intérêts de tous les mineurs dont il ou elle est la providence.

En conséquence, 1° tout célibataire majeur, homme ou femme, votera en tant qu'individu ; 2° Tout chef unique de maison, homme ou femme, votera en tant que chef de maison, ce qui donnera deux voix aux hommes qui ne seront pas célibataires.

Il sort de ce principe qu'il n'y aura à ne pas voter que les femmes épouses, — leurs maris, en votant, votent pour elles — et que les enfants des deux sexes en bas âge. Quant aux femmes, toutes les filles célibataires voteront comme les célibataires hommes, ainsi que toutes les femmes veuves ou restées seules chefs d'une famille. Que les femmes épouses, ayant leur époux vivant, ne votent point, c'est la justice attendu qu'elles ont leur mari pour les représenter, et que le droit de vote admis pour elles serait une raison de trouble dans les ménages.

Quant aux filles majeures, pourquoi ne voteraient-elles point comme les jeunes gens majeurs ? et pourquoi une femme, restée le seul chef de la maison, soit à titre de veuve, soit à titre de femme représentant la famille, soit à un autre titre comme celui de sœur aînée, ne voterait-elle pas aussi ? Si elles ne votaient pas, ce seraient des individualités qui n'auraient point de représentation dans la nation.

La justice dans le droit national, ne régnera que le jour où ces modifications seront introduites dans la réglementation du suffrage universel.

C'est ainsi que tout pourra sortir de l'individu et de tous les individus composant la nation. Ce sera le règne de l'individualisme à proprement parler.

Voilà les principes hardis auxquels nous conduit la raison seule étudiant la nature.

J'ai qualifié l'assemblée, qui est le vrai souverain en activité par délégation directe du peuple, c'est-à-dire de tous, de *constituante*, de *gouvernante*, et d'*exécutive*.

C'est qu'en effet j'entends qu'elle soit toujours l'unique constituante et qu'il lui suffise, pour le devenir, de se déclarer telle. La constitution sera toujours révisable et modifiable, excepté dans ses parties inviolables, qui seront la déclaration des droits et des libertés ; or pour qu'elle soit, de la sorte, révisable, il faut qu'elle le soit à tout instant. Que serait une constitution non modifiable pendant une durée, si petite qu'elle fût, sinon une tyrannie matérielle d'autant plus dangereuse qu'elle serait ininte lligente ? Il suffira

que l'on s'aperçoive qu'elle a besoin d'être modifiée pour qu'on procède immédiatement à la
modifier et ne faudra-t-il pas, pour rendre cela
possible, que l'assemblée existant de fait ait le
droit de constitution en se déclarant constituante ?

J'entends que l'assemblée soit vraiment l'u-
nique *gouvernante* et que l'on ne puisse pas
dire d'elle ce qu'on a dit des rois constitutionnels :
« ils règnent et ne gouvernent pas. » Il n'y aura
pas, dans son territoire, un seul ordre qui ne
soit amovible dans chacun de ses membres, et
elle-même le sera sans cesse dans chacun des
siens. Chacun de ces employés de la nation, à
des degrés divers, sera rétribué selon l'importance de ses fonctions et les honneurs que ces
fonctions conféreront seront plutôt leur prix
que ne le sera leur rétribution en argent. Les
plus modestes fonctions, d'ailleurs, fourniront
le suffisant pour vivre sans peine, et les plus
élevées seront calculées de manière à ne pouvoir
engendrer la luxuriosité.

Toutes, en même temps, seront, comme je
l'ai dit, amovibles, afin que le serviteur reste
toujours serviteur et sous la dépendance de son
maître. Il est bien entendu que le maître dont
j'entends parler, ce sont seulement les citoyens,

électeurs des fonctionnaires. Une magistrature inamovible, par exemple, n'est-elle pas un État dans l'État? Chassons de notre idéal tous ces priviléges.

En s'organisant comme je viens de l'indiquer, ce sera toujours le règne et le gouvernement du véritable et unique souverain, qui est le peuple ; ce souverain progressera, d'autre part, dans les faits, à mesure qu'il progressera dans ses idées.

J'entends enfin que mon assemblée soit, de tout point, l'unique *exécutive* par le conseil des ministres qu'elle choisira et révoquera sans cesse selon ses fantaisies et selon les convenances des circonstances. Pourquoi inventerait-on de ces systèmes mixtes et compliqués selon lesquels le pouvoir est divisé en lui-même : c'est la mort qui dort sans cesse dans ces espèces de constitutions : elle brise tout, le jour où elle s'éveille.

C'est à la même assemblée, élue par tous, que doivent revenir, à la fois, tous les attributs du gouvernement. On ne conçoit point que l'homme ait imaginé, dans les unités les plus indivisibles, comme celle de l'État français, de ces fictions qui divisent, par une force absolument artificielle, ce qui, de sa nature, est uni et inséparable. Disons aux gouvernements co quo Jésus disait 'aux pharisiens du mariago : *Quod Deus conjunxit homo non separet.*

CHAPITRE HUITIÈME.

LA CONSTITUTION FÉDÉRALE.

On parle aujourd'hui des Etats-Unis d'Europe. C'est le rêve des grands esprits : Je parle moi des Etats-Unis du monde entier, qui seront l'idéal des grands esprits de l'avenir.

Il viendra un jour où les langues se fondront en une, les religions en une, les politiques en une, et où ces unifications humanitaires produiront la grande unification des choses, qui sera la préparation indispensable à la fédération universelle, condition de la paix assurée qui eût dû exister toujours entre tous les frères de la même famille.

Cette fédération aura pour but principal, ai-je dit, celui d'assurer la paix entre les nationalités, d'en chasser à jamais la guerre. Elle consistera donc surtout à établir un tribunal suprême qui videra les différends par l'examen rationnel des causes qui les auront suscités, et par le prononcé d'un jugement qui sera reconnu définitif et sans appel.

Quels seront les électeurs de ces juges cosmopolites? Ce seront les assemblées elles-mêmes de chacun des Etats fédérés.

Chacun de ces Etats aura son représentant au tribunal, en sorte que la majorité des juges correspondra à la majorité des Etats eux-mêmes et verra toujours sa décision soutenue par le grand nombre. C'est ce qui en fera la force et la sanction.

Le tribunal ne sera pas trop nombreux; il constituera la plus haute puissance qui soit établie.

On en votera la constitution par assemblées d'états, on en votera de même le personnel, et chacun de ces juges élus sera sans cesse révocable par l'assemblée qui l'aura élu.

Voilà la base de cette constitution fédérale, c'est tout ce que me permet d'en dire aujourd'hui la prudence humaine.

Déjà on a fait des études sur cet objet; tout le monde connaît celles de M. Lemonnier, auteur qui était digne d'une telle conception puisqu'il avait été Saint-Simonien pour com-

mencer. Ce sont toujours de ces écoles hardies
que sortent les grands rêveurs de l'avenir, ces
utopistes qui imaginent les choses avant qu'elles
se fassent, et dont les conceptions, a dit L. Blanc
avec tant de raison, sont toujours des utopies
de la veille appelées à devenir les vérités du lendemain.

Ici la conception n'est pas aussi utopique que
semblent le croire les amis du passé. Que suffit-
il de concevoir! Que la grande majorité des
nations commence par être d'avis qu'il soit ur-
gent que les hommes rendent la guerre, ce plus
grand des fléaux, impossible entre eux; que les
assemblées, représentant la puissance politique
de ces états, s'entendent pour nommer un délégué
choisi par chacune d'elles', et l'envoie siéger
au tribunal suprème; que tous les délégués
réunis s'assemblent dans une ville sous le nom
et avec l'autorité de tribunal cosmopolite; que
la réunion cosmopolite se prononce par un jugement solennellement rendu; et qu'enfin il soit
bien entendu que, si quelqu'un ou quelques-uns
des États du monde faisant partie de la fédération, refusent de se soumettre à ce jugement, tous
les autres, qui seront la force complète de l'humanité, se lèveront contre le refus et l'écrase-
ront à peine manifesté.

6

N'est-il pas clair que le soulèvement de toutes ces forces contre une minorité qui sera la faiblesse même, rendra, aussitôt, impossible la révolte par les armes, et partant la guerre impossible ?

Voilà tout le secret du tribunal arbitral pour la paix universelle.

Est-ce plus difficile à comprendre que ce qui a été fait chez tous les peuples pour les jugements que rendent les tribunaux de commerce, par exemple ? jugements contre lesquels on ne réclame jamais parce qu'on sait que toute réclamation contre eux serait une folie impossible.

CHAPITRE NEUVIÈME.

DE LA RÉVOCABILITÉ PERMANENTE DES REPRÉSENTANTS DU PEUPLE ET DE TOUS LES FONCTIONNAIRES, PAR LEURS MANDANTS.

La révolution dans les esprits est l'état essentiel de toute nation vivante.

La révolution n'est autre chose que la vie elle-même; le calme et l'immobilité, la non-révolution, étant la mort.

C'est ce qui explique pourquoi les hommes amis du passé, ces cœurs dont l'habitude des jouissances est devenue la nature, maudissent si bien la révolution qui menace toujours de leur enlever, par le progrès, leurs priviléges séculaires.

La révolution n'est pas le propre d'une nation en particulier. Penser, comme le pensent nos républicains du jour, ce qui signifie en général les républicains à courte vue, que la révolution française de 1789 et de 1793, fut la révolution humaine, est une erreur grossière. La révolution est une œuvre cosmopolite, un volcan universel qui s'ouvre des bouches ici et là, dans tous les temps, dans tous les lieux, sous toutes les formes. C'est Dieu travaillant incessamment sa fille l'humanité. « Le père travaille sans cesse, et moi aussi, » disait le Christ.

On doit pourtant mettre cette réserve, qu'il y a des peuples qui occupent la tête, dans la grande file humaine, et d'autres qui se tiennent à la queue.

C'est ainsi que les choses doivent se passer dans le grand défilé des nations sur les grèves de l'océan des âges.

Or le peuple qui, le premier, réalisera, dans son organisme politique, la révolution en permanence, sera le grand peuple initiateur de l'avenir.

Que remarquai-je toujours en observant les hommes? Que le meilleur révolutionnaire arrivé au pouvoir cesse d'être révolutionnaire ; il a ce qu'il cherchait, il est repu. Jamais l'homme seul, si l'on ne suppose un prodige de génie, de grandeur, de générosité et de force, ne sera solidement révolutionnaire, à moins que les événements ne le maintiennent toujours malheureux et dans le besoin. Il n'y a qu'un seul révolutionnaire, et celui-là l'est à jamais; c'est le peuple besoigneux, le peuple qui souffre, le peuple qui travaille, qui est misérable; il l'est par position, par besoin, celui-là; et lui seul peut l'être avec une solidité inexorable.

Voilà donc la vraie révolution en permanence: le peuple malheureux.

La révolution est là et n'est que là. C'est là, par suite, qu'est aussi l'individualisme, parce que l'individu, accablé par les besoins du corps, de l'esprit, et du cœur surtout relativement à sa famille souffrante, est sans cesse rappelé par son intérêt propre à désirer et à vouloir la révolution pour tous ses semblables.

Il suit de ces considérations que c'est dans les esprits du peuple que se fait la vraie révolution: chacun rêve sa petite part du soulagement qui pourrait se réaliser pour tous; et de tous ces rêves constants et constamment soutenus par les souffrances, par les gènes, résulte cette force universelle qui brise quelquefois si violemment ses digues et qui est la révolution véritable, la révolution active s'armant du pavé.

Ce n'est pas, d'ailleurs, au bagne ni en cellule que se dilatent les âmes aux raisonnements

6.

solides, les corps aux gymnastiques; c'est dans
les champs sans barrières de la liberté : pour
rêver bien, il faut que l'esprit soit au large; et
que seront les esprits qui sont sans cesse arrêtés
dans le rêve, si ce n'est des momies fixées dans
une immobilité qui exclut sans cesse de son
calme plat la révolution?

D'un autre côté, si tous les citoyens n'ont
aucune règle qui les rallie en un faisceau, aucune centralisation, aucun entraînement unifi-
cateur, comment pourront-ils produire un fruit
positif? Ils ne produiront que des fruits épars
plus ou moins inappréciables.

Il est donc nécessaire aussi que les esprits
soient groupés en un. Libres et isolés ils produiront; mais leurs produits ne seront que des
pollens qui se laisseront emporter par les vents,
désirant la terre pour y faire racine et ne la
trouvant jamais. Groupés et organisés, tout en
restant libres, ils formeront touffe et deviendront la grande végétation du monde nouveau.

Il faut donc que les esprits soient, à la fois,
constamment libres, et constamment liés.

Comment seront-ils libres dans leur attelage
au char de la révolution? Ils ne le seront qu'à
la condition qu'ils pourront toujours se réunir
dans leur cercle d'électeurs et rappeler leur repré-

sentant qui n'aura pas bien rempli son mandat. Je n'entends pas, par ce mandat, un mandat impératif ; rien de plus ridicule qu'un tel lien matériel entre des esprits ayant chacun leur indépendance. Je n'entends pas, non plus, un mandat contractuel, liant par sa lettre les deux signataires du contrat ; toutes ces idées sont insensées, et se réduisent à des mots inventés pour sauver les apparences du bon sens. Les électeurs jugent leur élu à leur loisir, en étudiant sa conduite et ses votes, tirent leur conclusion sur son indignité et, dans la première réunion qu'ils organisent d'eux-mêmes et qu'ils peuvent à tout instant organiser, le révoquent et lui nomment un remplaçant.

Comment seront-ils liés par une pensée commune et pour un but commun ? Ils seront lancés dans une direction identique et dans une même tendance, à la condition que chacun d'eux n'aura pas le moyen de ne soutenir que son utopie et de ne travailler que pour elle ; de là naîtraient le désordre absolu, la dissolution, la véritable anarchie sauvage. Qui les liera de la sorte ? La constitution républicaine dont j'établirai les éléments inviolables, qui seront des libertés, et ne seront que des libertés. Les lois, de leur côté, seront révocables. La majorité des électeurs sera toujours fixée à ce point de ralliement, la constitution, dans sa partie basée sur le droit naturel, et chaque électeur ne pourra jamais que proposer son rêve à l'acceptation de cette majorité.

L'établissement d'un souverain secondaire, qui serait le grand souverain en action pour un temps quelconque, produirait un enchaînement continuel du souverain radical pendant le temps convenu, et impliquerait sans cesse le danger d'une puissance capable d'enrayer la révolution par un de ces coups que peuvent toujours commettre les traîtres, ne serait-ce qu'en vingt-quatre heures, et qui peuvent toujours donner naissance à une force matérielle qui durera peut-être des années, même des siècles. La souveraineté sans abdication possible, doit exister incessamment dans son état de vie active, comment subsistera-t-elle dans cet état si ce n'est à la condition d'un droit perpétuel de réunion des électeurs et de révocabilité constante des élus?

Il en résultera une assemblée qui se modifiera sans cesse et qui représentera toujours adéquatement la révolution des âmes.

D'ailleurs, s'il n'existait pas au moins cette règle, que le souverain radical composé d'in-

dividus électeurs devra se réunir par fractions
ou districts pour changer son représentant,
comment le district, cette unité collective frac-
tionnaire, s'y prendrait-il pour manifester sa
volonté par l'expression de la majorité des citoyens qui le composent? Ce ne pourrait être
que l'anarchie la plus absolue, n'admettant aucune régularité et impuissante à produire aucun
fruit.

Si tous les peuples avaient pour règle la vertu,
on concevrait qu'un ordre pût s'établir de lui-
même entre eux; on le concevrait quoique avec
peine; mais il y a toujours entre les hommes
des vicieux soit par malice, soit par ignorance,
et il suffit de quelques mauvais pour paralyser
l'œuvre.

Il y aura donc une règle à laquelle chacun
sera soumis, et qui formera la constitution du
pays. Cette règle dira :

Aucun représentant ne peut joindre la grande
assemblée nationale sans avoir été legitime-
ment élu par son district.

Tout district peut toujours se réunir sur la
demande d'une douzaine de ses membres à
l'effet de révoquer celui qui le représente et d'en
élire un autre à sa place.

Le peuple ne vieillit jamais parce qu'il se

rajeunit sans cesse en se composant, chaque
année, de membres nouveaux qui y entrent pour
la première fois. Tout homme, au contraire,
vieillit, dans son esprit surtout et vieillit d'autant plus qu'il goûte depuis plus longtemps du
pouvoir ; que le plus démocrate arrive à une position élevée : il deviendra bientôt un simple
bourgeois, homme du passé et dévoué au
statu quo de la vie ; il en a assez pour lui et
pour sa famille ; pourquoi désirerait-il quelque
chose de plus ?...

Imbécile ! est-il le peuple à lui seul ?

Imbécile ! et tous ceux qui souffrent et qui
devraient avoir leur part, comme lui, de la fortune publique !

Imbécile ! Oh ! ne l'écoutez plus ! il parla bien
et fort quand il fut jeune ; mais cette jeunesse est
passée, et avec elle la révolution dans cette nature morale ; il n'est plus qu'un bourgeois, ce
qui signifie un fossile à l'état de pétrification
artificielle produite par le carbonate de chaux.

Vous n'aurez le représentant de la nation
toujours jeune comme elle, la représentant fidè-
lement, adéquatement, à tout moment donné,
que par l'élection permanente qui renvoie le repu
et nomme à sa place le jeune altéré, le jeune
soldat qui est encore à ses premières armes.

La représentation nationale doit rester toujours jeune comme le peuple ; elle ne restera jeune qu'à la condition d'être sans cesse individuellement remplacée. Oh ! ne craignez pas que les talents extraordinaires la désertent pour cette raison. Ils feront en sorte, ces talents, qui connaissent la marche des choses, de prolonger leur ardente jeunesse jusqu'aux glaces de la vieillesse elle-même.

Ce que je dis de la révocabilité constante et de la rénovation perpétuelle des membres de l'assemblée nationale, je le dis de tous les fonctionnaires de l'Etat ou du peuple organisé. On sera toujours promu aux fonctions par l'élection des intéressés. Ce seront eux, comme je ne l'ai dit encore qu'en une seule phrase, et comme je le redirai plus longuement, qui donneront toujours l'investiture, et, en ce qui concerne les places pour lesquelles il faut une capacité spéciale, cette capacité sera déclarée par un brevet que décernera aux candidats un jury nommé *ad hoc*, sur concours public des aspirants à la candidature ; mais toujours ceux qui auront fait l'élection pourront s'assembler à l'effet de proposer le retrait du fonctionnaire infidèle et d'en mettre un autre à sa place.

Aucune fonction ne sera donc inamovible ;

tout fonctionnaire infidèle pourra sans cesse être déposé et remplacé immédiatement, par l'assemblée des électeurs qui auront eu pour mission de nommer ce fonctionnaire.

Aucune fonction, non plus, ne sera gratuite, afin que la richesse ne prévale jamais sur la capacité.

CHAPITRE DIXIÈME.

DE LA PRESCRIPTION DES LOIS.

On doit distinguer avec soin les lois qui sont données par la nature et les lois que les hommes se donnent librement à eux-mêmes. Les libertés inviolables qui feront l'objet de la seconde partie de ce livre, appartiennent à la première espèce ; ces lois naturelles sont inscrites au cœur de l'homme social et sont toujours vivantes ; elles sont absolues, naissent avec l'intelligence qui les conçoit, se développent avec elle en tant que connaissances et ne cessent, lorsqu'il meurt, de vivre dans son âme que pour continuer de vivre dans les âmes des morts et dans l'absolu, pendant qu'elles passent, sur la terre, de conscience en conscience.

Les autres lois sont de l'homme, et celles-là,

7

pour être obligatoires, doivent être vivantes ;
or elles ne sont vivantes que moyennant trois
conditions.

La première consiste en ce qu'elles tombent
sur un objet qui soit de la compétence des
hommes ; autrement elles seraient nulles, n'auraient aucune valeur. Je ferai un chapitre pour
délimiter cette compétence.

La seconde consiste en ce qu'elles soient
légitimement portées, c'est-à-dire qu'elles naissent de l'individu lui-même ayant le droit de
s'engager à les suivre : l'individu commence
par convenir, dans les cas où il doit s'agir
d'une loi sociale, qu'il obéira à ce que décidera
la majorité de l'assemblée soit des membres
électeurs, soit des élus légiférant ; les lois dont
je parle sortiront de cette majorité, et l'individu,
par la logique même de la primordiale convention, devra obéir à la loi. C'est une déduction
rationnelle de la première base acceptée ; en
sorte que la loi, si elle ne sort point, directement par sa nature, de la compétence de l'individu à s'obliger lui-même, ne sera que le produit de l'individu s'obligeant, d'une manière générale, à une déduction possible qui peut atteindre sa personnalité.

La troisième consiste en ce qu'elles soient

vivantes, et non pas mortes. Ces sortes de lois,
en effet, votées par l'homme, sont toujours
susceptibles de mourir, c'est-à-dire d'être révoquées, ne fût-ce que par le simple caprice des
individus mêmes qui les avaient portées, ce qui
signifie qui se les étaient imposées, attendu qu'il
n'est pas de vœu fait par l'homme qui, en tant
que vœu, ne soit révocable, à tout moment de sa
vie, sans autre raison qu'un changement de volonté ; il est vrai qu'il ne dépend pas de chaque
individu de retirer les lois dont il s'agit ici, puisqu'elles ont été posées par une majorité ; mais
cette majorité elle-même peut les retirer quand
elle se retrouvera dans une disposition contraire
à celle qui la détermina primordialement à les
établir ; il est donc nécessaire, pour qu'elles
continuent de vivre, que cette majorité ne les
révoque pas, mais au contraire, persiste dans la
même détermination et les maintienne. Si cette
majorité garde sur elles le silence et persiste à
les observer, ce silence suffira pour leur conserver la force de loi ; ce sera le cas de dire *qui se*
tait consent, mais, qu'arrivera-t-il quand une de
ces lois se trouvera oubliée dans les cartons de
la communauté, sans avoir jamais son application pratique ? La vérité sera que la communauté
devra être supposée l'avoir mise elle-même en

oubli, ne plus la vouloir, et l'avoir laissée mourir de sa belle mort.

Voilà la vérité vraie. Cependant les associations humaines sont dans l'habitude de conserver des magasins considérables de lois portées dans le passé, lois qui sont mortes par le fait, puisqu'elles ne sont plus vivifiées par une volonté agissante des membres de l'association, mais que les gouvernements retrouvent souvent prétexte de remettre en action pour parer à des éventualités qui deviennent pour eux gênantes. C'est là le procédé de tous ceux qui, de simples élus, afin de représenter l'association, se font tyrans et imposent à la longue leur autorité.

Il est nécessaire que la nation prenne, à ce sujet, une mesure générale par laquelle elle déclarera, une fois pour toutes, prescrite et morte absolument, par le seul fait de sa vieillesse, toute loi humaine qui aura vécu tel nombre d'années. Cette loi, par là même qu'elle sera devenue vieille, aura cessé d'être vivante, et la représentation de la cité devra la faire revivre à nouveau, par un vote positif, si elle veut qu'elle continue de produire ses effets.

Quel sera le temps de cette prescription?

Ce temps variera selon la nature de la loi; il

pourra n'être que d'une année, de cinq années, de dix années et, au plus, de vingt et de trente années comme pour les prescriptions des propriétés. Au vote de chacune des lois humaines, le temps de la prescription sera déterminé.

L'homme pourrait-il porter des lois dont la durée serait immortelle? Non, puisqu'il ne peut pas, en restant dans l'obéissance à sa nature, faire un vœu perpétuel. La raison ne saurait admettre la légitimité de pareils vœux : l'homme ne produit, en ce monde, que du périssable, il ne peut engendrer de lien éternel en aucun genre, ni en fait de peine, ni en fait de loi.

Moyennant ces trois conditions, une législation pourra être établie dans la cité, en sus de la législation et de la morale de la nature, imposées par la nature.

CHAPITRE ONZIÈME.

DE LA LIBERTÉ EN TANT QUE LIMITÉE OU ILLIMITÉE.

Je suis très-libéral avec mon individualisme; je le suis autant qu'il soit possible de l'être.

Cependant convient-il de conclure immédiatement, avec un des premiers journalistes de notre temps, peut-être le premier, M. E. de Girardin, que je pense avec lui que la liberté doit être *illimitée?*

Non et oui.

La liberté sociale doit être illimitée jusqu'à une frontière, qui est celle de sa propre compétence.

N'ai-je pas dit que tout est circonscrit à un cercle de compétence au delà duquel le droit cesse d'exister. Or la liberté elle-même a un cercle de compétence au delà duquel elle cesse d'être la liberté.

Quel est ce cercle?

Ce cercle est d'abord, limité, ainsi que le proclame la déclaration des droits de l'homme, au respect de la liberté d'autrui. Du moment où il s'agit de porter atteinte à cette liberté d'autrui, la liberté cesse d'être la liberté; elle devient une tyrannie, une usurpation, et la voici, dès lors, qui est limitée par le devoir de laisser les autres libres. Cela revient à dire que le domaine de la liberté est exclusif de tout despotisme, d'une part, et de tout esclavage, d'autre part, parce que ce domaine ne doit pas être pour celui-ci ou pour celui-là, mais doit être absolument universel.

Ainsi donc, l'illimitation même de la liberté, quant aux citoyens, implique sa limitation quant aux objets dont l'usage, ou plutôt l'abus, renfermerait une gêne quelconque de la liberté légitime chez autrui.

Voilà une première limitation.

En voici une seconde; et, celle-ci posée, il ne restera point à en chercher d'autre.

La liberté ne peut se tuer elle-même, elle suppose la vie et engendre la vie. Elle ne peut se donner la mort. Si elle était illimitée en ce sens, elle pourrait permettre à un tyran de s'élever contre elle-même et de la détruire. Non, elle tient, de sa nature, à vivre, et elle ne peut être prise d'aucune tentation de suicide. Elle est donc limitée par sa morale, qui lui défend de porter atteinte à elle-même, et dont l'observance la rend, seule, immortelle.

Ce n'est pas, en effet, la liberté sans cesse sujette à périr, chaque jour exposée à être victime de la tyrannie, que je veux pour les Etats; c'est la liberté qui ne peut mourir et qui ne mourra pas parce qu'elle est solide dans sa vitalité.

Il suit de là que, s'il s'élève dans l'Etat une sorte d'Etat particulier, soit dans un genre soit dans un autre, par exemple dans l'enseignement, dont la tendance continuelle soit à la tyrannie et qui travaille, en la manière des ouvriers aux mines, à pervertir, en dessous, les âmes dans le sens de l'adoration de la tyrannie, la communauté, qui sera toujours représentée par l'Etat, devra surveiller cette tendance et la combattre. Il sera permis, par exemple, à un corps enseignant de tout enseigner excepté ce qui favoriserait le despotisme, et, avec le despotisme, la perversion des intelligences et des cœurs.

Donc tout corps enseignant devra être surveillé. Il sera laissé libre aussi loin et aussi longtemps qu'il enseignera la liberté, mais point au delà. Cela signifie que, du jour où il prêchera à ses élèves la cause de la tyrannie et y conduira, de son mieux, les natures dans l'étendue de son influence, il sera muselé : l'État lui dira : Enseignez la liberté, soutenez les doctrines de liberté devant tous les esprits et tous les cœurs, la liberté de le faire est sans limite ; mais ne venez pas élever contre notre maison, qui est celle de la liberté, la maison rivale qui est celle du despotisme. Cette école-là, étant celle de la tyrannie, ne saurait être la nôtre. Toute méthode, toute qualité, toute robe vous est permise, mais à la condition que vous ne vous élèverez pas contre la doctrine naturelle, constitutionnelle et inviolable de la liberté.

Voilà comment notre liberté ne saurait être illimitée ; elle est illimitée pourvu qu'elle reste libérale, qu'elle reste la liberté même, à la fois fille et mère de la liberté de tous.

Une liberté limitée de la sorte n'est point, à proprement parler, limitée. Ce n'est que la liberté, mais garantie à jamais dans sa durée, garantie contre elle-même, pour le jour où lui prendrait la folie de porter atteinte à sa propre vie.

A propos des libertés inviolables, je revien-

drai sur ce grand principe, dont l'application a
pour but de rendre la liberté immortelle dans les
constitutions ; toutes ces libertés, dirai-je, seront
déclarées inviolables par leur nature et rendues
constitutionnelles par convention des citoyens
entre eux.

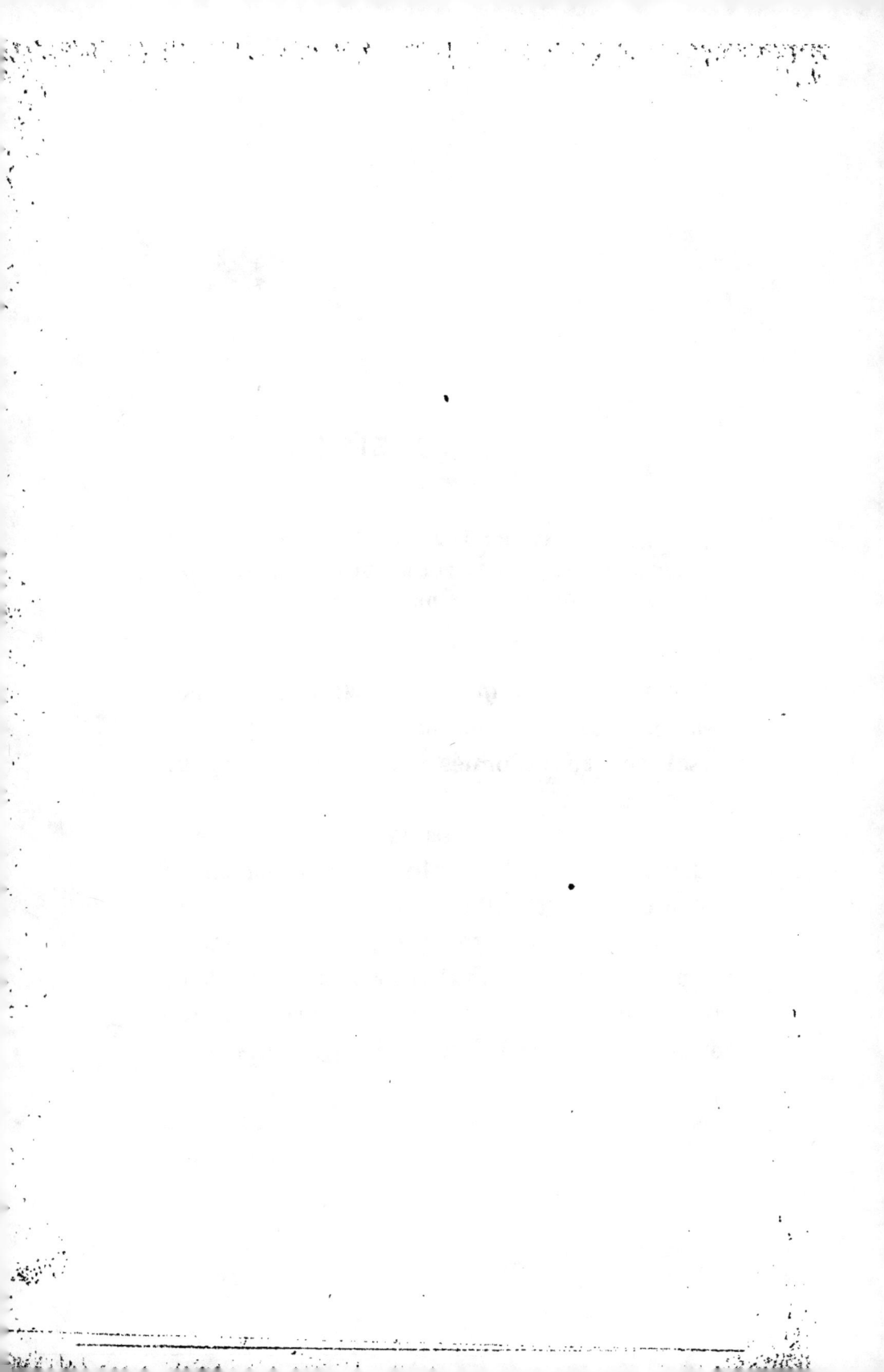

CHAPITRE DOUZIÈME.

CONCOURS DEVANT UN JURY ET ÉLECTIONS PAR LE SUFFRAGE UNIVERSEL, POUR TOUTES LES INVESTITURES DES RÉPUBLIQUES DE L'AVENIR.

Il y a longtemps que je creuse ce problème : sera-t-il possible d'appliquer le suffrage universel des subordonnés à toutes les charges publiques ?

Le suffrage universel est la racine du pouvoir et doit rester la racine de toutes les subdivisions de l'autorité sociale. D'où pourrait sortir un droit quelconque, en enseignement, en magistrature, en militarisme, en tout ordre, si ce n'est de cette racine ? N'ai-je pas posé en principe qu'il ne peut exister, dans la société, aucune autorité qui ne soit en germe dans l'individu, et n'est-ce pas toujours la compétence de l'individu sur lui-même qui est la règle de la compétence d'une autorité quelconque ? Si donc j'allais, en quelque ordre, retirer le suffrage universel comme base de tout droit, je retirerais le droit et ce que l'on prétendrait élever comme suprématie s'en irait en poussière comme on verrait disparaître tout édifice dont on anéantirait les fondements.

Donc il n'y aura, dans les républiques de l'avenir, puisqu'elles seront basées sur la raison, aucune autorité qui ne tire sa source du suffrage universel lui-même.

Tel me paraît toujours être le résultat nécessaire de ma logique politique et sociale.

Mais il naît de là un problème : le problème suivant :

Comment pourra-t-on arriver à réaliser toutes les investitures par l'élection du suffrage universel ? Car il n'est pas vrai que, dans tous les ordres, tous les citoyens soient aptes à émettre leur avis ; souvent, ils ne sont pas instruits des matières en question, et, chez eux, un vote est souvent un vote d'aveugle.

Il est vrai que, dans l'ordre politique, et pour l'élection des députés à l'assemblée souveraine, les questions peuvent, en général, être résolues par tout individu, bien que pourtant ce soit déjà à l'insuffisance de l'instruction générale qu'était due la folie que nous avons vu la France commettre, en se donnant, dans le moment où elle exerça le suffrage universel pour la première fois, un empereur au lieu d'une chambre unique pour souveraine. Mais il faut observer qu'il est nécessaire de s'attendre à voir le suffrage universel commettre des fautes énormes de cette nature dans les années où il commence de s'exercer. C'est, dit le peuple, en forgeant que l'on devient forgeron ; autrement dire, c'est en forgeant mal d'abord que l'on apprend à forger bien. Si l'on ne se soumettait pas, pour commencer, à ces inconvénients, le peuple ne s'instruirait jamais, parce qu'il ne pratiquerait jamais ; il resterait éternellement brut, comme le désireraient toujours ses gouvernements monarchiques. Ce serait l'immobilité de l'ignorance et de la maladresse ; il faut qu'on s'exerce dans le gouvernement en faisant d'abord des fautes pour devenir capable de se gouverner sans en faire. C'est ce qui arrivera maintenant, grâce à la pratique universelle du suffrage de tous.

Mais enfin, dira-t-on peut-être, dans l'ordre politique, les questions intéressant tout le monde, on conçoit l'application de ce raisonnement. En peut-il être de même de tant d'autres investitures, par exemple de l'investiture des juges et magistrats, de celle des professeurs des écoles

primaires et plus encore des écoles secondaires
et professionnelles, de l'investiture des employés de l'administration, depuis le préfet jusqu'au dernier de ses subordonnés, etc. Chacun
des membres du suffrage universel n'y connaît
rien, comment le ferez-vous voter? Il votera en
aveugle, et il sera, par là même, exposé à faire
de mauvais choix.

Tel est le problème sur lequel j'ai longuement réfléchi et dont je pense avoir enfin trouvé
la solution.

Dans tout ordre, tout le monde votera sur le
choix du candidat à être investi de la charge en
question ; mais tout le monde ne votera que
sur le choix entre plusieurs candidats dont la
capacité et la compétence auront été préalablement reconnues au moyen d'un concours très-
sérieux et bien développé, impartial d'ailleurs, et
déclarées par un jury capable de se prononcer
sur la valeur des candidats et sur leur dignité
d'admission aux élections.

Par exemple il y aura un jury dont la fonction sera de juger, sur concours, si tel et tel
est digne d'être admis comme candidat à telle
ou telle profession de lettres ou de sciences, à
telle charge administrative, etc. J'étudierai un
peu, dans mes chapitres particuliers sur les lois,

comment on pourra composer les jurys. Puis les admis par le jury, après avoir été ainsi déclarés tous capables de professer l'art ou la science, ou de remplir la charge, seront proposés au suffrage universel, qui n'aura plus qu'à voter pour l'un ou pour l'autre selon ses préférences fondées sur l'observation des qualités naturelles telles que la facilité de la parole, la douceur des manières, etc. De cette façon la capacité et la convenance seront garanties à tout point de vue.

Les grands organes des vieilles tyrannies sont les administrateurs, préfets et autres, les magistrats inamovibles, les membres du corps enseignant, les militaires, ou l'armée aux baïonnettes inintelligentes forcée de rester brute par l'obligation qu'on lui fait de ne pas s'occuper de politique, enfin les membres des clergés divers.

Je mets de côté ces clergés en opérant la séparation complète des Eglises et de l'Etat; je ne parle pas des affaires des Eglises, je leur laisse toute la liberté, tout en ne voulant pas recevoir leurs leçons autrement que comme leçons de morale générale. Les autres organes de la tyrannie, je les supprime : le magistrat, je le rends toujours amovible au gré du collége même qui l'a nommé, le soldat aussi, le professeur également, etc., et ainsi je les constitue tous sous la dépendance permanente du peuple.

Tel est l'organisme de mes rêves : jury se prononçant sur concours pour la capacité des sujets ; élection par le suffrage universel d'après les qualités connues de la personne elle-même, pour l'investiture de la charge [1].

Je crois que, par cette méthode, toutes les conditions seront remplies ; c'est pourquoi je pars de cette double pensée pour établir mon organisme civique dans toutes ses branches, parmi lesquelles il faut compter le militarisme.

Il en sera ainsi dans tout l'ordre temporel.

Quant à l'ordre spirituel, j'ai dit que l'État ne s'en mêlera nullement. Chaque culte s'arrangera comme il l'entendra pour l'élection de ses ministres ; mais je lui conseillerai toujours de suivre une règle semblable à celle que je viens de tracer en politique et dans tous les ordres civils. Ce ne sera, du reste, que l'application de la réglementation ecclésiastique qui est, depuis si longtemps, devenue le droit commun de l'Eglise catholique : jury avec concours pour le

1. Je trouve avec satisfaction, dans la collection du petit journal hebdomadaire de Guise, *le Devoir*, que MM. Godin et Ed. Champury ont proposé cette même idée.

prononcé sur la capacité des candidats ; suffrage universel pour le choix entre les candidats et pour l'investiture de la charge.

Ne voulant pour les cultes que la liberté, je dois me borner à leur donner ce conseil.

CHAPITRE TREIZIÈME.

AMOVIBILITÉ ET INAMOVIBILITÉ.

Je viens de résumer mes réflexions sur la manière dont se feront, dans les républiques de l'avenir, les élections et promotions à toutes les dignités. Le dignitaire qui sera ainsi revêtu de sa fonction, sera-t-il inamovible ou amovible?

Ma réponse définitive est : il ne sera ni l'un ni l'autre, et il sera l'un et l'autre tout à la fois.

Il sera inamovible devant tous ceux qui représenteront le pouvoir exécutif, devant le gouvernement de l'Etat. Ce gouvernement n'aura jamais le droit de priver de sa place un fonctionnaire quelconque; il pourra seulement l'interdire comme punition du manquement à un devoir, ce qui reviendra à le mettre à pied, comme on dit, pour un temps court. Cette irrévocabilité le rendra indépendant de l'homme au pouvoir; elle

sera la garantie contre la faiblesse des esprits qui sont susceptibles de se laisser ache-
ter.

Il sera, d'autre part, amovible devant les électeurs qui l'auront nommé, et cette amovibilité
le maintiendra sans cesse en crainte de ses com-
mettants. Grâce à cette crainte, il remplira sa
charge avec fidélité. Sans cesse brillera sur sa
tête une épée de Damoclès, consistant dans la
menace d'un rappel par ceux qui l'auront investi.

Cette loi de l'amovibilité de la part du suffrage
universel, et de l'inamovibilité de la part des dé-
positaires du pouvoir exécutif, sera la garantie constante de l'accomplissement fidèle, par
les hommes en place, des devoirs que leur impose leur charge même.

Le principe que je viens de poser en général,
est assez lumineux pour n'avoir pas besoin de
plus d'explication. Il met l'homme en place sous
la main constante des citoyens, et l'affranchit de
la dépendance de l'homme au pouvoir qu'on a
sans cesse la tentation de flatter et de satisfaire,
fût-ce au prix de sa vertu et de son honneur. Il
donne, d'ailleurs, la véritable maîtrise à l'homme
d'en bas, pour l'utilité duquel est instituée toute
espèce de fonction. « Les sacrements, disait-on

avec haute raison dans l'Eglise, sont faits pour les hommes, et non les hommes pour les sacrements. » Il doit en être de même dans l'ordre politique.

CHAPITRE QUATORZIÈME.

DES EXCEPTIONS ILLÉGITIMES, ET POURTANT NÉCESSAIRES, A LA RÈGLE DE L'INDIVIDUALISME ET DE LA LIBERTÉ, PAR INGÉRENCE DE COMMUNISME.

J'entends poser, dans ce livre, les lois générales de l'individualisme, ce qui signifie de la liberté.

Ces lois sont les règles normales de tout peuple arrivé à l'âge viril.

Mais ne pourrait-on pas concevoir que des exceptions à ces lois fussent nécessitées, en fait, par certains états d'enfance des nations?

Oh oui! et tout le passé de l'histoire universelle n'est qu'une immense exhibition de ces anormalités qui, sans pouvoir être justifiées en elles-mêmes, le sont par la nécessité des choses en face des nations naissantes.

Il en est des peuples comme des enfants dont

8

on fait l'éducation. Combien de fois n'arrive-t-il
pas que leurs caprices sans raison et toutes leurs
faiblesses vous forcent de recourir à des moyens
que la pure sagesse ne saurait justifier? Telles
sont toutes les punitions corporelles et de force
brutale; ces moyens sont toujours déraisonnables à l'égard d'un être intelligent, et pourtant
sont rendus indispensables souvent par la folie
même de ceux dont on doit réprimer les caprices,
et qu'il faut rendre sages.

Durant l'enfance des peuples et leur éducation,
il devient parfois nécessaire de briser avec les
règles de la liberté et de l'individualisme, et
d'avoir recours au système communiste des protections : protections d'une industrie naissante
pour le développement de la richesse nationale;
protections d'une foi et de vertus naissantes
pour le développement de la grandeur nationale.

Reprenons :

Protections d'une industrie naissante pour le
développement de la richesse nationale. Qu'un
peuple jeune se fonde au milieu de nations déjà
fortes, qui produisent beaucoup dans plusieurs
genres et dans une espèce en particulier; qu'il
ait à sa tête un homme fort ou des hommes
forts, dont le génie a conçu ses futures grandeurs en productions industrielles; qu'il fasse

ses essais dans l'espèce, mais soit écrasé par la concurrence de ses voisins au point de tomber nécessairement dans le désespoir et dans l'impuissance, s'il continue toujours d'avoir à lutter contre cette concurrence. Eh bien ! alors, malgré la loi humanitaire du libre échange, qui est la norma générale et qui deviendra la grande loi de l'avenir, l'Etat, au nom d'un communisme de circonstance ne devant durer qu'un temps, le temps même de l'éducation de ce peuple en industrie et, spécialement dans l'industrie particulière en question, devra, s'il est sage et fort, arrêter aux frontières les produits du voisin, dans l'espèce, s'ils ne payent une redevance, et faciliter par cette mesure arbitraire, tyrannique même, jusqu'à nouvel ordre, les exercices auxquels il se livre en vue de devenir aussi habile producteur que ses voisins qui lui font concurrence en produisant à meilleur marché.

Voilà une protection, relative à l'état d'enfance de la nation, qui devient une exception bien entendue à la règle générale qu'on laissera régner dès que le peuple approchera du but qu'il poursuit, qui est l'habileté productive à peu près égale à celle du voisin. On devra faire cesser cette protection avant qu'une adresse égale soit acquise, mais au moment où la concurrence ne fera qu'exciter les efforts en cessant de les rendre absolument impuissants.

Voici un autre exemple : Le phylloxera est devenu chez nous, je suppose, un danger très-grave pour nos vignobles. Nos paysans des contrées vinicoles sont obtus, sans instruction, incapables de comprendre l'urgence qu'il y aurait à employer les remèdes énergiques qu'a découverts la science pour arrêter le fléau ; ils ne peuvent se faire une idée des ravages que ce fléau va produire dans les années suivantes. Ils ne peuvent se résoudre à arracher leurs vignes attaquées ; et, si on les laisse libres, l'insecte destructeur gagnant, gagnant toujours, fera périr tous les vignobles de la nation. Voilà, je suppose, ce que la science, instruite par l'expérience, prédit avec certitude. Un gouvernement aura-t-il tort d'avoir recours à un communisme violent par lequel il forcera les paysans à user du remède, et se chargera lui-même de tout arracher, s'il en est besoin. Ce sera en s'ingérant contre le droit strict, contre le droit naturel lui-même, dans l'administration des propriétés, qu'il sauvera la richesse nationale. L'avenir du peuple le remerciera de ses mesures énergiques, le bénira d'avoir marché, dans ce cas, à pieds joints, sur l'individualisme et la liberté, s'il a eu soin de n'agir de la sorte, contre les réclamations des ignorants, qu'à bon escient et après que la science, non comprise du peuple enfant, l'aura suffisamment éclairé, lui gouvernement. Le blâmer de son énergie serait blâmer le maître sage qui a soin d'être fort et de faire pleurer son élève impitoyablement, quand la raison lui a dit qu'il le faut pour son bien.

Si notre gouvernement avait agi de la sorte dans les premières années du développement du phylloxera, en faisant détruire avec soin les quelques vignobles attaqués, il est probable qu'il aurait préservé notre patrie de la perte de trois cent mille hectares de vignobles qu'elle a maintenant à déplorer.

Changeons de terrain : protections d'une foi et de vertus naissantes pour le développement des grandeurs nationales.

Blâmerai-je le terrible Moïse lorsqu'il fit tuer, un jour, vingt-cinq mille de ses Israélites pour avoir dansé devant le veau d'or? Non; il fondait un peuple sur la foi en l'unité de Dieu, au milieu de nations idolâtres et polythéistes; il tenait tellement à cette foi, qui devait devenir l'âme même de son peuple futur, qu'il allait, par précaution, jusqu'à proscrire chez lui toute image peinte ou sculptée. Voilà qu'une fois, pendant une absence qu'il a faite d'une quaran-

8.

taine de jours, le peuple vaincu par l'épreuve,
se livre sans réserve à une orgie idolâtrique
devant un veau d'or qu'il a jeté en fonte à l'imitation des Egyptiens. Moïse aperçoit la fête en
descendant de la montagne, entre en colère,
brise les tables de la loi qu'il vient de sculpter
sur la pierre, appelle à lui ses plus fidèles et,
séance tenante, fait passer au fil de l'épée vingt-
cinq mille des prévaricateurs. La colère et la
punition furent si terribles qu'on s'en souvient
encore aujourd'hui dans sa nation, et que cette
nation, toute dispersée qu'elle soit sur toute la
terre, garde la croyance à l'unité du Dieu de
Moïse, et la loi que lui donna, sur cette base,
son grand législateur.

Non, je ne blâmerai point Moïse de cette
action d'énergie si contraire à mon individualisme
et si essentiellement communiste, malgré la
transgression qu'elle renferme, de sa part, à
l'égard de la loi naturelle qui défend la peine de
mort, même envers Caïn, et surtout en matière
politique et religieuse. Non, je ne l'en blâmerai
point, eu égard aux nécessités que lui imposait
le peuple enfant dont il avait à faire, durant une
période de quarante années, une éducation qui
devait servir à jamais de type à son avenir.

Blâmerai-je Robespierre et Saint-Just d'avoir

organisé, pour quelques mois, cette terreur dont les ombres nous épouvantent encore, afin de faire sentir au peuple français l'importance des principes d'égalité, de fraternité, de liberté dont il n'aurait dû immoler que les ennemis, et aussi l'importance sociale pour le monde d'une foi populaire en Dieu et en l'immortalité de l'âme? Non, je ne blâmerai point ces monstrueux génies s'armant de la guillotine, dans l'exception qu'ils durent faire aux principes immuables d'individualisme et de liberté, au nom d'un communisme sanglant et injuste, pour le salut d'une patrie nouvelle qu'il s'agissait de greffer sur une douzaine de siècles de saturnales aristocratiques, antisociales et antireligieuses. Je les plaindrai seulement d'avoir été moins heureux que Moïse et de n'avoir pas su, comme lui, soutenir la dictature, mais d'avoir plutôt encouru l'échafaud, dressé d'abord en faveur de la liberté. Je dois parler de même de l'assassinat politique, des Harmonius et Aristogiton, des Brutus, des Judith, des Vera-Zassoulich et autres. Lorsque ces grandes âmes usurpèrent un droit qu'on n'a jamais légitimement, commirent-elles un crime? Non, devant leur conscience elles commirent un acte qui renferme toute la matière d'un crime, mais qui, par exception, devait sauver

un peuple; or cette vue seule d'un si grand résultat leur fut comptée dans la balance de l'é-
ternelle justice et y pesa assez lourd pour emporter toute criminalité.

Mais n'oublions pas qu'il ne s'agit, dans toutes
ces choses, que d'exceptions à la loi générale,
nécessitées par des circonstances inouïes. Les
exceptions ne furent jamais la règle. Or, je
n'écris point ce livre pour les peuples enfants;
je l'écris pour les peuples parvenus à l'âge mûr,
pour les républiques de l'avenir.

L'homme de génie et de caractère qui se résout à marcher sur sa propre gloire en com-
mettant ces exceptions, commet toujours un
crime matériel contre les prescriptions immuables de la nature et de la raison; mais il a ses
motifs pour le commettre, et bien qu'il reste
toujours invariablement défendu de faire un
mal pour qu'il en résulte un bien, on doit passer
l'éponge sur ces infractions du passé en consi-
dération des intérêts de l'avenir qu'a conçus le
grand homme, et pour lesquels il a consenti à
sacrifier sa grandeur pour le bien du monde,
tout en gardant, pour les temps futurs, la règle
inviolable du seul bien pour le bien, règle
absolue qui ne devra plus jamais être violée.

DE LA JUSTICE DANS L'EXERCICE DE LA SOUVERAINETÉ

———

DEUXIÈME PARTIE

LES LIBERTÉS INVIOLABLES

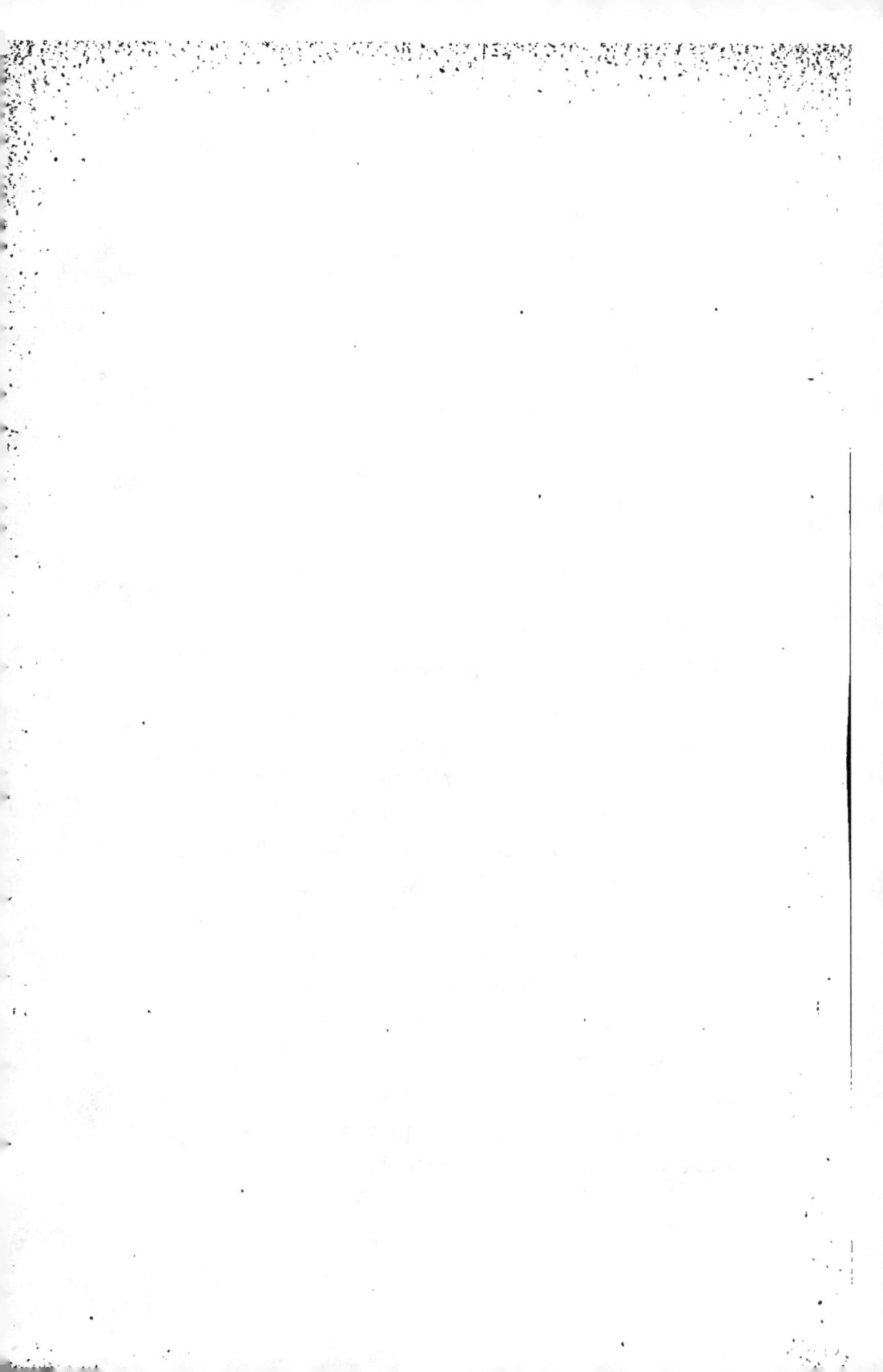

CHAPITRE PREMIER.

GÉNÉRALITÉS.

S'il y avait, dans l'humanité, une révélation bien démontrée, c'est-à-dire un ensemble de lois portées par le souverain être revenu miraculeusement légiférer sa créature, ainsi que le prétendit Moïse au mont Sinaï, en se donnant lui-même comme une manifestation visible d'une telle révélation, la raison humaine serait condamnée au silence si ce n'est, ainsi que le veulent les protestants, sur certaines interprétations de la parole de Dieu; et la volonté de l'homme n'aurait plus qu'à obéir. La légende jésuitique *perinde ac cadaver* aurait gain de cause, attendu que l'individu sentirait toujours au-dessus de lui quelque personnalité supérieure qui serait une représentation de la puissance révélatrice à laquelle sa logique ordonnerait d'adhérer par la foi et par l'obéissance.

Dès lors plus de progrès dans la marche de l'humanité, plus d'efforts, plus de travail ; la paresse de l'esprit deviendrait son état rationnel, et, par suite, l'immobilité de la contemplation la plus idiote serait la seule industrie humaine susceptible de justification.

L'obligation d'observer la loi divine n'aurait plus sa raison d'être dans l'excellence intrinsèque de cette loi, mais uniquement dans l'injonction brutale, dans le *sic volo, sic jubeo* de la loi elle-même. Que servirait alors de faire des traités de morale et de théologie ? La volonté divine a parlé ; notre raison doit se courber, obéissons, et tout finit là.

C'est, en fait, la théorie du système catholique.

Or à une telle théorie, la raison éclairée répond : « Je n'obéirai qu'à la démonstration ; je ne céderai qu'à la vérité que j'aurai clairement et distinctement perçue. Pourquoi suis-je la raison ? Pourquoi Dieu m'a-t-il donné l'être, avec la faculté de distinguer le juste de l'injuste ? pourquoi puis-je comprendre les premiers principes et puis-je juger, sur cette mesure, la valeur des idées, si ce n'est pour me servir sans cesse d'un

instrument moral aussi sublime ? La raison serait un don vain, si je ne devais m'en servir.
Je sens en moi cette évidence. Les voix étrangères qui viendront me crier « voici Dieu ! voici
sa parole ! » ne me feront aucune impression
près de cette voix intime. Si elles venaient de
Dieu elles n'auraient pas toujours ce timbre de
l'homme ; je les mets pêle-mêle et les lègue à
tous les oublis. Être raisonnable, je veux agir
en être raisonnable, et pour cela je rejette loin
de moi toutes ces théories abrutissantes de la
foi et de l'obéissance pure. J'ai un flambeau
qui est en moi-même, qui est dans ma nature,
qui est par conséquent de Dieu ; qu'ai-je besoin
d'une autre lumière, entre laquelle et moi
viennent toujours s'interposer des hommes
pouvant être toujours et trompeurs et trompés ?
Je laisse toutes ces prétentions qui se réfutent
les unes les autres et parmi lesquelles aucune
n'a un droit, lumineux comme le soleil, à la
vérité. Mon seul soleil à moi est celui qui est en
moi ; celui-là ne peut être menteur, parce qu'il
est Dieu même : j'aurai soin seulement de le
bien interroger. »

C'est ainsi qu'argumente la raison pure.

Or, la raison étant ainsi prise pour guide,
elle seule étant la révélation même universelle

de l'absolu en nous et en tous les êtres raisonnables, que nous reste-t-il de clair?

Cette raison ne nous dit-elle pas, d'abord, que tout individu doué de la pensée et des propriétés inhérentes à une nature conscientielle, ne peut, dans son être moral, être foulé aux pieds par aucune puissance avec raison et légitimité, sous quelque prétexte que ce soit? Oui ; ces propriétés sont des droits sacrés qui sont à jamais inviolables. Je les appelles libertés en les considérant dans leur usage ; considérées dans leurs racines profondes, ce sont des facultés dont l'être pensant a la disposition ; ce sont aussi des droits qui le rendent propre à des productions intellectuelles qui en sont les causes finales ; mais ce sont des libertés quand on les considère dans le jeu libre de l'être en vue de leurs produits naturels.

Voilà ce que me révèle, comme elle le révèle à tout homme, ma raison qui est la raison même de celui qui m'a produit ; et c'est tout ce que j'ai besoin de savoir. Avec cette révélation intérieure, j'ai plus de science que n'en a tout le genre humain avec ses théologies contradictoires, puisque ces théologies des sacerdoces extérieurs se détruisent mutuellement et font précisément la nuit là où elles prétendent faire lo jour. Dans lo cerclo do ma raison, point do contradiction ; c'ost la vérité clairo, puro, harmoniquo.

Les libertés inviolables, à jamais fixéos, à jamais hors d'attointo de la part do la justico ot du droit, sont los libortés porçuos par la raison commo tollomont rigourousos, tollomont ossontiollos à la naturo do l'êtro ponsant, qui ost lo premior élément national, quo touto violation do quolqu'uno do cos libortés, par uno volonté arméo do forco, ost un crimo contro la naturo individuollo et contro la naturo socialo. Jo vais essayor do fairo uno énumération do cos libortés, afin quo mon loctour soit mis à mèmo do fairo passor en confrontation avec ellos toutes les lois oxistantes, ot qu'il puisso déclaror, sur chacuno do collos-ci, quollo violation monstruouso ollo impliquo do cos libortés saintes, par conséquont quol devoir incombo sans cosse à la nation, qui en ost victime, do s'en délivrer par un acto à la Spartacus, afin d'on délivror, du mèmo coup, tous sos membres ; et, quand il s'agira de fonder uno constitution vraiment républicaino, j'aurai grand soin do les inscriro dans cotto constitution à titro de constitutionnelles dont la violation soit reconnuo par tous commo le plus grand des crimes sociaux : crime de lèse-nation méritant la mort, si la mort était décrétable par les hommes.

CHAPITRE DEUXIÈME

DE L'INCOMPÉTENCE RADICALE DU SOUVERAIN DEVANT LES LIBERTÉS INVIOLABLES.

Il est une sphère de vérités, de droits, de libertés, qui échappe à la compétence du souverain ou de l'Etat, c'est-à-dire de l'association composée d'individualités. Cette sphère comprend toutes les choses que la nature donne au citoyen, avec le droit de les employer à son usage.

Ce droit est son droit divin ; je le qualifie de divin comme je le qualifierais de naturel. Il est divin par son origine première, parce qu'il est impossible de concevoir l'être pensant sans une cause pensante, perpétuellement immanente en lui. Il est naturel parce qu'il fait partie de sa nature. Il est irrévocable et inviolable parce que d'une part, la pensée universelle qui l'a fixé, l'a fixé par la réalisation même de sa particularisation dans cet être, ce qu'on a appelé improprement sa création, et que la révocation et la violation d'un tel droit équivaudraient à l'annihilation de l'être.

C'est le droit divin de l'individu et non de la société, dans ce qu'il a de radical. Il ne devient droit social que par l'application qu'en fait volontairement l'individu au groupe d'hommes auquel il appartient volontairement. Il n'acquiert cette qualité de social que secondairement, après avoir été radicalement dans le citoyen, puisque la cité n'est cité que par le concours des citoyens qui s'associent entre eux ; y aurait-il dans l'ensemble un droit inviolable de cette espèce, s'il n'y en avait pas d'abord un dans l'élément, qui est le citoyen? C'est la déduction la plus simple à tirer de cette raison irréfutable que j'ai posée dès mon début, qu'un ensemble de riens ne peut former qu'un rien, ni plus ni moins grand que chacun des riens qui le composent. Cent convives, desquels chacun n'apportera rien à manger et qui seront affamés, en leur particulier, ne seront ni plus ni moins devant une table vide, et ne seront ni plus ni moins affamés que le sera chacun d'eux. Pour qu'il soit vrai de dire que l'union fait la force, il faut qu'il y ait dans les éléments réunis, et pris en leur particulier avant de s'unir, quelque force ; autrement l'union ne produit rien de plus ni de mieux que la dispersion. Une multitude d'absences se résout dans une grande absence, et ne donne qu'une négation ; c'est ainsi qu'il est parfaitement vrai que le nombre, en tant que nombre, n'est rien, *nihil valet*; mais ajoutez à l'élément qui s'énumère une valeur, le nombre vaudra quelque chose, parce qu'il deviendra une somme de valeurs.

La force d'un ensemble comme droit n'est que la résultante des forces individuelles. Si le droit de chacun dépasse une certaine mesure, une certaine sphère, au delà de la limite dépassée il devient nul, et ne peut, dès lors, concourir à former une somme qui dépasse cette limite. Mettez cent mille individus dont chacun n'a aucune compétence, en mathématiques par exemple, vous n'aurez pas un plus grand mathématicien que si vous n'en mettez qu'un seul ; ce seront cent mille nullités dans l'espèce, au lieu d'une seule : voilà tout ce que vous aurez gagné. Mais mettez cent mille individus ayant chacun le droit d'émettre un désir sur la forme du gouvernement, ou sur l'individu auquel on devra attribuer telle fonction dans l'Etat, comme il a lieu tous les jours dans l'exercice du suffrage universel, vous n'avez plus des nullités absolues, vous avez des droits formels, et le vote de l'ensemble aura une valeur qui sera exprimée plus ou moins fortement par la majorité du nombre selon que cette majorité sera plus ou moins considérable.

Mais le point capital, et le seul qui nous importe en ce moment, c'est que, si le droit de chacun, dans un cercle plus ou moins étendu de votants, est nul sur telle ou telle question, il ne pourra sortir du vote de tous, du suffrage universel, qu'un résultat nul sur la question posée, tandis qu'au contraire, si chaque individu a quelque compétence sur ladite question, le suffrage de tous donnera un résultat qui aura valeur pour la résoudre. Si même il s'agit d'une solution que chacun des votants peut donner absolument par lui-même en son particulier, le vote de tous ou la simple majorité de ce suffrage, après qu'on sera convenu que la minorité s'y soumettra, aura valeur absolue pour donner cette solution.

C'est ainsi que, de par la logique, véritable reine des êtres intelligents dans tous les mondes, ce sera toujours la limite du droit de chacun qui servira de règle pour déterminer la limite du droit de tous.

J'ai appelé *libertés inviolables*, les droits dont l'exercice doit rester toujours libre devant toute autorité, fût-elle l'autorité du suffrage de tous, parce qu'il n'existe, dans l'élément humain constitutif de la société, aucune compétence pour porter atteinte à ces libertés.

Dans un des chapitres suivants, je vais énumérer les principaux de ces droits.

9.

CHAPITRE TROISIÈME.

Je viens de montrer comment l'Etat, ou la force qui représente la communauté, est absolument et radicalement incompétent pour porter atteinte aux libertés inviolables, que la nature humaine tient immédiatement de la force universelle et absolue, productrice de tout être.

Mais ai-je tracé, en cela, le devoir complet de la communauté? Non, je n'ai tracé que la première partie de sa mission, la partie prohibitive; j'ai dit ce à quoi elle ne doit pas toucher; j'ai dit ce que l'Etat ne peut pas faire parce qu'en le faisant il dépasserait les limites de sa compétence. Mais je n'ai pas dit ce qu'il doit faire. N'aurait-il pas aussi une mission positive d'agir?

Oui. Nous verrons, en étudiant chacune des libertés en particulier, que leur correspond toujours une double mission de l'État : celle dont je viens de parler qui consiste à ne rien faire contre ces libertés, c'est l'an-archie ; mais aussi celle qui consiste à agir positivement contre leurs ennemis, pour protéger leur libre exercice, l'assurer contre les mauvaises éventualités, le rendre durable.

Que l'État ne soit point tyran : voilà la première partie de sa tâche.

Que l'État veille à ce qu'il ne s'élève pas chez lui de tyrannie : voilà la seconde partie de sa tâche.

J'ai à poser seulement, dans ce chapitre, cette seconde généralité pour toutes les libertés ensemble, comme je viens d'établir la première dans le chapitre qui précède.

L'individualisme est la liberté, mais aussi la faiblesse. Qui fait la force? L'union, la discipline, la solidarité, le lien des citoyens entre eux. Oui, ce qui constitue la force dans la société, c'est le communisme parce que lui seul réunit. Si donc l'individualisme, ou la liberté, a des ennemis, — il en a toujours — il a besoin du communisme pour le protéger, s'il veut résister à ces ennemis et s'établir d'une manière solide et durable. Le

danger est ici très-voisin : car il est toujours à
craindre que le communisme devienne une tyrannie, un ogre affamé de la liberté même : ce serait
la tyrannie populaire, la tyrannie des masses, la
tyrannie aveugle, qui souvent est la pire parce
qu'elle est une folie. C'est le César affolé qui ne
peut vivre longtemps parce qu'il se tue lui-
même bientôt ; mais pour l'instant où il règne,
c'est peut-être le plus redoutable des Césars.

Oh ! craignez toujours ces affolements du
communisme, lorsqu'il est appelé par l'individualisme à son aide pour le protéger ! Mais enfin,
nous ne pouvons abandonner l'individualisme à
sa faiblesse ; la pauvre liberté, si pacifique, si
bonne, si douce, qui ne veut que le bien de tous,
en voulant que chacun ait ses coudées franches,
ne peut, hélas ! se passer d'une protection, et
cette protection ne peut lui venir que de la force
commune. Nous tâcherons donc de réglementer
notre constitution, de manière qu'une harmonie
s'établisse entre le pupille et le tuteur, que l'un
fasse équilibre à l'autre, et que la mission du
tuteur soit nécessairement réduite à l'observation de ses devoirs à son égard, lesquels sont de
le protéger toujours dans ses droits, de ne jamais
les violer ni les usurper. Ce sera toujours la

pensée que nous poursuivrons dans nos études des libertés en particulier.

Par cette page, qui doit conserver un caractère de généralité, disons seulement que le devoir de l'Etat vis-à-vis de l'individualisme est de le maintenir en bonne santé, et dans la libre disposition de ses droits. C'est à lui de porter l'épée contre tout ennemi qui se dressera sur la patrie, faisant le simple geste de la menace contre l'arche sainte de la liberté.

CHAPITRE QUATRIÈME.

LES LIBERTÉS INVIOLABLES.

Je cherche à établir une liste, aussi brève et aussi complète que possible, de ces droits naturels, que nulle puissance ne peut légitimement atteindre. Je réduis cette liste à dix-sept droits et libertés civiques.

I. La liberté de vivre, qui naît du droit de vivre, droit non pas absolu, mais relatif, attendu qu'il n'existe qu'en Dieu des droits absolus.

II. La liberté de son corps, ou la liberté personnelle.

III. La liberté de se reproduire, de laquelle émane celle du mariage, dont l'amour réciproque d'un homme et d'une femme est le lien naturel, et dont la conséquence également naturelle est la constitution de la famille.

IV. La liberté de la conscience ou de la religion, qui naît du droit sans restriction qu'a tout citoyen d'adorer le Dieu auquel il croit ou de n'en adorer aucun.

V. La liberté des fêtes publiques, et, en particulier, du culte extérieur quand il s'agit de religion.

VI. La liberté d'instruire ses semblables en les laissant libres, ou d'éducation et d'enseignement.

VII. La liberté de la parole et de l'écriture, qui n'est que le développement de la précédente.

VIII. La liberté de la science.

IX. La liberté de l'art, et des spectacles en particulier.

X. La liberté de l'industrie.

XI. La liberté d'association, qui suppose celle de réunion.

XII. La liberté du travail et de la propriété, qui naît de celle de vivre, et qui se réduit à celle de posséder et d'user, à sa fantaisie mais sans abus, des fruits de son travail.

XIII. La liberté des échanges ou du commerce.

XIV. La liberté du jeu ou de la bourse.

XV. La liberté du don ou de l'aumône.

XVI. La liberté des personnes morales ou des groupes dont se compose la nation, dans leur propre administration intérieure.

XVII. La liberté, et même le devoir, de l'insurrection contre toute tyrannie qui porte atteinte à l'une des libertés inviolables.

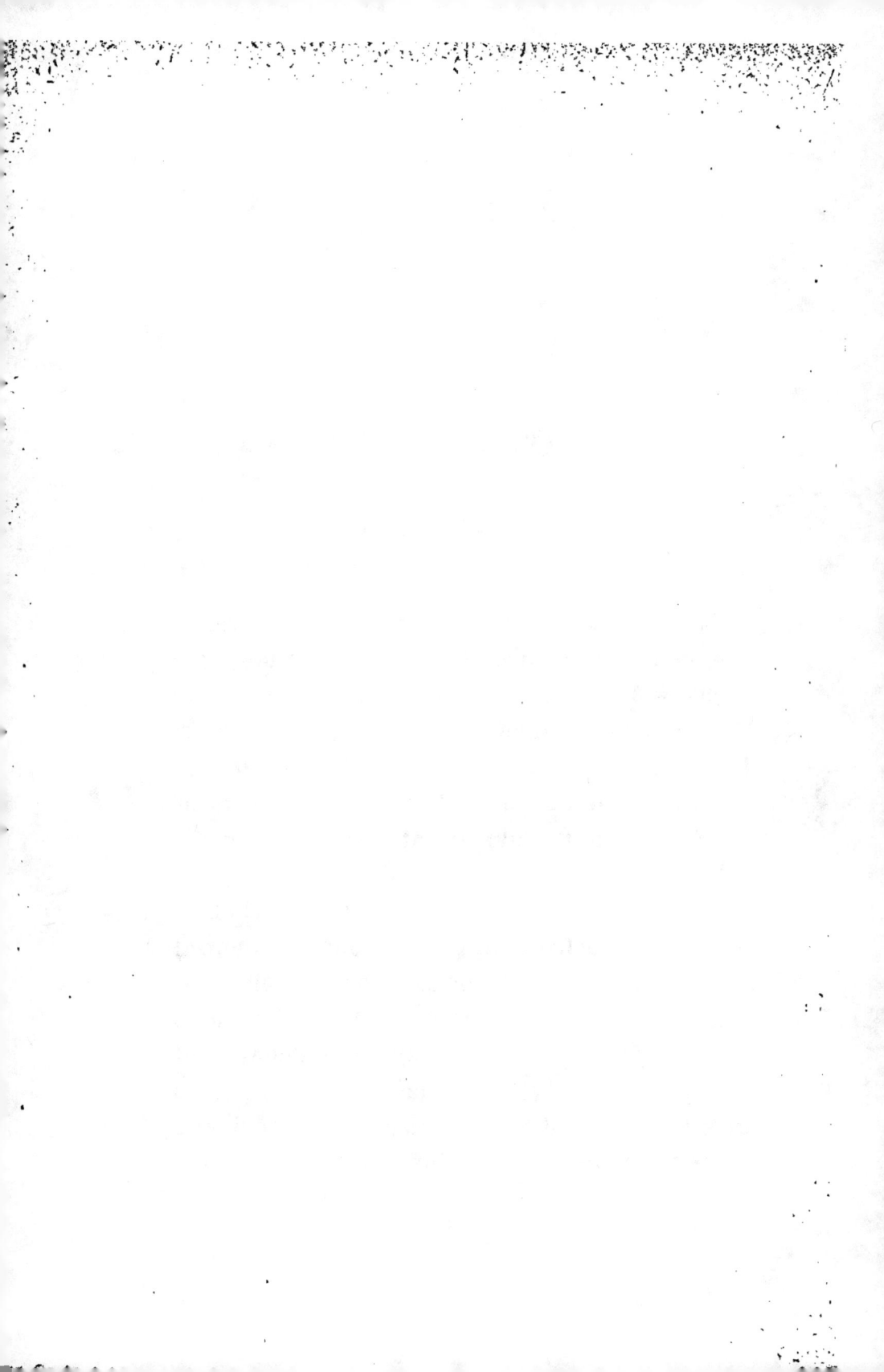

CHAPITRE CINQUIÈME.

LA LIBERTÉ DE VIVRE.

La vie est le premier des droits, non pas absolus, mais relatifs, c'est-à-dire droits en tant que
reçus de la nature. Elle n'est pas seulement un
droit, elle est, en même temps, un devoir pour celui qui en est investi. Celui-là ne se l'est pas donnée : il en jouit sans qu'il sache ni comment ni
pourquoi. Or, un tel résultat ne peut être que le
produit d'une force énorme, et de lois éternelles'
qui existent dans le devoir être des choses,
avant leur réalisation, comme elles existeront
toujours dans leur avoir été, après qu'elles seront réalisées. Quelles sont ces lois? Nous n'en
savons rien, mais nous savons qu'elles sont
puisqu'elles se révèlent dans les faits ; et quelles
qu'elles puissent être, sachant seulement que
nous ne sommes pour rien dans leur origine,

nous ne pouvons qu'en accepter le fait lui-même
comme s'imposant de vive force à notre esprit.

Nous vivons pour un temps qui a commencé
et qui finira, du moins en apparence ; donc
nous avons le droit et le devoir de vivre. Donc
nous n'avons pas le droit de nous donner la
mort à notre fantaisie. Nous devons subir la
destinée de la vie en usant des droits qu'elle
implique et en accomplissant les devoirs qu'elle
impose.

Ces droits et ces devoirs ne sauraient exister
sans une raison d'être. Cette raison ne peut résider que dans le principe originel des choses ;
qu'on appelle ce principe Dieu ou autrement,
il n'en sera pas moins nécessaire, comme il est
nécessaire que tout ce qui devient en nous ait
une raison de devenir.

L'athéisme, selon ma manière de voir, ne
consiste que dans la négation de toute cause
absolue. Nier une cause absolue d'un phénomène quelconque, c'est nier le phénomène lui-
même, puisque c'est lui enlever sa raison primordiale de productivité. L'athéisme, ainsi compris, est absurde : il consiste à croire tout en
niant la raison de tout.

Une pareille hypothèse, étant l'absurdité la

plus radicale, n'a point voix au chapitre de pure raison. Celle-ci admet la raison d'être des choses ; or, avec cette raison d'être naissent tous les droits et tous les devoirs de l'être en qui se révèle le fait de la vie. La vie elle-même devient un grand fait d'être qui, suivi de ses déductions métaphysiques, s'impose à la raison avec la même force que toutes les évidences premières.

Il y a donc, dans l'être qui est, le droit de vivre ; et cela aussi bien dans le végétal que dans l'animal et dans l'homme. Mais si l'être qui vit, a le sentiment de sa vie ; s'il dit : je pense que je vis, il raisonne sa vitalité ; et dès lors le droit de vivre, devient, en lui, une loi morale.

Dans l'animal, dans le végétal, dans l'être sans raison, le droit existe aussi, mais sans être conscient ni raisonné ; aussi un autre être, concurrent de celui-là, pourrait-il, en vertu du même droit à la vie, détruire à son profit celle du premier. Il n'y aurait, dans cet attentat à la vie du plus faible par le plus fort, qu'une obéissance à la loi même de la vie universelle, cette vie consistant en ce que le plus petit serve d'aliment nutritif au plus grand. C'est la loi de Darwin qui a raison en ce cas et à ce point de

vue. C'est là qu'est cette concurrence pour la
vie dans laquelle une loi fatale veut que le plus
faible serve de moyen de développement au
plus fort. Mais il n'y a point, dans ces êtres, une
émanation de la raison absolue qui voit le droit,
comprend le devoir et le met en pratique.

Chez l'homme, il en est autrement. Comme
l'homme appartient, par sa partie matérielle, à
la loi de l'animal, il se trouve soumis à cette
loi fatale ; mais sa raison lui donne les moyens
d'éviter les entraînements de la brute féroce,
sauf les cas de fatalité ou de force majeure ana-
logues à toutes les causes de mort, dans la limite de sa puissance et de sa liberté ; la lumière
qui l'élève lui fait connaître son droit à la vie et
son devoir de la conserver. C'est là la première
révélation instinctive de sa raison d'homme.
C'en est assez pour lui faire sentir et raisonner
son droit et son devoir. A titre d'être vivant, il
ne peut s'attaquer à son semblable, lui dit la
voix de sa nature rationnelle, il doit respecter
en l'humanité la vie, soit qu'elle se manifeste
en lui-même, soit qu'elle se manifeste dans son
frère. Il doit laisser à tout homme la liberté de
vivre, voilà la première des libertés inviolables.

L'être qui ne pense pas, n'a pas la conscience

de soi, il n'est soumis qu'aux fatalités qui l'entourent ; l'être qui sait ce qu'il fait, par là même qu'il pense, a pour devoir de s'insurger de volonté contre ces fatalités.

La nature donne à l'individu pris dans l'état sauvage, avant toute culture et en dehors de toute organisation sociale, les moyens de pourvoir à sa vie ; comment se pourrait-il que, dans l'état de civilisation, ces précautions de la nature fussent paralysées pour une partie des citoyens ?

Cela ne se peut, à moins que la civilisation ne soit point une civilisation rationnelle, et soit, bien plutôt, une dépravation satanique, ne pouvant avoir, d'ailleurs, qu'un règne de passage.

J.-J. Rousseau avait vu les civilisations telles que les lui présentaient les cités existantes ; il avait lui-même vécu avec beaucoup de peine et même avait eu faim, au sein de ces civilisations ; il ne s'était pas donné la peine, au moment où il fit ses fameuses réponses aux questions posées par l'académie de Dijon, de refaire à l'usage de son bon sens, ces états sociaux où dominaient le luxe et l'inégalité, et il avait, en logicien indigné, pris en sa main robuste la cause de l'état sauvage, qu'on voit encore les Américains suivre aujourd'hui, parfois, avec leur lynchements populaires et absurdes. Mais la sagesse, qui voit aussi bien la fin que le début dans l'œuvre de Dieu, juge que la civilisation doit être et sera, en définitive, l'établissement des lois de justice et de raison, et, par là même, le développement et la solidification de tout ce qu'il y a de bon dans la nature avec élimination des déréglements qui s'y mêlent toujours pour commencer.

Il est impossible que le bon, qui est l'auteur de la nature, en produisant des organismes destinés à vivre, ne leur donne pas les moyens de vivre, tant comme facultés intérieures que comme milieux favorables à leur développement.

Acceptons donc ce principe : que l'homme de la nature, dans l'état normal, a ce qu'il faut pour suffire à ses besoins, et que la civilisation rationnelle, à laquelle doit conduire son développement rationnel, ne peut, en résultat dernier, qu'établir en elle, un ordre régulier dans lequel les moyens de vivre soient mieux fixés encore et rendus plus parfaits.

J'ai dit qu'il en est ainsi dans l'état normal de l'espèce, car les anormalités, les maladies, les infirmités, les monstruosités sont toujours possibles ; et pour ces anormalités, le moyen de vivre sera remplacé par la fraternité commune dont je parlerai ailleurs et qui constituera un des résultats les plus excellents de la civil'sation.

Mais, en ne parlant que de l'état normal des individus, l'effet de cette civilisation ne peut être que de faciliter, de plus en plus, à chaque citoyen le moyen de vivre, la liberté de vivre ; autrement la civilisation se ferait à l'envers. La manière dont elle se fait pourra présenter des difficultés, des problèmes à résoudre ; mais la fin de son évolution devant être toujours dans le sens du mieux, ces problèmes devront être résolus. On peut le soutenir *a priori*, en s'appuyant sur les propriétés de la nature et de son producteur qui est la rectitude infinie ; il faudrait être athée et tout livrer au hasard, pour ne point poser tout d'abord cet *a priori*.

L'idéal du bien étant le type nécessaire vers lequel la société monte toujours, le citoyen devra trouver de mieux en mieux, dans l'état social, la facilité de gagner sa vie par son travail, et cette facilité devra aller, pour tous, en augmentant. Je porte le défi de mettre en doute ce principe, à celui qui n'est pas athée et qui, par là même, admet une justice, une rectitude dans l'avenir social.

Que va-t-il suivre de cet *a priori* formidable ? Je dis formidable, et j'ai le droit de le dire par rapport à tous les heureux de la terre qui ont plus que ce qui leur serait nécessaire pour mettre à profit leurs facultés de produire en travaillant? Pour les autres, mon principe n'est que le principe de l'espérance.

Voici les conséquences rigoureuses de mon *a priori* : il en est une qui ne concerne que l'individu, et il en est une autre qui concerne la communauté, la force commune ; l'une est individualiste ; l'autre est communiste.

Le devoir rigoureux de l'individu, consiste à mettre à profit toute sa faculté de travail producteur. Anathème au paresseux ; pas de pitié pour lui devant la justice, ce qui n'empêchera pas que, devenant malheureux, il ne trouve, dans la société libre, des frères mus par la pitié, cette mère de toutes les vertus, d'après J.-J. Rousseau, qui lui fera l'aumône de l'amour : oui, de l'amour qui donne tout puisqu'il se donne lui-même. Pour le paresseux, tout sera aumône, ainsi que je le dirai en son lieu : mais le devoir de n'être pas paresseux et de produire autant que le permettent les puissances de l'individu, est un devoir absolu. La violation de ce devoir implique, dans celui qui ne le remplit pas la folie, par rapport à lui-même et le vol par rapport à ses frères. Le paresseux est un voleur pour deux raisons : la première, qu'il ne produit pas pour la société ce que la société, par l'éducation, lui a donné la facilité de produire ; cette faculté est un capital dont il doit aux autres les produits ; il est voleur en second lieu, parce qu'il aura bientôt besoin de vivre et qu'il n'aura pour vivre que le vol, à moins qu'un frère doué d'une bonté de surérogation ne lui fasse l'aumône qu'il ne mérite pas.

Le devoir rigoureux de la communauté, c'est de faire vider les places prises injustement et, par conséquent, d'enlever à tous les usuriers les produits de leurs usures ; c'est ce qui résulte de mes deux volumes *De la Justice dans l'usage de la propriété.*

Ceux-là ont accaparé injustement tous les instruments du travail, tous les capitaux, en prélevant une part du travail des autres, en volant sur le vrai propriétaire. Ce n'est pas à l'individu de leur faire rendre cette part pour la donner à ceux qui ne demandent qu'à travailler ; l'individu n'est que la faiblesse même ; la force est dans le grand nombre, dans la communauté ; le devoir de cette force est d'enlever les obstacles à la liberté du travail, et par conséquent de reprendre à tous ceux qui l'ont soustrait par l'usure, ce qui ne leur appartenait point, l'instrument du travail pour le donner au travailleur. A chacun le sien. Voilà la justice.

Qui de vous, citoyens, osera me contredire?

Qui donc, aussi, osera contredire saint Paul lorsqu'il dit : « Qui ne travaille point ne doit point manger ? »

Ces deux aphorismes disent une seule et même chose.

Ce sera là la grande restitution sociale, la grande liquidation de la philosophie austère de la justice dans l'humanité, cette liquidation dont a parlé Proudhon consistant dans la reddition des instruments de travail aux travailleurs, moyennant uniquement leur valeur exacte, leur simple équivalent en capital.

J'ajoute ces derniers mots, parce que je veux bien passer rature sur les vieilles injustices pour faire une société nouvelle.

Si nous tenions à ne rien concéder, le désordre est si grand par suite du passé que, pour remettre l'humanité tout à fait d'aplomb sur ses jambes, nous serions obligés de la bouleverser par trop.

En résumé : c'est à l'État, qui tient en ses mains la vraie force, laquelle résulte de l'union des forces dispersées de tous les citoyens, de veiller à ce que les obstacles soient levés devant la faculté laborieuse de chacun pour qu'il pu sse vivre des fruits de son travail, en d'autres termes, à ce que la place et l'instrument lui soient offerts, dans l'état de civilisation, comme l'un et l'autre lui étaient offerts par la nature même dans l'état sauvage : à cette condition, sera réalisée pour tous la liberté de vivre; et restera à chaque travailleur le devoir de mettre à profit sa faculté du travail. S'il est paresseux, la violation dans laquelle il s'établira lui-même, par sa faute, de la loi du travail : « Tu gagneras ton pain à la sueur de ton front, » sera suivie de sa sanction naturelle par le dénuement lui-même et par la misère qu'il se sera imposée, et qui ne pourra avoir de remède que dans une aumône, l'aumône gratuite, humiliante, qu'appelle au moins la justice contre celui qui n'a mérité que d'être pauvre et qu'un frère charitable peut enrichir, sans qu'il s'en soit rendu digne si ce n'est par un tardif repentir.

Il suit de ce principe que, si le devoir de l'individu est de travailler pour produire, le devoir de la communauté est de fournir au travailleur une place libre dans le grand atelier du travail. La communauté doit donc éloigner les individualités et corporations qui avaient accaparé tout pour elles. Place! place! à l'atelier! place pour tous, plus de monopoles!

10.

CHAPITRE SIXIÈME.

LA LIBERTÉ DE SON CORPS, OU LA LIBERTÉ PERSONNELLE.

Pour les cas de culpabilité sociale, avons-nous seulement en France l'*habeas corpus* de l'Angleterre? Au moins nous le faudrait-il pour appeler de loin la liberté complète de l'individu dans l'avenir.

Savez-vous ce que cet *habeas corpus* garantit à tout individu parmi nos voisins d'Outre-Manche? Le voici :

1° Jamais de détention sans jugement.

2° Jamais emprisonnement préventif sans instruction judiciaire.

3° Jamais incarcération sans désignation de motifs.

4° Copie au détenu de l'ordre d'arrestation dans les six heures qui la suivent.

5° Subordination absolue de la police à la justice; si une simple pièce est délivrée par le lord chancelier ou par l'un de ses suppléants, fin est mise à la détention, dans le cas où elle est illégale, ou bien droit est donné au haut magistrat de vérification de la légalité.

Voilà comment, en Angleterre, la liberté personnelle est préalablement respectée.

Nos voisins ont au moins compris la haute majesté de cette liberté de son corps que la nature a départie à chacun des êtres humains. La libre disposition de ses membres est donnée à l'homme par la nature, et ne peut être enlevée au citoyen sans un motif imposant qui commande, dans l'intérêt de la société, l'arrestation violente.

A tout le moins devrait-il en être ainsi chez nous.

On ne dira pas que ces mesures, prises avec tant de soin en faveur de la liberté personnelle, soient en avant du progrès social possible aujourd'hui, puisque l'un de nos Etats européens en est déjà pourvu de temps immémorial. Commençons par présenter ces mesures à nos républiques de l'avenir. Qu'aucune d'elles n'en soit dépourvue, et nous aurons un petit préambule aux garanties dont le citoyen doit être entouré.

CHAPITRE SEPTIÈME.

LA LIBERTÉ DU MARIAGE.

Le mariage selon la raison et la nature, est la satisfaction d'un instinct précieux que l'essence universelle a mis dans les sexes, instinct précieux, dis-je, puisqu'il est le seul garant de la perpétuité de la race. Le directeur et le régulateur de cette tendance, en général invincible, est l'amour. L'amour est tout ici, les lois humaines ne sont rien, disent la raison et la nature.

Lors donc qu'un homme et une femme, d'ailleurs libres, c'est-à-dire n'ayant pas encore donné leur parole, sous le rapport de l'union des sexes, s'aiment vraiment et que leur mutuel amour se rencontre en harmonie, ils s'unissent selon le vœu de la nature, et obéissent, en s'unissant, à Dieu lui-même se manifestant par la réciprocité de leur amour, révélation incontestable celle-là, laquelle n'a pas besoin de parole traditionnelle ou écrite, mais retentit haut, par elle-même, dans les âges et pour l'éternité.

C'est ainsi que la pure raison juge l'union sexuelle commandée par l'amour. Bientôt viendront ordinairement la paternité, la maternité, la filialité, autres liens engendrés par le premier et sacrés comme lui.

Je viens de parler du seul mariage rationnel, parce qu'il est le seul passionnel. Mettez, par-dessus, les codes civils, les conventions humaines en pareille matière, vous n'avez plus que de la vanité.

Continuons de raisonner avec la nature seule.

Il est évident que si l'acte conjugal est pratiqué avec fraude de la nature, il devient une anormalité analogue à celle qui aurait pour but de produire un monstre au lieu d'un être humain ; mais si cet acte est pratiqué selon le vœu de la nature, c'est-à-dire sans aucune précaution criminelle en vue d'éviter la conception, il peut en résulter deux états divers entre les amants : il y a conception, ou il n'y a point conception. Dans le second cas, où la nature n'a pas voulu qu'il y ait produit, la raison nous dit avec assez d'évidence que les amants restent libres, puisque la nature n'a pas introduit un lien nouveau; si toutefois ils n'ont point ajouté librement une promesse, auquel cas, ils ne pourraient ensuite être déliés que par un mutuel consentement, ou par des motifs graves qui se révéleraient à leur connaissance. Car toute promesse oblige et ne peut cesser d'obliger que pour de bonnes raisons.

Si, au contraire, il résulte de l'union accomplie un produit, l'enfant devient aussitôt l'objet des devoirs paternels et maternels de la part des amants devenus père et mère. La nature les a consacrés époux et père; leur conjugalité, leur paternité, leur maternité et la filialité qui les lie dans un même produit, forment un nœud insoluble qui durera aussi longtemps que la nature laissera respirer leur produit.

Or il résulte, pour le père et pour la mère, des devoirs impérieux à l'égard de l'enfant pour tout le temps où l'enfant aura besoin de leur aide; et ces devoirs, dont l'accomplissement intéresse si vivement l'enfant lui-même, espérance de la patrie, la communauté est seule munie de la force publique nécessaire pour en forcer l'exécution. Aussi sera-ce un devoir pour la communauté de rechercher la paternité comme la maternité; et d'exiger que le père et la mère pren-

uent soin de leurs enfants en bas âge, soit sous
le rapport matériel soit sous le rapport intellectuel et moral.

Ainsi donc, le mariage naturel le plus simple,
qui est celui de l'amour, sera libre pour tout
individu et sera considéré par la loi commune
comme un premier mariage, base de tous les
autres : arrière les préjugés qui versent l'igno-
minie sur les enfants en les appelant bâtards ;
ces enfants valent les autres ; ils ne seraient
point responsables du vice de leur naissance,
s'il y avait vice, mais de vice, il n'y en a point ;
ils sont les produits toujours légitimes de la
nature et de l'amour, ils seront respectés à
l'égal de tous, et la société veillera à ce que leur
père et leur mère les nourrissent, les instrui-
sent et les moralisent ; de là l'éducation et l'instruction inséparablement obligatoires pour tous.
Voilà la mission de l'État à côté de la liberté
laissée à l'individu, et sanctionnant sans cesse
cette liberté.

Il suit de ces principes que tous les mariages
contractés entre individus libres, seront considérés comme légitimes et seront également honorés ; que tous les enfants, ceux qu'on disait bâtards dans le passé, comme les autres, seront
légitimes ; que tous les père et mère que la na-

ture a faits père et mère, seront également responsables de leurs actes vis-à-vis de leurs
produits; et que la société, armée de la force
commune, ne s'ingérera dans les familles que
pour constater au besoin la paternité et la maternité, afin de forcer les pères et les mères à
remplir leurs devoirs rigoureux envers leurs enfants. Dans la patrie point de mauvais pères.
S'il s'en trouve qui n'obéissent pas aux inspirations de la nature, la force publique les y con-
traindra par des peines proportionnées à leurs
délits.

La société fera exécuter de même les droits
d'héritage des enfants, de quelque manière qu'ils
aient été procréés et conçus. Les enfants purement naturels ont les mêmes droits que tous les
autres.

Mais, en dehors de ce mariage naturel, qui
n'est que le mariage de l'amour et de la nature
et qui était admis par le droit romain sous le
titre de *concubitus* légal, se présenteront tous
les autres mariages, en pleine liberté.

Il y aura d'abord tous les mariages religieux
de tous les cultes possibles. Celui qui tiendra à
faire bénir son union par le ministre d'un culte
quelconque, vieux ou jeune, en aura l'entière
liberté, et on ne lui demandera, ainsi qu'au mi-

11

nistre, aucune condition pour le contracter ou pour le bénir. On se mariera librement devant le magistrat civil, si on le veut, soit avant soit après s'être marié devant un ministre; on se mariera devant un ministre, avec la même liberté, soit avant soit après s'être marié devant l'officier civil. C'est la véritable *an-archie* dans le mariage, c'est-à-dire la vraie liberté. On ne se mariera devant personne, ni officier civil, ni ministre d'un culte, mais seulement devant Dieu, si l'on croit en Dieu, et seulement devant la nature si l'on ne croit qu'à la nature; les effets sur les enfants seront toujours absolument les mêmes comme élevage, éducation, instruction, entretien, héritage, et le reste.

An-archie.

L'idéal de tout mariage fécond, c'est l'unité et l'indissolubilité. Mais l'accomplissement de cet idéal est l'affaire des époux.

Quant à l'unité, la société doit veiller à proscrire de son sein la polygamie et la polyandrie, parce que l'une et l'autre sont attentatoires à l'égalité de l'homme et de la femme. Point d'esclaves dans la patrie; or plusieurs maris avec une épouse, ou plusieurs épouses avec un mari, cela fait toujours des esclaves — *absit*.

Mais quant à l'indissolubilité, si de graves

raisons s'élèvent en faveur du divorce des époux, il y aura des tribunaux d'arbitrage qui les y autoriseront en sauvegardant toujours les intérêts des enfants. Point d'exception aux devoirs de la paternité et de la maternité.

Tous les contrats de mariage seront libres, et les enfants seront obligés de les accepter comme les auront voulus les époux. L'Etat se chargera de les faire exécuter. Je dis que tous seront libres, j'entends libres en ce qui ne va point évidemment contre la nature, en fait de stipulations.

S'il y a contrat devant notaire, on l'exécutera. S'il n'y en a point, la loi ne se chargera que de ce que doit le père au fils, le fils au père, l'enfant à la mère et la mère à l'enfant dans la limite rigoureuse que pose la nature.

Tel serait notre code du mariage tout entier, s'il ne restait la question de l'adultère et des enfants adultérins.

Ici, c'est le désordre; l'Etat, qui se traduit dans la loi, doit punir. Punira-t-il les parents coupables? Oui. Un mot en sera dit dans le chapitre des lois pénales; mais les enfants, qu'en fera-t-on? peuvent-ils être associés à la peine de leurs parents? Ce serait injuste; les parents seront obligés de les élever comme leurs enfants légitimes, et ils partageront avec eux l'héritage ; mais les parents garderont dans la société une tache indélébile qui signalera et perpétuera leur flétrissure pour adultère.

L'amour, dira-t-on, a tout justifié. Oui, peut-être pour la conscience du coupable, mais l'ordre social demande qu'il n'en soit pas tenu compte extérieurement et que la loi commune produise ses conséquences.

La meilleure réponse à l'objection de l'adultère est celle-ci : Le crime deviendra si grand, au sein de notre société an-archique où se déploieront si bien toutes les libertés, qu'on doit supposer que ce crime n'existera plus.

CHAPITRE HUITIÈME.

LA LIBERTÉ DE LA CONSCIENCE, OU DES RELIGIONS.

Toutes mes libertés inviolables sont également indispensables au développement régulier de la société humaine ; mais s'il en est une qui soit plus importante encore que les autres, c'est la liberté de la conscience.

Certes, la conscience est toujours libre ! Quel glaive pourrait l'atteindre ? Mais on peut faire souffrir et mourir le corps qui lui sert d'enveloppe, et, dans ces cas, la conscience, tout en restant libre dans son for intérieur, n'en subit pas moins les enchaînements auxquels l'assujettit son lien matériel.

Lors donc que je dis : liberté de la conscience, j'entends liberté de parler et d'agir conformément aux inspirations, toujours libres en soi, de la pensée.

Cependant dois-je entendre cette conformité
de l'acte extérieur avec l'acte intérieur, au sens
complet et sans aucune restriction? Non, car
il peut arriver que la conscience soit faussée
par des théories fanatiques dans lesquelles elle
aura été élevée et par lesquelles elle aura contracté des habitudes qui seront devenues comme
une mauvaise nature, et, en pareil cas, les intérêts rationnels de la société pourraient être
compromis par une liberté laissée à toute conscience de faire extérieurement tout ce qui serait
conforme à sa voix intérieure. Toutes les fois
qu'une conscience particulière poussera ses
prétentions à la liberté jusqu'à des excès évidents, qui seront rejetés, en droit, par toutes
les religions et par toutes les politiques raisonnables, l'ordre social, exprimé par la loi, devra
fermer la porte à cette source des plus grands
désordres, et, sans se préoccuper de l'innocence
ou de la culpabilité intime de l'individu, lesquelles ne sont basées que sur sa bonne ou sa
mauvaise foi, devra, d'autorité, proscrire ces
désordres.

Il peut exister, en effet, pour l'auteur de toute
action, même la plus criminelle, telle que l'assassinat, une excuse intérieure qui fasse disparaître
en lui la culpabilité, en réduisant son acte à une

pure matérialité dépourvue de toute formalité coupable. Mais ce n'est jamais là qu'une excuse individuelle qui n'a de vertu que devant la conscience elle-même et devant la justice absolue. Cette excuse n'empêche pas l'action, dont il s'agit, d'être en elle-même une action criminelle et défendue par la raison ; or la règle sociale ne saurait admettre ces excuses de conscience particulière ; cette règle, faite pour tous, les laisse au jugement de Dieu et n'en tient aucun compte dans ses généralités.

La loi sociale s'établit sur ce qui est juste en soi, au jugement absolu, en supposant toujours, ainsi que le montre perpétuellement J.-J. Rousseau dans son *Contrat social*, que la loi n'est élevée à la dignité de loi que parce qu'elle est conforme à la justice absolue.

Supposons, par exemple, qu'il soit enseigné par une religion dépravée, qu'il est permis, et conforme à la sagesse du Dieu qu'on y adore, d'assassiner un frère qui violera telle ou telle loi de ce Dieu. Certes une telle profession de foi religieuse, si on la suppose passée à l'état de pleine conviction dans une conscience, peut lui persuader, le plus sincèrement du monde, que si elle tue son frère, coupable devant son Dieu, elle fera une action digne de louange et méritoire devant la justice absolue de cette divinité ; une telle profession de foi, dis-je, sera évidemment suffisante pour justifier la conscience particulière de l'individu, et pourra l'élever à la gloire sublime du martyre, si c e vient ensuite à être punie pour son action ; mais elle n'empêchera pas que la raison sociale, qui n'est que la raison droite, ou plutôt, qui doit toujours être la raison droite, ne doive passer outre et dire à cette conscience : Si tu te sers de l'épée, dans ce cas, contre ton frère, je te punirai avec la force dont je dispose, et puis tu t'arrangeras avec ton Dieu.

Voici donc ce que j'entends par la liberté de conscience :

C'est le droit de professer extérieurement, avec garantie de l'ordre social, tout culte que l'on voudra, ne fût-il né que d'hier et fût-il plus bizarre que les plus bizarres qui furent imaginés dans le passé, pourvu que la pratique de ce culte ne nuise en rien à la liberté, aux droits, aux intérêts, à la vie du prochain.

Ce droit est le plus sacré des droits de l'homme, parce qu'il est impliqué dans la liberté que chacun possède d'adorer le Dieu de son caprice ou de sa foi.

Mais de cette liberté sociale, qui est individuelle dans son origine, naissent deux ordres de droits : le droit de l'individu lui-même et le droit de la communauté.

Le droit de l'individu est celui de tout faire, en culte intérieur et extérieur, avec cette restriction qu'il ne portera pas atteinte, par ses actes religieux, à la liberté d'autrui, et que cette liberté n'en souffrira en rien.

Le droit, ou plutôt le devoir de la communauté, consiste à protéger cette liberté même, à lui faire terrain libre et, pour cela, place vide.

Que devons-nous entendre par ces paroles : *terrain libre et, pour cela, place vide?*

Le voici.

L'Etat rendra le terrain libre à tout culte et fera la place libre et vide à chacun, s'il n'admet aucun culte officiel qui tendrait à occuper la place à lui seul.

Entendons-nous : L'Etat, à titre d'Etat et de gouvernement, ne professe aucun culte ; mais il les protége tous, parce que la protection, accordée à tous sans privilége pour aucun, n'est que la liberté garantie à tous, à celui né d'hier, comme à celui dont l'origine se perd dans la nuit des temps. Je veux que cette liberté soit complète, excepté pour le culte, que j'ai supposé, qui ordonnerait aux consciences des actes antisociaux et antimoraux, attentatoires à la liberté et aux

11.

droits d'autrui. La police de l'État sera donc employée, par l'initiative de l'État lui-même, à maintenir l'ordre et la liberté raisonnable qui respecte les droits du voisin, dans toutes les réunions religieuses de la nation. Ce sera de cette protection, égalitaire au sens absolu, accompagnée de la répression contre le culte qui mépriserait les grands principes admis par toutes les morales et par tous les cultes, que naîtra et se maintiendra sans cesse la vraie liberté, ou l'*an-archie* régularisée.

CHAPITRE NEUVIÈME.

LA LIBERTÉ DES FÊTES PUBLIQUES.

Cette liberté sera illimitée, non pas en ce sens que tout soit toléré, même ce qui deviendrait une gêne pour la liberté des autres, mais illimitée en cet autre sens que tout culte sera libre d'établir ses fêtes extérieures à sa fantaisie, à la seule condition que la célébration publique de ces fêtes soit surveillée par la police et régularisée de manière à ne point empêcher la liberté d'autrui et de tout culte rival sur le même objet.

Il en sera de même des fêtes civiques plus ou moins profanes.

La loi de notre révolution française qui défendit les processions religieuses hors des temples, dans les localités où l'on professe plusieurs cultes, est mauvaise ; sous prétexte de laisser la liberté à tous, elle l'enlève à tous.

Les fêtes religieuses extérieures font partie des religions et doivent seulement être régularisées et surveillées par la police, à cette seule et unique fin de s'harmoniser assez entre elles, pour que la circulation générale sur les voies publiques et la circulation de tout culte en particulier soient respectées. C'est une harmonie à trouver, un problème dont les administrateurs triompheront facilement.

Cette liberté découle avec évidence de celle des religions.

Quant aux fêtes nationales, les citoyens doivent être également libres d'en établir entre eux : les localités ont besoin de certaines fêtes qui leur sont propres, la nation tout entière en a besoin. Celles de la nation doivent être votées par l'assemblée de ses représentants; celles des localités doivent être votées par le conseil, nommé par tous, qui représente la localité ; et la police nationale doit régulariser les unes et les autres, comme elle le fait à Londres et en Amérique.

Pas de nation grande sans fêtes extérieures; comme pas de culte vivant sans fêtes extérieures. Ces fêtes sont la manifestation de la vie, du mouvement, de la révolution, de l'*an-archie* en permanence.

Donc liberté! trois fois liberté! mais liberté régularisée, alliée avec l'ordre.

Tout État républicain qui ne donnera pas la liberté de s'épancher à la joie publique, ne sera pas vraiment républicain et ne pourra vivre à jamais; en limitant les fêtes religieuses à l'intérieur des temples, il sème déjà la mort; il empêche la tolérance de s'établir dans les esprits; il entretient un germe de guerre, qui doit disparaître dans les nations de l'avenir.

Les républiques futures n'auront la paix solide et durable entre les citoyens, qu'en donnant à tous la liberté vraie, la liberté complète, la liberté de telle sorte que celle de l'un ne soit point en rivalité avec celle de l'autre, mais que toutes soient en harmonie sous une loi d'égalité!

C'est ainsi, d'autre part, que les cultes pourront se fondre peu à peu en un seul, en celui qui sera le culte universel n'ayant de règle que la théorie rationaliste. Ce culte existe au fond de toutes les religions; il constitue la religion en soi, *la religion*, qu'il ne faut pas confondre avec *les religions*, la religion qui unifiera tous les cultes. On n'arrivera à cette fusion naturelle qu'au moyen de fêtes publiques de tous les cultes rendus libres. Ces fêtes, en se voyant les unes les autres, s'habitueront à se respecter tout en se jugeant; et peu à peu elles se reconnaîtront pour des sœurs dont la raison sera la commune mère.

Ce droit commun des fêtes, direz-vous, est chose difficile à cause des rivalités religieuses existantes jusqu'à présent.

Certes, puisqu'il s'agit de fêtes publiques, et par conséquent, d'exhibitions dans les rues, dans les places, dans les champs, on ne peut supposer que tout soit absolument libre, parce qu'il pourrait s'ensuivre des désordres considérables; mais il est facile d'imaginer une régularité de police établie jusqu'à un certain point; cette réglementation empêchera à la fois tout obstacle à la fête, à la procession, et fera que la fête elle-même ne soit point un obstacle à la paix, à la tranquillité. Est-ce que les assemblées des méthodistes par exemple, dans les villes d'Angleterre, en plein soleil et en place publique, sont une gêne pour l'ordre public? Il sera de règle que chaque culte choisisse pour sa réunion un terrain libre. Quoi de plus simple? Il sera de règle aussi que les fêtes ne pourront pas se faire toujours, mais seulement à certains jours et à certaines heures, en certains lieux; et tous les citoyens, comptant sur ce qui peut arriver, s'arrangeront en conséquence. Ce ne seront jamais que des distractions pour eux, et la communion, pour choses utiles, n'on souffrira on rien.

Il en sera de même, ai-je dit, de toutes les
fêtes soit civiles, soit religieuses, soit locales,
soit universelles. La liberté n'en sera jamais
compromise, ni l'ordre non plus. Ce n'est que la
peur qu'on en a, qui fait passer, jusqu'à présent,
ces libertés pour dangereuses.

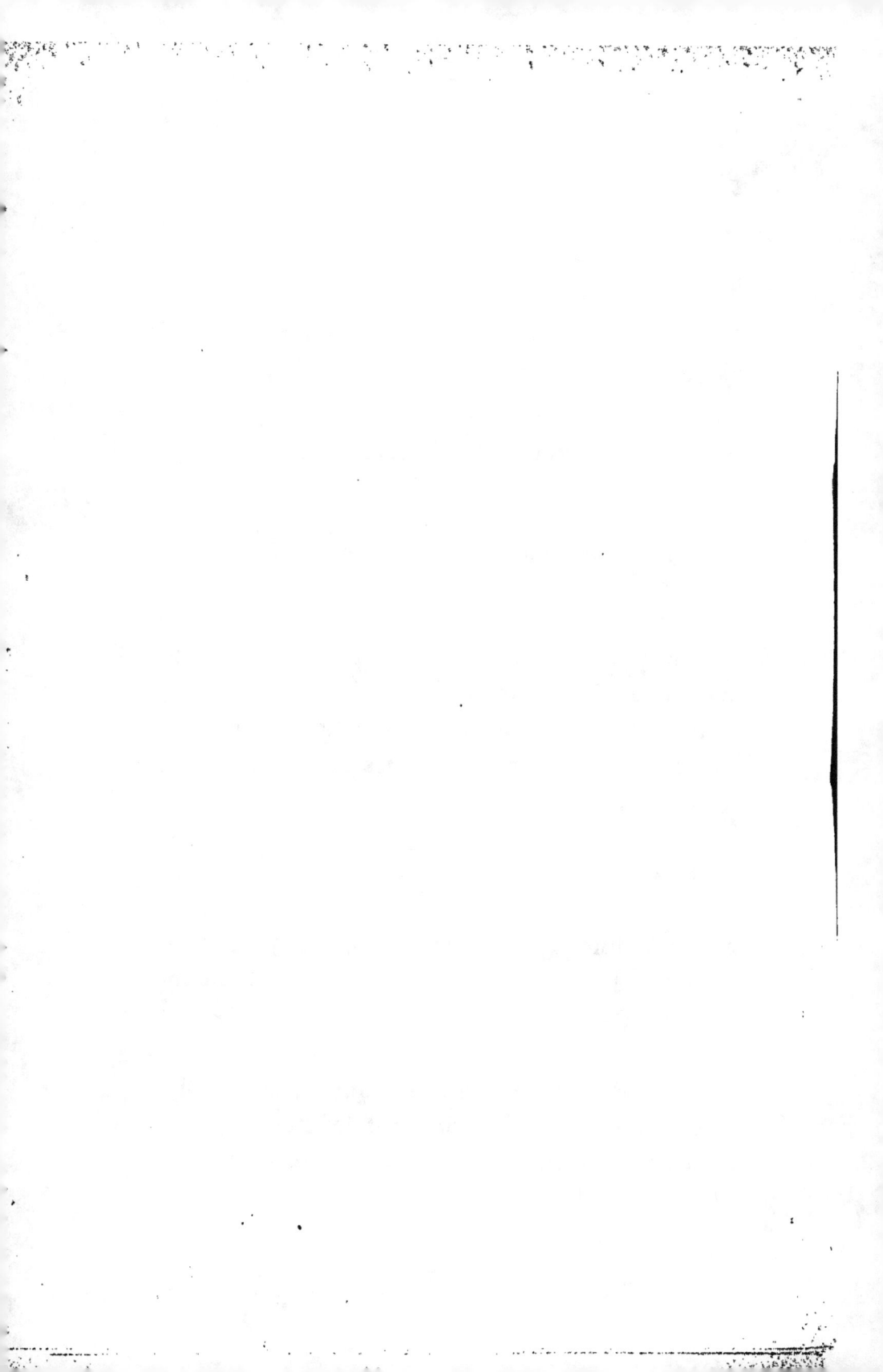

CHAPITRE DIXIÈME.

LA LIBERTÉ D'INSTRUIRE SES SEMBLABLES.

Pourquoi l'homme a-t-il la faculté de la pensée, si ce n'est pour pénétrer, de plus en plus,
selon sa puissance d'investigation, dans les
causes des êtres et dans leurs enchaînements.
Le vers de Virgile :

Felix qui potuit rerum cognoscere causas

exprime une grande aspiration de la nature
humaine dont toute son histoire atteste les constants efforts.

La science n'est que la satisfaction perpétuelle
de cette aspiration, toujours sentie parce qu'il y
a des causes à découvrir dont la mesure est à
l'infini ; cette mesure est toujours plus ou moins

comblée parce que les vérités sont de mieux en mieux aperçues.

Chercher à imposer silence à cette aspiration de la nature, c'est chercher l'impossible, parce que c'est chercher à détruire l'homme dans son être intellectuel et moral, tout en le laissant subsister ce qu'il est.

Pourquoi, d'autre part, avons-nous la parole, et la parole nous est-elle tellement essentielle qu'il n'existe aucun peuple qui n'ait une langue, si ce n'est pour nous communiquer, les uns aux autres, ce que notre intelligence a conquis? Nous éprouvons le besoin, non pas seulement de nous instruire, mais aussi d'instruire les autres de ce que nous savons.

De ces deux tendances essentielles naît directement la liberté de l'instruction. De quel droit une force brutale viendrait-elle nous arrêter dans la satisfaction de ces deux besoins? On conçoit que cette force puisse, avec ses armes, ses menaces, ses prisons, ses instruments de torture et de mort, nous imposer la défense de recevoir et de transmettre, par la pensée et par la parole, les vérités obtenues; mais que peut cette brutalité contre le droit que nous tenons de la nature? Il suffit d'énoncer le principe pour le démontrer; et ce principe appartient à ces déductions pre-

mières de la raison qui portent leur évidence
en elles-mêmes, et qui n'ont pas besoin d'autre
preuve que leur propre énoncé.

Il sera donc établi *a priori* que toute loi qui
gênera, d'une manière quelconque, l'instruction
de soi et des autres, sera une chaîne rivée cri-
minellement à la nature humaine, et demandera
sans cesse son propre brisement.

Je sais bien que le tyran qui réglera les vérités
qu'on pourra se transmettre, et celles qu'on
devra taire, prétendra avoir le privilége de la
vérité et agir contre le mal et l'erreur en décré-
tant des lois de contrainte; mais qu'il nous
montre donc ses titres à l'infaillibilité. L'Eglise
catholique est logique et conséquente avec elle-
même en prétendant son pape infaillible; mais
elle n'est logique que grâce à cette prétention. De
quel droit viendrait-il, ce pape, nous imposer
des dogmes et nous dire : vous enseignerez
ceux-ci; vous ne professerez pas ceux-là, s'il ne
se prétendait, tout d'abord, infaillible? Mais où
sont ses preuves d'infaillibilité? Les seules qu'il
puisse en donner, c'est le besoin de logique qu'il
a lui-même pour justifier sa conduite.

Non : point d'infaillibilité sur la terre ; puissance
limitée de toute raison dans la recherche indéfinie de toute vérité ; et ce sera la raison seule

qui, par sa vision claire des vérités découvertes,
sera compétente pour les déclarer vraies, après
leur conquête.

Mais l'Etat a-t-il le droit de se constituer en
corps enseignant?

Non, ce serait là du communisme; et à quel
titre se donnerait-il ce droit d'enseignement, ce
droit de déclarer pour tous la vérité? il ne vau-
drait pas mieux, en telle hypothèse, que l'Eglise
catholique qui prétend tenir ce droit d'enseignement de Dieu même, en le tenant de Jésus
son fondateur: *ite, docete omnes gentes.*

Quel est le droit de l'Etat? Il doit seulement
protéger la liberté de tous et de toutes les doctrines, si ce n'est celles qui prêcheraient des
erreurs nuisibles à toute société, condamnées par
la morale évidente et proscrites par toutes les
religions; il doit, par là même, rester indifférent
en matière d'extension de la vérité dans le monde
de ses subordonnés. Comment fera-t-il pour allier
la vraie liberté avec cette action protectrice et en-
traînante dans la direction du progrès?

Il y aura, pour atteindre ce but, une première
élection, sur concours, par un jury formé des
pairs enseignants du district, laquelle élection
se résoudra dans un brevet de capacité décerné
à un certain nombre de candidats à la chaire

spéciale dont il s'agira. Ces candidats seront,
dès lors, surnuméraires pouvant être élus par le
suffrage universel pour occuper cette chaire. Ce
sera une déclaration de capacité qui sera donnée
à tous ceux qui seront désignés candidats
propres à occuper la place de professeur quand
elle deviendra vacante.

Différents prix seront décernés après le concours, et ensuite, le suffrage universel choisira,
parmi les candidats déclarés de la sorte capables,
celui qui lui plaira le mieux pour remplir l'office
en question.

L'Etat veillera simplement à l'exécution de
cette règle. Il n'imposera à chaque professeur
aucun programme, en sorte que chacun restera
libre dans son enseignement. Le seul programme
géhéral sera de se conformer au progrès inces-
sant.

C'est ainsi que la nation des hommes libres
s'établira d'elle-même dans une marche indéfinie
vers l'idéal de la science, de la morale, de l'art,
de la philosophie, de tout ordre, par le concours indépendant et libre de tous les esprits. L'enseignement ne sera jamais circonscrit
dans un cercle; il ira à des régions toujours
inconnues, par les efforts constants de toutes
les libertés intelligentes et travailleuses.

Tout corps enseignant pourra naître et se développer dans l'Etat, étant libre de se recruter de lui-même, et n'étant soumis à quelque surveillance que jusqu'à la limite du bon ordre dans la liberté, et des vérités primordiales évidentes par elles-mêmes, et consacrées, non par un culte, mais par tous les cultes à la fois.

Avec cette grande latitude, ainsi limitée, l'enseignement se répandra dans la nation selon l'ordre et par les simples rivalités de la libre concurrence.

Les systèmes libéraux des Etats-Unis de l'Amérique du nord, dans lesquels liberté complète est laissée à l'enseignement, sont un grand exemple qui suffit pour établir ce principe avec éclat : nulle part l'enseignement n'est aussi développé jusqu'à ce jour, et nulle part il n'est autant abandonné à l'initiative de la nation; le gouvernement ne s'en mêle point : le corps enseignant se forme d'associations libres qui le poussent au progrès universel mieux que ne le ferait jamais l'Etat lui-même.

Ce sera donc, pour me résumer, le suffrage universel, c'est-à-dire l'expression même de l'individualisme d'en bas, qui conférera aux professeurs le droit de l'enseignement public, en choisissant ceux qui lui plairont le mieux parmi les candidats présentés par le jury ; ce seront les égaux des professeurs de toute une partie du pays qui formeront les membres du jury ; ce sera au concours que seront jugées par le jury les capacités ; et, cela fait, tout s'organisera de soi librement dans la nation.

Pour point de départ, un corps enseignant initiateur aura pour mission l'entraînement au progrès. Ce sera le corps qu'aura institué l'Etat lui-même. Parmi les professeurs de l'université existante seront pris les jurés ; le premier lancement sera établi de la sorte. Puis peu à peu s'organisera d'elle-même, dans la liberté, la marche de l'instruction et de l'éducation publique, primaire, professionnelle, secondaire, supérieure.

Mais, dira-t-on, s'il se forme dans l'Etat un petit Etat, au nom d'un culte par exemple, faudra-t-il le laisser se former librement et accaparer les esprits ?

Oh ! c'est ici que doit intervenir la communauté pour maintenir et protéger la liberté.

Distinguons l'enseignement primaire, l'enseignement professionnel et l'enseignement secondaire.

L'enseignement primaire, dont les objets sont d'apprendre à lire, à écrire, et à calculer, et d'inculquer, en même temps, les principes de

morale générale que donnent les cultes, est tellement essentiel à l'enfant qu'on destine à devenir
un citoyen — et tout enfant ne doit-il pas avoir
cette destinée? — qu'il est indispensable, et que
la communauté doit porter des lois qui obligent
les pères à veiller à l'instruction de leurs enfants
sous ce triple rapport : lire, écrire, calculer, et
un théisme radical, base de toute religion. Cet
enseignement doit être obligatoire. Il doit être
aussi gratuit, afin que la loi puisse le rendre
obligatoire. Doit-il être laïque ainsi qu'on le dit,
en ce moment, en France? Non ; il doit être religieux au sens général des principes évidents de
morale professés par toutes les religions ; l'enfant
ne peut se passer de religion ou de l'idée de
Dieu ; l'art ne se développera jamais chez lui,
sans cet aiguillon, plus actif sur les jeunes
âmes que tout autre. Le sommeil de l'esprit
pèsera toujours sur leur cerveau, sans ce
réveille-matin ; sans lui le mieux doué d'entre eux
ne pourra jamais devenir ni un philosophe, ni un
poëte, ni même un mathématicien ; c'est l'excitant
religieux qui appelle le mieux le travail de l'esprit.
Sans la religion enseignée au jeune âge, vous ne
ferez que des brutes ; est-ce là ce que vous dé-
sirez pour vos citoyens?

Loin donc de déclarer l'enseignement pri-

maire laïque, il faut que l'Etat le déclare religieux en même temps qu'humain. Et comment
appliquera-t-il ce principe ?

Toujours et en tout état de cause, l'enseignement du père des choses, de Dieu, et de la morale, sera mêlé, dans le jeune âge, à l'enseignement de la lecture, de l'écriture, du calcul et
de quelques éléments primaires de toutes les
sciences pratiques, en sorte que le professeur
primaire aura les notions générales nécessaires à ce quadruple enseignement.

Il pourra, ces conditions remplies, apparte-
nir à tout culte spécial, affirmatif ou négatif, et plus tard, quand il s'agira d'initier l'enfant à un culte en particulier, les parents et
surtout l'enfant lui-même, choisiront celui qui
conviendra [1].

C'est alors que se montrera la liberté quant
aux matières. Mais l'Etat exigera, par ses lois,
que tout citoyen naissant ait un culte.

Puis viendra l'âge de la liberté où chacun
pourra ne plus s'inscrire sur la liste d'un culte
en particulier. Ce sera le moment où se termine-

---

1. Je ne crains pas de contredire ici Rousseau, qui demande
qu'on laisse l'enfant dans l'ignorance de Dieu jusqu'à l'âge
de puberté. Je place ce paradoxe en première ligne, parmi
ceux de ce grand esprit qu'il faut rejeter.

ront l'enseignement primaire, et l'enseignement professionnel.

Il faut que les citoyens soient moraux avant tout. L'Etat exige qu'ils soient initiés à la dogmatique théiste et à une morale commune à tous les cultes d'abord ; quand viendra l'âge d'homme, où l'on fait son choix, commencera la liberté complète, qui peut rejeter à la fois tous les cultes existants dans la patrie.

L'enseignement professionnel réclamera toujours pour professeurs des spécialités ; l'enseignement secondaire également ; et ces deux enseignements, pour la jeunesse au sortir de l'enfance, ne seront ni obligatoires ni gratuits. C'est aux familles à pourvoir, sous ce rapport, à l'avenir de leurs enfants ainsi qu'aux enfants à donner leur préférence à tel ou tel corps enseignant. Il y aura à choisir, puisque s'élèvera dans la nation tout corps enseignant qui le voudra, ou tout professeur qui demandera à enseigner.

Y aura-t-il des titres qui donneront le droit d'enseigner, et le droit d'exercer des professions libérales, telles que la médecine, le droit, etc.

Il n'en existera point qui confèrent le droit d'enseigner à proprement parler, puisque tout homme pourra se porter professeur et

que ce sera au public à juger s'il doit lui
donner confiance ; mais il existera des titres
que délivrera chaque professeur, ou chaque
maison d'éducation, et qui recommanderont le
sujet plus ou moins devant les populations. Ces
titres pourront servir, d'ailleurs, et serviront d'autant mieux, que le professeur, qui les aura délivrés, sera plus célèbre, quand il s'agira d'entrer
comme professeur dans un établissement d'éducation. Ces titres, en un mot, seront d'autant
meilleurs que la maison qui les aura délivrés,
sera plus aimée du public.

Quant aux professions libérales, il en sera de
même : toutes ces professions pourront être exercées comme toutes les industries le sont librement depuis l'abolition des maîtrises. Est-ce que,
depuis qu'il n'y a plus de jurandes, les progrès
industriels ont faibli? Tout homme exercera,
en vertu de son droit naturel, la médecine et le
métier d'avocat comme tous les autres métiers ;
le public sera juge des sujets auxquels il devra
donner sa confiance, mais il ne sera pas sans
faire attention aux certificats et brevets que lui
présenteront ceux qui en auront reçu des
maisons célèbres dans l'art de former de bons
médecins, de bons élèves en droit et ainsi des
autres professions.

Il est important que l'Etat laisse aux populations quelque peine pour avoir soin d'elles-mêmes. N'est-ce pas encore là de l'individualisme ?

De toutes ces généralités, il ressort deux choses : la première, que la liberté sera laissée à tout citoyen d'instruire son semblable par les moyens de communication que la nature met à sa disposition ; la seconde, que la communauté veillera à ce qu'il ne s'élève pas, dans l'Etat, un petit Etat, à principes contraires, qui enrégimenterait les âmes, qu'il élèverait, dans des idées autoritaires de tyrannie d'une part, d'esclavage de l'autre. Si l'on s'aperçoit qu'un tel établissement se forme avec la tendance claire à cet effet, on le supprimera ; oui, on supprimera sans merci, toute pépinière d'esclavage qui naîtra dans la patrie.

Tout établissement d'éducation devra porter sur son frontispice : *liberté*, et pour être respecté de l'autorité publique, devra enseigner, dans ses écoles, la liberté ! la liberté ! la *liberté !*

Oh ! défiez-vous toujours des perfides agissements de la tyrannie !...

CHAPITRE ONZIÈME.

LA LIBERTÉ DE LA PAROLE ET DE L'ÉCRITURE.

Pourquoi avons-nous reçu de la nature la faculté de la parole? et pourquoi cette faculté a-t-elle engendré, par le progrès qui l'a suivie, celle de l'écriture, puis l'imprimerie, puis la presse? N'est-ce pas afin que nous mettions ces puissances en usage?

Ne sentons-nous pas une propension invincible, et, par suite, un devoir de transmettre aux autres par la parole, par l'écriture, par la presse, ce que présente en nous la pensée comme plus ou moins évident et comme appelé à devenir l'objet de la conviction de nos frères après avoir été l'objet de nos propres convictions.

Nous éprouvons une satisfaction naturelle à instruire les autres par tous les moyens de

12.

transmission de l'idée, que met à notre disposition la nature sociale.

Donc aucune autorité extérieure ne peut
avoir le droit véritable de fermer devant notre
pensée quelqu'une de ces portes.

La presse, le livre, le journal ne sont que l'é-
criture ayant acquis le perfectionnement qui
lui était destiné. Oserait-on soutenir que plus
l'écriture devient facile à pratiquer, puissante
dans la propagation des idées, et s'universa-
lise, comme transmission de la vérité d'âme
à âme, plus l'homme citoyen doit cesser d'être
libre de s'en servir?

Aucun de nous, sans doute, n'a le don de la
vérité absolue, infailliblement enseignée ; la
vérité est une mine que l'humanité doit exploi-
ter sans fin et qui, quelque exploitée qu'elle
soit, ne sera jamais épuisée. La presse, qui
consiste surtout dans le livre et dans le journal,
ne peut avoir pour mission inspirée par
« celui qui éclaire tout homme venant en ce
monde, » que d'offrir, de mieux en mieux, les
idées de chacun au contrôle de tous afin que
tout être intelligent et libre fasse son choix à
l'atelier commun, selon son jugement.

Aucune liberté n'est plus nécessaire, dans
l'âge de l'humanité qui s'ouvre, que celle de la

presse ; c'est cette liberté qui est le mieux appelée à faire circuler la vie révolutionnaire dans
les âmes, cette vie qui n'est que le mouvement divin lui-même, naturel aux esprits.

Ai-je besoin d'en dire davantage pour établir
l'inviolabilité intime de cette liberté, et pour
donner à conclure que toute violation, qui en
serait faite, ne peut être qu'une tyrannie ?

On fera mousser les abus qui en seront faits !
oh ! vieil argument que celui qui est tiré des
abus d'une chose pour interdire la chose, ou
plutôt vieux prétexte mis en avant par les
classes privilégiées, qu'on appelle dirigeantes,
pour justifier tous leurs efforts à reculons sur la
route du progrès. Savez-vous ce qui apportera
aux abus le meilleur correctif ? ce sera la liberté elle-même : tout instinct vraiment naturel et humanitaire ne corrige ses écarts qu'en
se développant librement.

Cependant, la communauté n'aura-t-elle pas
encore quelque mission à remplir devant la liberté de la parole et de la presse ?

Oui. Il est des principes dévorants dont la société ne doit pas plus tolérer l'expansion par la
parole dans les réunions publiques qu'elle n'en
doit tolérer l'expansion en tant que professés
par un culte. Si elle s'ingère à bon droit,

dans un culte pour l'arrêter lorsqu'il professe
des dogmes qui consistent dans la négation de
la liberté pour les cultes rivaux, et qui vont par là
même contre l'article fondamental constitutionnel
qui établit la liberté de conscience comme à jamais
inviolable, elle pourra s'ingérer de même dans
l'usage que feront la parole, le livre et le journal
pour démolir dans les esprits la conviction raisonnable de cette liberté. C'est ici la liberté
même qui sera protégée par la loi : la loi lui
doit cette protection afin qu'elle soit rendue,
dans la nation, immortelle. Elle lui doit d'empêcher son propre suicide, consistant à se retourner contre elle-même et à se donner la
mort.

Si la communauté peut et doit s'ingérer dans
un culte pour lui interdire de prêcher le désordre évident, l'assassinat, le vol, l'adultère, la
débauche, la polygamie ou la polyandrie et tout
autre crime proclamé tel par la morale sociale, générale, de tous les peuples éclairés,
elle pourra et devra surveiller les discours, le
livre et le journal pour l'empêcher de prêcher
aux esprits tous ces actes criminels ; mais il
faudra éloigner l'esprit qui engendre les procès
de tendance ; la loi ne devra pas tirer les conséquences des principes prêchés ou écrits ; elle devra

se borner à arrêter la prédication directe et
brutale des crimes eux-mêmes.

Là se bornera, selon moi, la mission de
l'Etat ; mais cette mission ira jusqu'à ce point,
sans le dépasser.

C'est ainsi que je comprends mon *an-archie*
rationnelle, dans l'ordre de la parole et de la
presse, ou ma liberté illimitée jusqu'au point
seulement où l'Etat est invité par la raison
même à lui dire : on ne passe pas cette limite.

Qui ne comprend que cette liberté de la parole et de la presse naît directement de la liberté de l'instruction, liberté absolue et inviolable dans tout Etat social ?

CHAPITRE DOUZIÈME.

LA LIBERTÉ DE LA SCIENCE.

La nature expose, devant l'humanité, un musée infini de problèmes dont un instinct invincible de curiosité la pousse sans cesse à chercher et à trouver les causes. Qui donc se sentira assez puissant à l'égard de l'homme et à l'égard de Dieu qui l'a fait, pour mettre une muselière à ce noble instinct?

Ici, la vérité seule, qui est sans cesse à découvrir doit servir de règle. La science creuse sans idée préconçue et proclame avec indépendance ce qu'elle découvre. Or, l'Etat a-t-il devant la science une mission à remplir? Oui, et cette mission consiste à lui garantir l'absolue liberté.

Le temps des Galilées fut un temps néfaste qui ne doit pas revenir; et ce sera la communauté qui, munie de la force commune dans les

sociétés, se chargera de rendre à jamais ce retour impossible en garantissant toute liberté à
la science.

Que les religions, par leurs églises, établissent
des inquisitions, et, conformément aux décisions
de leurs inquisiteurs, condamnent les découvertes; c'est leur droit, pourvu que ces condamnations soient bornées à des anathèmes spirituels
ne damnant, selon leurs prétentions, que dans
l'autre vie. Mais surtout que ces condamnations
ne touchent point aux corps, qu'elles n'entraînent ni la prison, ni la torture, ni l'amende, ni
la moindre peine relative aux sens. Dans cette
mesure, nous autres gouvernements civils,
nous leur laisserons la liberté; oui! et seulement dans cette mesure.

On se moquera de ces condamnations et tout
sera dit. Il n'est qu'une chose dont on ne se mo-
que point; c'est de l'enchaînement corporel. De
par les lois sociales, cet enchaînement sera à jamais proscrit, et la science annoncera tout ce
qu'elle voudra sans pouvoir le craindre.

Voilà la seule mission des Etats de l'avenir :
la protection et la garantie de la liberté corpo-
relle en faveur de la science et de toutes ses re-
cherches. Non, l'affaire de Galilée ne se représentera jamais parce qu'il n'y aura plus une seule

église qui ait la disposition de la force brutale.
Toutes ne seront que des instruments de prédication pacifique, qui n'imposeront au citoyen, à
titre de fidèle, que des peines qui n'auront aucun effet dans la vie présente et dont il pourra
toujours mépriser les résultats dans une vie future, comme d'imaginaires fantaisies.

Là se bornera la mission de l'Etat vis-à-vis
de la science; il lui garantira la liberté et la
lui maintiendra par la force. La science, ainsi
libre et certaine de l'être toujours, suivra sans
crainte tous les détours de ses labyrinthes
et en révélera, sans crainte aussi, toutes les
énigmes.

Telle sera la mission du communisme dans les
républiques de l'avenir. Cette mission ira jusqu'à protéger la liberté de l'individualisme, et
n'ira point au delà.

CHAPITRE TREIZIÈME.

LA LIBERTÉ DE L'ART.

L'art est l'émotion du beau, s'exprimant par la parole, par l'écriture, par le dessin et la peinture, par la sculpture, par la musique et par tous les moyens qui sont dans la nature humaine.

Quelle serait la folie d'un Etat qui entreprendrait d'imposer une réglementation officielle aux émotions de la nature morale?

Cette simple réflexion suffit pour que l'esprit humain proclame, d'une manière absolue, la liberté complète de l'art et de toutes ses branches: la liberté des spectacles, comme la liberté de la peinture, la liberté de la sculpture, la liberté de la musique, etc.

L'art est un cheval indompté qu'il faut abandonner à ses instincts.

Le public seul est juge de ses produits.

Un de nos ministres vient de signaler dans le mouvement présent de la patrie, du côté surtout des pièces de théâtres, une décadence de l'art. Cette décadence, je suis loin de la nier ; mais quelle en est la vraie cause ? Notre ministre suspecte, à cette occasion, la liberté.

Oh! n'ayez pas peur de la liberté, elle ne conduit qu'au progrès. Vous parlez de liberté! Mais les spectacles ne sont-ils pas toujours soumis à la censure et parfois l'objet de grands priviléges gouvernementaux? Commencez, avant de vous plaindre de ce que vous craignez être un mal, par donner cette liberté complète et par abolir toute censure. Est-ce que ce n'est pas le public qui doit être juge, à tout point de vue, des amusements qu'on lui donne? Voulez-vous, me dira-t-on, qu'on lui montre en spectacle des femmes toutes nues?... Qu'on l'essaie, si l'on veut, et l'on verra s'il ne punira pas lui-même cette audace. C'est lui qui fera tomber les mauvaises pièces et qui fera le succès des bonnes. Pas de censure, liberté absolue! et après, vous verrez si l'art ne se développera pas selon le progrès que comporte sa nature.

Savez-vous ce qui fait que l'art tombe, est déjà tombé? Oh! ce n'est pas la liberté, si réservée, qu'on lui accorde.

La seule vraie cause de cette décadence, c'est la philosophie positiviste qui a gagné les masses lettrées. Quel essor l'art peut-il se donner dans cette philosophie matérialiste qui lui enlève toutes ses larges carrières? Mais la liberté!...

Oh! la liberté de tous les arts ne fera jamais que les servir à souhait, les lancer dans l'immense inconnu, dont ils ont besoin pour assouvir leur aspiration du beau.

Deux grands génies, pourtant, se sont prononcés contre la liberté de l'art, l'un dans l'antiquité, c'est Platon ; l'autre dans les temps modernes, c'est J.-J. Rousseau. Platon chassait les poëtes de sa république après les avoir couronnés de fleurs ; Rousseau interdisait les spectacles à la sienne.

Aberration du génie, pris de tremblement devant la morale. Donnez aux spectacles la liberté complète et nue : plus de censure, plus de priviléges ; vos subventions énormes accordées à vos opéras sont un scandale public : une manière de payer follement les belles danseuses et de fournir, aux dépens du trésor commun, l'aliment aux passions des plus riches libertins de vos capitales. Le public lui-même se chargera de pratiquer la censure par ses applaudissements ou par ses sifflets. Ne craignez rien des écarts du génie; lui-même sentira bientôt, devant la mine qu'on lui fera, le besoin de s'en corriger.

Oui encore ici, individualisme, rien que l'individualisme. Point de communisme à aucun degré.

CHAPITRE QUATORZIÈME.

LA LIBERTÉ DE L'INDUSTRIE.

La liberté des arts industriels sera établie
comme toutes les autres et garantie par la communauté. Depuis la suppression, par la révolution française, des corps de métiers, la France a
déjà peu à peu conquis cette liberté. C'est la
mieux établie à l'heure qu'il est. Mais la révolution a, en même temps, consacré la liberté pour
le capital d'abuser de lui-même en prélevant, en
vertu du prêt qu'il fait de l'instrument de travail,
la perception d'une part des fruits du travailleur
au profit du capitaliste, simple prêteur de cet
instrument, ou du capital avec lequel le travailleur se le procure; et de cette tolérance légale
naît la grande injustice contre laquelle j'ai publié
mes deux volumes *De la justice dans l'usage de la
propriété.* Cette injustice contrebalance, par ses

effets communistes, les avantages de la liberté.

La liberté vraie de l'industrie aura lieu quand la société proscrira cette injustice et laissera la liberté nue se développer, ne souffrira même que cette liberté nue.

Déjà, au moins, a-t-elle supprimé les maîtrises et les jurandes, ou les corps d'états, qui enchaînaient à leur sort les ouvriers et excluaient, par les priviléges dont ils étaient investis, les travailleurs libres de la nation des mêmes avantages. Tous ces avantages étaient des monopoles qui donnaient naissance à des multitudes d'injustices. On crut, lors de la suppression, que les industries allaient péricliter. L'événement a prouvé le contraire; c'est précisément depuis que chacun est devenu libre de produire à sa fantaisie, que l'industrie a pris son grand essor, que les machines ont été inventées et construites, que les capitaux se sont portés avec fureur du côté de la production et du commerce.

N'est-ce pas déjà un essai démonstratif en faveur de la liberté? Si l'on replongeait aujourd'hui, par des lois, la société industrielle dans le réseau de chaînes où elle se morfondit si longtemps durant le moyen âge, ne serait-elle pas déconcertée au point de s'étonner d'elle-même?

Il y aura donc liberté complète de la production, de l'industrie et du commerce. On ne doit point s'arrêter dans une telle voie; et l'on peut être certain que l'âge d'or de l'industrie est précisément au bout de la liberté complète que je réclame.

Je n'en dis pas davantage sur ce point : liberté et individualisme comme sur tous les autres, et liberté garantie par la loi, avec une telle rigueur que la loi aura toujours l'éveil pour s'opposer à l'introduction dans l'Etat de toute tyrannie qui tenterait de s'élever contre.

Oh! ces tentatives de tyrannie ne manqueront pas de se produire. Les grandes associations de capitaux, qui se forment sous nos yeux dans les exploitations de production et d'échange, en sont des exemples. Toutes ces tentatives seront, dans l'avenir, tuées en naissant par la suppression de l'intérêt dans l'échange et par la législation de l'égal échange, et ce sera alors que l'on jouira des véritables et immenses bienfaits de la liberté s'arrêtant à la justice, et se fixant dans les limites du droit. Le droit, en industrie, se limite lui-même au travail qui est sa source, et dit simplement : « Au producteur son produit, » aphorisme simple, de toute évidence, qui gouvernera les sociétés de l'avenir.

13.

CHAPITRE QUINZIÈME.

LA LIBERTÉ D'ASSOCIATION, QUI SUPPOSE CELLE DE RÉUNION.

La liberté de vivre implique celle d'user de ses facultés physiques, intellectuelles et morales ; car c'est par l'usage de ces facultés que se manifeste la vie extérieure, la vie de relation dans la société ; et la seule limite qui puisse être mise, par une force, à l'usage de ces facultés est celle qu'y apporte la nature elle-même de son et de ses semblables.

La liberté, en effet, pour être complète, doit être une harmonie, elle ne doit pas se développer chez l'un des frères, de manière à gêner le développement de la liberté ni dans l'ensemble de la société, ni chez aucun des membres appartenant à la même société. Comment se réalisera cette harmonie ? Elle se réalisera comme

dans un concert, par un ensemble d'accords.
Qui règle les accords ? La nature. L'art n'y doit
entrer qu'en s'inspirant de la nature et, par
suite, de la raison même.

Je veux parler, dans cette page, de la liberté
de réunion et d'association. Supposons qu'il
existe, dans la société, des êtres monstrueux qui
regimbent contre l'harmonie, qui détonnent
toujours dans le concert, pourront-ils être tolérés dans les réunions et dans les associations ?

Évidemment, ils ne pourront être tolérés qu'à
la condition de ne pas transformer le concert
en cacophonie, et de s'assujettir, chacun en leur
particulier, à l'ordre général moyennant lequel,
la liberté restant à tous, l'accord général se réalisera entre tous ; non pas, sans doute, cet accord par lequel toutes les raisons se trouveront
penser de la même manière, mais cet accord essentiel sur un assez grand nombre de points
capitaux qui serviront à régulariser l'ensemble
et à faire que chaque opinion pourra s'y produire sans gêner la liberté de personne.

Il faut donc, sur ce terrain, comme sur les
autres, qu'une force s'organise pour assujettir
les voix discordantes, sinon à l'accord réel et
profond entre elles et le reste des membres, du

moins à un accord suffisant pour que la liberté de chacun ne soit pas étouffée.

De là, des règlements seront nécessaires aux réunions et aux associations surtout; et ce sera la force commune sur certains principes primordiaux, ne seraient-ce que ceux d'un ordre à suivre, qui se chargera de les faire exécuter ; de là aussi une police qui sera la police de l'ensemble.

C'est de cette base que sortiront la plupart des lois dont il sera parlé dans la troisième partie, et en particulier, les lois criminelles.

Ce qu'il faut reconnaître en principe, c'est que l'usage des facultés de l'homme en tant que social, consiste en ce que les hommes se réunissent pour s'entendre, s'associent pour s'entre-soutenir, fassent un contrat social, en un mot, pour s'entre-protéger contre les éventualités de toute tyrannie pouvant s'élever parmi eux. Il est dans l'instinct de toute réunion d'êtres raisonnables de ne délibérer qu'après avoir bien fermé les portes de la chambre à toute invasion de figures étrangères et menaçantes.

Il existe donc des mesures rationnelles, bonnes à prendre par l'association elle-même, ce qui signifie par le vote universel de la réunion ; ces mesures ne seront que la garantie même de la liberté de tous et de chacun.

Toute association conçue, fondée et organisée
pour une fin quelconque, excepté seulement
celle d'un crime contre la nature qui serait à
commettre par les associés, est licite quoi qu'en
dise la loi. La loi est, dans ce cas, le seul criminel ;
mais alors, qu'il y ait criminalité ou licité, on
vous arrête, on vous emprisonne, on vous con-
damne, on vous torture, on vous tue. Tout cela
n'importe en rien à la question de licité ; et ceux
qui ont le courage d'affronter ces horreurs, sont
les vrais héros. Ce sont les martyrs de la vérité
et du droit, qui seront honorés à jamais, comme
les Socrate et les Jésus. Mais il n'est pas nécessaire, pour être grand et avoir droit aux hom-
mages de la postérité, de pousser le courage
jusqu'à ces limites extrêmes ; les grands hommes
à caractère en sont seuls capables. Chacun le
fait plus ou moins selon les puissances qui sont
dans sa nature, et tous ceux qui le font ont
droit au respect des multitudes.

Le droit d'association est donc un second
droit naturel qui fonde une liberté aussi inviolable que celle de la vie, et c'est aux États à respecter toujours cette grande liberté de la nature. S'ils ne peuvent vivre eux-mêmes, en tant
qu'États, avec cette liberté respectée inviolable-
ment, c'est qu'ils sont entachés d'un vice radical

qui fait que leur propre vitalité n'est qu'un crime permanent.

Tout État qui ne peut se soutenir qu'en violant le droit d'association des citoyens entre eux est un État fait pour la mort, parce qu'il implique des anormalités incompatibles avec la vie, et entre elles; l'ordre de la nature ne régnera jamais que sur ses ruines.

Mais, s'il se produit des lois compressives qui rendent impraticables extérieurement les réunions ou les associations, soit pour causes religieuses, soit pour causes politiques, soit pour d'autres causes, ces lois seront toujours invalides par suite de leur résultat lui-même; toute loi qui interdit l'association, pour quelque motif que ce soit, est invalide, c'est une insurrection contre la nature et la raison, qui doit être abolie, et qu'on peut violer en sûreté de conscience; qui se fera tuer, pour la violer, sera toujours un martyr de la plus belle des causes, puisqu'il mourra pour la liberté.

A vous donc, merci! nobles héros et sublimes héroïnes qui osez braver ces sortes de lois toujours faites et soutenues par la tyrannie, merci! La liberté, pour laquelle vous vous levez, aujourd'hui, à vos risques et périls, est immortelle; et vous serez à jamais ses glorieux assistants!

Si les hommes ne s'étaient pas associés dans le passé, qu'aurions-nous conquis ? Nous serions encore de malheureux esclaves.

Liberté de l'association, liberté nécessaire à toutes les libertés !

La liberté de réunion est, de son côté, si évidemment nécessaire à la liberté d'association, qu'il semble inutile de le faire remarquer. D'ailleurs l'homme social existe-t-il encore, s'il ne peut se réunir, à sa fantaisie, avec ses frères? Il n'y a de vie sociale qu'à cette condition. La vie individuelle isolée, avec des lois qui empêchent les réunions, n'est plus la vie sociale, c'est l'isolement, c'est la mort. L'homme raisonnable tient de la nature même le droit de s'entendre dans des réunions particulières et publiques, pour que la ligne de conduite de tous les citoyens soit comprise par tous, et que l'union en résulte, dans l'action par la force et pour l'obtention d'un but commun.

La dispersion des membres d'une cité, avec défense imposée par la force publique de s'unir entre eux, est un état mortel qui n'est pas compatible avec la vie.

L'État a-t-il le droit d'imposer la mort aux intelligences? L'impossibilité de s'unir pour s'entendre n'est-elle pas la mort de la cité? On ne se

forme pas en cité pour ne pouvoir se réunir.
L'Etat qui gène cette liberté radicale est insensé ;
il fait et défait, à la fois, la cité : Il la fait puisqu'il a la prétention d'être le centre d'une société ;
il la défait en même temps, puisqu'il isole ses
membres, puisqu'il les assimile aux parties du
corps qui se décomposent, et, en se décompo-
sant, perdent la vie.

Cette liberté, comme la précédente, doit être
illimitée ; la police sociale n'a que le droit de
surveillance, pour viser toujours à ce que la
paix et l'ordre soient maintenus dans les réunions, afin qu'elles ne dégénèrent jamais en graves désordres.

Les meetings d'Angleterre ne sont que des manifestations de cette liberté de réunion.

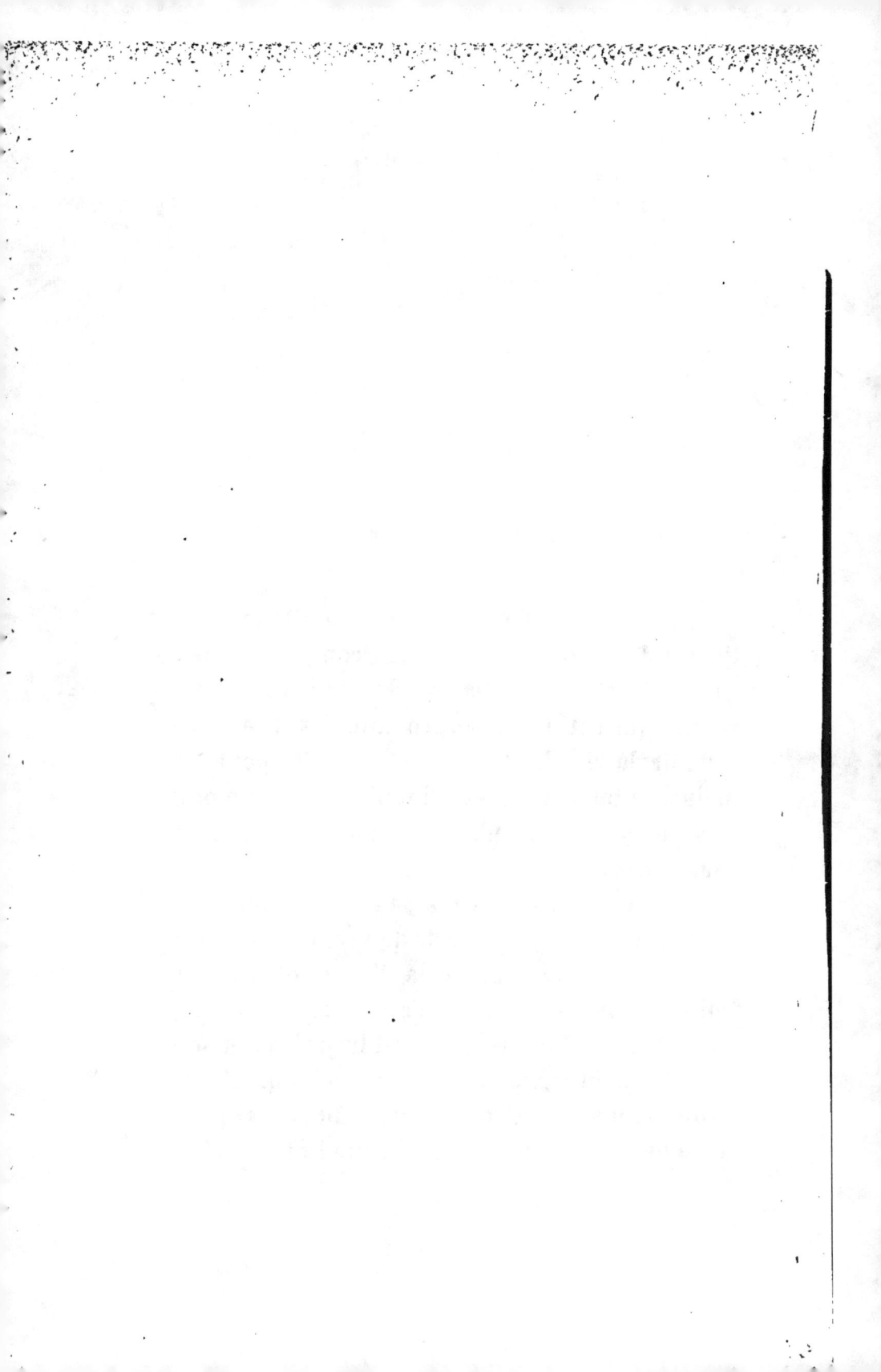

CHAPITRE SEIZIÈME.

LA LIBERTÉ DU TRAVAIL ET DE LA PROPRIÉTÉ.

Cette double liberté vient en corollaire de la liberté de la vie ; car la vie se compose de travail, qui est le principe producteur, et de propriété, qui est la chose produite destinée à entretenir la vie. Le travail est matériel pour les mains, intellectuel pour l'intelligence, et moral pour le cœur. On n'obtient pas un but sans user des moyens qui y conduisent ; et on ne peut user de ces moyens sans les avoir à sa disposition. Avoir la liberté de vivre, c'est avoir la liberté de travailler et la liberté d'user des fruits de son travail pour l'entretien de sa vie, qui est triple comme le travail lui-même et son produit : pour la vie du corps, travail matériel et propriété matérielle, c'est le pain du corps ; pour la vie de l'esprit, travail intellectuel et propriété intellectuelle ; c'est le pain de l'esprit ; pour la vie du cœur, qui est la morale et l'art, travail de l'âme émotionnée par le sentiment, et propriété de tout ce qui vivifie la fraternité ; c'est le pain du cœur. Voilà tout l'homme et toute sa vie.

La liberté du travail est donc essentielle à la qualité d'homme aussi bien que la liberté de la propriété issue du travail.

Il ne faut pas confondre la liberté du travail avec le droit au travail, ni la liberté de la propriété avec le droit à la propriété.

Il n'y a ni droit absolu au travail, ni droit absolu à la propriété. Le droit au travail n'existe que par suite d'une liberté antécédente qui consiste à mettre à profit, en travaillant, un instrument de travail qui n'appartient encore à personne. Si un tel instrument est mis par la nature ou par la société à votre disposition, aussitôt naît pour vous un droit au travail ; mais en considérant la question *à priori*, vous ne pouvez avoir ce droit au travail, puisque ce droit ne peut exister que moyennant des conditions qui vous seront gratuitement offertes par la nature et par la société. Si vous supposez que ces conditions ne soient pas gratuitement posées devant vous, vous n'avez aucun droit au travail. Et il en est de même, à plus forte raison, de la propriété ; vous ne pouvez y avoir droit que par le travail ; si vous ne travaillez pas, vous ne produisez rien, et si vous ne produisez rien, vous n'avez droit à rien.

Mais on peut se demander si la société ne devrait pas l'instrument de travail à tous ses membres. Or cette question est une pure question de communisme : si la société était antérieure à l'individu et que la nature la fît propriétaire avant l'individu lui-même, il en serait ainsi ; c'est le raisonnement des communistes, mais il n'en est rien : tout instrument de travail appartient, s'il est le produit simple de la nature, au premier individu qui l'occupe et le conserve d'une manière efficace. La société n'est que l'association des individus travailleurs concluant un contrat par lequel ils s'associent et peuvent mettre en commun leur produit si cela leur plaît. La société n'est qu'une abstraction vaine avant le concert de ceux qui la composent. C'est donc par l'individu qu'il faut commencer, et si l'on suppose une société qui a mis chez elle en commun tous les instruments de travail, ce ne sera que par convention des individus entre eux, en sorte qu'on rentrera, par l'origine même de cette société, dans l'individualisme comme génération première.

Donc, de quelque côté qu'on se tourne, il ne saurait y avoir de droit au travail, il n'y a que le droit de travailler dans la liberté ; il n'y a pas plus de droit au travail et à la propriété que de droit à la vie. Il n'y a que le droit de vivre, après qu'on est né, après qu'on a reçu gratuitement l'être de la nature. Liberté de la vie à celui qui a l'être, et, par cette liberté même, il est dit par la nature à l'être vivant : combattez, courez pour la vie la meilleure ; aux premiers venus la palme, et le plus beau pain à celui qui le pétrira le mieux.

Oui : libre concurrence !

Mais ce n'est pas tout : la communauté n'aurait-elle pas ici des devoirs à remplir ? Oui parce qu'elle est la force, et qu'elle doit prêter sa force pour le maintien de cette liberté même, qui, par sa prétention, doit devenir immortelle en devenant constitutionnelle dans la société.

Qu'un ou plusieurs accapareurs violents ou rusés, viennent, dans une société, s'emparer de tous les instruments de travail; la liberté du travail restera-t-elle aux autres ? Non, ces autres ne pouvant rien produire, ne pouvant mettre à profit leurs facultés, leurs talents, ceux-là seuls auront la liberté du travail, qui seront les accapareurs eux-mêmes, ou auxquels les accapareurs voudront bien prêter, moyennant certaines conditions, les moyens de travailler.

C'est ce qui se passe dans nos sociétés ; il y a une classe qui a trouvé moyen de s'emparer de toute ou presque toute la propriété et qui la prête à usure à ceux qui veulent bien accepter ses conditions. La somme des produits du travail en est affreusement affectée, et la misère en résulte pour une grande partie des gens qui seraient aptes à travailler et qui s'enrichiraient s'ils avaient tous la facilité du travail.

Que doit la communauté, qui est la force intelligente, à tous ses membres? Elle leur doit de maintenir la liberté du travail, et d'empêcher le cours des accaparements. Elle doit maintenir, comme je l'ai dit, la place libre ; et elle le fera en punissant sévèrement comme appropriations injustes toutes les manœuvres usuraires par lesquelles les accapareurs auront pris l'habitude d'attirer à leur profit une si grande part des produits de toute la société travailleuse.

J'ai exposé, dans mon livre *De la justice dans l'usage de la propriété*, les mesures sociales que devra prendre la communauté pour atteindre ce but, qui se réduit à maintenir sans cesse la liberté du travail et de la propriété pour tout travailleur.

CHAPITRE DIX-SEPTIÈME.

LA LIBERTÉ DES ÉCHANGES ENTRE PARTICULIERS ET ENTRE NATIONS.

La liberté des échanges entre particuliers doit s'appeler le libre et égal échange dans chaque Etat, en vertu de ce que j'ai démontré dans mes deux volumes *De la justice dans l'usage de la propriété*. Les échanges doivent être toujours égaux quant aux valeurs des objets échangés, mais ils doivent aussi être libres : aucune loi ne peut les limiter en pratique. Chacun, étant le maître des fruits de son travail, est, par sa nature de producteur, toujours maître aussi d'en user soit en les donnant, soit en les vendant, ce qui revient à les échanger contre des produits égaux. Toute mesure sociale qui porterait atteinte à cette liberté serait injuste et tyrannique ; par conséquent la liberté qui concerne

14

l'échange des produits est encore une liberté à laquelle on ne touchera point. Cette liberté peut être appelée la liberté commerciale. Elle est garantie par la communauté en ce sens que toute violation particulière de l'égalité dans l'échange sera punie de peines proportionnées mais sévères.

La communauté devra porter quelques lois de commerce, qui viseront au maintien de cette égalité et de cette liberté, rendues inséparables. J'en ai indiqué le fonds dans l'ouvrage que je viens de citer. Il y aura même, ai-je dit là-dessus, des lois de précaution qui consisteront en ce que la société s'interdise à elle-même certains contrats qui pourraient couvrir trop facilement des fraudes usuraires ; tel serait celui du prêt de l'objet avec assurance par le prêteur lui-même. On peut relire mes discussions là-dessus dans mon ouvrage *De la justice dans l'usage de la propriété*, et surtout celles du théologien que je cite.

Mais si la liberté de l'égal échange est à jamais inviolable dans la limite de lois prudentes que la communauté doit porter pour garantir cette liberté même et cette égalité, lorsqu'il s'agit des individus entre eux, est-ce qu'il n'en sera pas de même de la liberté de l'égal échange

de nation à nation, ou, selon le terme générale-
lement reçu, du *libre échange?*

Certes, c'est la même justice et la même loi
morale qui président aux rapports des nations
entre elles et aux rapports des particuliers
entre eux ; et ce que dit la raison de ces derniers,
elle le dit avec la même force des premiers.

Oui, la doctrine du *libre échange* entre nations
n'est pas seulement la doctrine de tous les
grands génies qui ont écrit sur cette matière :
voyez, par exemple, Fénelon dans son *Télé-
maque ;* est-ce qu'il n'ouvre pas son port de
Salente à toutes les nations commerçantes?

Cependant doit-on condamner, *à priori*, tout
système protectionniste ? Non, quand je pose mes
règles de justice, je rêve un idéal vers lequel
montent tous les progrès et qui sera la réalité
dans l'avenir. « L'utopie d'aujourd'hui, a dit
Louis Blanc, avec vérité, sera la vérité de demain. » Il est des âges où les nations sont enfants sous le rapport commercial, et dans lesquelles il est utile que certaines industries naissantes soient protégées par une législation commune, qui foule aux pieds la liberté jusqu'à ce
que l'âge de la force soit venu pour la nation et
l'ait mise en mesure de lutter avec ses voisins.

Ces âges durant lesquels la protection est

utile, et où la communauté doit affecter de droits
de douanes tel ou tel produit, ne sont jamais
que des âges d'enfance ; bien vite, ils sont et
surtout seront remplacés par l'âge mûr dans
lequel chaque peuple bornera ses produits à ses
puissances productives, et où les sommes des
productions, dont la nature les a rendues capables, deviendront ce qu'il y aura de plus avan-
tageux pour le monde. Toute nation produira
alors ce qu'elle pourra produire de meilleur
dans chaque espèce, et il résultera des ensembles
des produits cosmopolites un grand équilibre
parfait qui se répandra et s'échangera en toute
liberté, en sorte que le monde se trouvera dans
les meilleures conditions possibles de richesse
et de bien-être pour sa vie générale.

J'ai déjà parlé de ces protections nécessaires ;
j'y reviendrai encore dans le chapitre des lois
internationales.

CHAPITRE DIX-HUITIÈME.

LIBERTÉ DU JEU ET DE LA BOURSE.

Le jeu, dit-on, est immoral. C'est ainsi que raisonnent les petits esprits appartenant au commun des foules. Ces esprits, dont font partie, malheureusement encore, presque tous ceux qu'on qualifie de gens pratiques, ne voient dans le jeu et dans les opérations aléatoires que leurs abus et les fâcheuses conséquences que ces abus entraînent, masse fort disgracieuse, dont les moindres inconvénients sont les ruines des individus et des familles avec tous les désespoirs qui les accompagnent, et qui souvent s'étendent jusqu'aux suicides ; et, ne voyant le jeu qu'en tant que passionnel à travers cette couche de vapeurs malsaines, ils le condamnent abruptement, et montrent de la bienveillance pour l'autorité qui le proscrit.

14.

En raisonnant de la sorte, on proscrirait tout, à commencer par la foi en Dieu, et les religions. Y a-t-il une chose plus funeste dans ses conséquences que cette croyance elle-même? Est-ce que Proudhon, par exemple, ne l'a pas démontré? Est-ce que tous les athées et incrédules de toute espèce ne le démontrent pas tous les jours? et ceux-ci, petits esprits comme ceux dont je parlais tout à l'heure, ne vont-ils pas aussi à demander la proscription de toutes ces croyances, bon et mauvais compris? En tuant l'animal tout entier, on tuera son venin. Tel est leur raisonnement. Tel fut aussi le raisonnement de Moïse lorsqu'il s'abstint d'enseigner à son peuple une partie de ces glorieuses croyances de l'humanité, celle qui consistait dans la foi en l'immortalité des âmes. Il ne dit rien à ses Hébreux de cette déduction du théisme, parce que le peuple égyptien d'où il sortait y avait mêlé mille et mille superstitions dont il tenait à leur fermer les portes.

Je dis que cette manière de raisonner est petite, mesquine, futile; je dis qu'elle n'est que le raisonnement même sur lequel se base toute tyrannie, et duquel l'autoritarisme s'étaiera toujours pour justifier sa théorie de l'esclavage qui conduit à tout détruire, et à détruire principalement toutes les libertés pour empêcher les abus qu'elles produisent.

Le jeu n'est pas, comme le contrat usuraire, un contrat frauduleux. Tous les penseurs l'ont remarqué ; c'est un contrat aléatoire qui a toujours sa justification dans l'alea lui-même du résultat inconnu sur lequel on établit sa spéculation. On peut jouer grand ou petit jeu ; ce sera toujours la même morale qui le régira ; seulement, il y aura à suivre des règles que la justice impose, pour que la fraude n'existe point ; la loi devra accepter ces règles, et punir comme infracteurs de cette morale publique, ceux qui les auront violées. Le vol, au jeu, vaut tout autre vol et doit être poursuivi comme toute autre violation de la justice. Mais, ces règles étant supposées observées, tout jeu, les grands jeux de bourse comme les autres, aura ses coudées franches dans les républiques de l'avenir.

Le jeu est une des récréations naturelles qui naissent des tendances mêmes de la nature humaine. La raison de l'homme ne peut s'empêcher de supposer et de calculer, selon ses appréciations, les événements futurs ; elle joue sur ces éventualités ; elle parie avec la raison de son voisin, pour le *oui*, tandis que celle-ci, autrement disposée, parie pour le *non*. L'un des deux

perdra : celui qui perdra, devra payer. Il aura
contracté, par son contrat et par sa perte, une véritable dette que la loi devra protéger : voilà toute
la justice.

Il y aura une autre règle encore : nul ne doit
parier plus qu'il ne pourra payer et par conséquent plus qu'il n'a. C'est cet abus du jeu qui
devra principalement être poursuivi, parce que
cette poursuite même en rendra les abus moins
dangereux et sera de nature à les limiter.

Enfin, la dernière règle sera que l'événement
sur lequel est basée la spéculation soit vraiment inconnu; car, jouer avec connaissance
certaine de ce qui arrivera n'est qu'un vol, et
doit être puni comme le vol lui-même, à moins
qu'il ne s'agisse de jeux d'adresse et d'habileté,
connus pour tels du partenaire. Dans ce dernier
cas, ce n'est pas du jeu, ce n'est plus qu'un as-
saut de talent.

Quelques jeux sont mélangés d'adresse et de
chances. Dans ce cas, la partie doit être loyale;
on n'usera point, par exemple, de cartes bisau-
tées. Ces fraudes, dans les jeux, seront poursui-
vies avec toute la sévérité possible.

Cela dit, tout est dit en gros sur les spécula-
tions aléatoires; il n'y a plus qu'à leur laisser
et garantir la plus complète liberté.

CHAPITRE DIX-NEUVIÈME.

LA LIBERTÉ DU DON OU DE L'AUMONE.

Si la société humaine s'organisait comme je le rêve, il n'y aurait plus de travailleur actif qui souffrit sur la terre ; attendu que chacun aurait tout le fruit de son travail, et que ce fruit, si la société n'est l'œuvre de Satan, suffirait à chacun pour le rendre assez riche.

En effet, dans l'état présent, où les uns sont riches. à l'excès et les autres pauvres à l'excès, parce que la partie riche attire constamment, dans son sac de réserve, une partie des fruits du travail de toute la société travailleuse, pendant qu'elle ne fait et ne produit rien ; — c'est ce qui résulte du régime économique des intérêts du capital prêté, des rentes, des loyers, des ferma- ges à l'aide desquels le propriétaire est riche et augmente sans cesse sa richesse, sans se don-

ner la moindre peine que celle de conserver ses
titres de propriété, — dans cet état, qui nous crève
les yeux à tous, et qui n'est que le plus grand
des désordres, puisque chacun n'est pas rétribué
selon ses œuvres, il faut bien avouer pourtant
qu'on ne meurt pas ordinairement de faim.
Tout le monde arrive à vivre avec plus ou moins
de misère et de peine; la conclusion à tirer de
ce fait, est celle-ci : donc il y a assez, somme
toute, pour faire vivre tout le monde malgré
l'inégalité si flagrante de répartition qui existe
sur la terre.

Ce principe admis, et on ne peut le contester,
il faut conclure que ce qui manque relativement
à la somme des produits, ce n'est pas la quan-
tité de cette somme, ce n'est que l'inégalité,
dans la répartition : ceux qui produisent n'ont
pas ce qu'ils produisent; une partie leur est vo-
lée par des frères existants dans la société, et si
tout ce qui est produit n'appartenait qu'à son
producteur, ainsi que cela devrait être, tout le
monde, non-seulement vivrait, mais aurait sa
juste part du bien-être que quelques heureux
seuls se partagent entre eux.

Voilà, en principe, ce qu'il ne faut jamais ou
blier. Il y a assez de produits pour tous : la répartition seule est injuste.

Or, si je considère un second fait non moins évident, je remarque que ce sont nécessairement tous les riches à peu près, qui ne travaillent point; il y a donc des paresseux, des oisifs qui ne produisent pas, et qui sont pourtant les plus heureux.

Supposons l'ordre idéal de mes rêves établi, qu'arrivera-t-il? Il arrivera que tous les actifs travailleront et, avec les fruits qu'ils produiront, seront heureux. Mais n'arrivera-t-il pas aussi que quelques-uns, en plus ou moins grand nombre, continueront d'être oisifs, au moins au début, par suite de l'habitude qu'ils en auront prise, et s'acharneront à ne rien produire?

Oui, cela arrivera.

Mais ceux-là, qui ne voudront pas travailler, seront de ceux dont a parlé saint Paul, qui ne doivent pas manger puisqu'ils ne travaillent pas. De là, toute une classe qui s'appellera la classe des paresseux, qui ne voudront rien produire et qui pourtant ne pourront pas vivre du travail des autres, puisque, par hypothèse, la société sera organisée de telle sorte que chacun n'aura plus que le fruit de son travail. Voilà donc tous les vicieux de l'ordre social qui vont devenir malheureux et tomber dans la misère; nous ne pouvons supposer qu'il en soit autrement, la nature humaine étant ce qu'elle est.

Que deviendront tous ces paresseux, tous ces oisifs, tous ces misérables de la société?

Mourront-ils de faim?

Certes, ils mériteraient bien qu'on les abandonnât à leur triste sort. Mais la société n'a pas été composée d'êtres sans cœur ; au contraire, elle est composée de frères qui sentent le malheur des autres comme ils sentiraient leur propre malheur, et qui ont pitié de leurs frères qui souffrent par la faute d'un passé qui n'est plus et d'un présent devenu peut-être incurable. La pitié du malheur, même mérité, quand ce malheur est senti par un frère, est la plus radicale de toutes les vertus parce qu'elle engendre toutes les vertus humaines et sociales. Donc tous les heureux éprouveront ce sentiment sublime, et, sans rechercher la cause du malheur de leurs frères, ils prélèveront sur les produits de leur activité, qui constitueront leur richesse, une part suffisante pour leur donner à manger. Ne seront-ils pas, en cela, de bons frères? Ne seront-ils pas même, d'autant plus admirables, qu'ils feront de bien à ceux qui n'auront travaillé, jusque-là, qu'à faire du mal au monde dont ils font partie?

Oui, sans nul doute.

Or, que feront ces frères apitoyés, ces bons esprits que nulle raison droite ne pourrait blâmer sans injustice? Ils feront tout simplement l'aumône à leurs frères coupables et souffrants.

Le don, dans ce cas, devenant une aumône gratuite absolument, deviendra une humiliation pour celui qui la recevra. Mais n'oublions pas que celui qui recevra cette aumône, ne sera qu'un paresseux, et qu'il ne la recevra qu'en conséquence de sa paresse même et de tous ses vices; peut-être ce seront ces vices qui l'auront conduit à avoir besoin des dons gratuits de son frère; il méritera donc son humiliation.

Vous, société, enlèveriez-vous, par un communisme cruel et révoltant, au citoyen laborieux et heureux, le droit de cette aumône?

Oh, vous ne le pouvez pas!

Donc le droit et la liberté du don et de l'aumône restent nécessairement et resteront dans l'État social aussi longtemps qu'il restera des paresseux et des vicieux de toute sorte, qui seront réduits à souffrir et à faire pitié à leurs frères par suite de leurs vices.

Il y a mieux: est-ce que la communauté n'éprouvera pas, dans son ensemble, la même pitié? et ne devra-t-elle pas s'organiser pour venir au secours de ces malheureux par leur faute? Oui.

15

Et de là l'assistance publique, qui se régularisera, et qui deviendra, par la suite, une mise en commun de la liberté de l'aumône.

Le même raisonnement reviendra, à plus forte raison, par rapport à tous les incapables qui resteront ou qui deviendront improductifs sans leur faute.

Mais, par rapport aux premiers, ayons soin, même, de conserver non-seulement cette liberté de l'aumône, mais aussi cette ressource de l'assistance à titre de punition. Trouverait-on jamais, en effet, un meilleur moyen, puisque ce moyen implique, en lui-même, la peine du coupable par l'humiliation qu'il lui impose en sus du soulagement qu'il lui procure.

Lui seul implique, tout à la fois, la charité fraternelle et la justice.

Ce qui est dit, dans ce chapitre, des individus doit se dire également des nations considérées entre elles. Les nations riches viendront au secours des nations pauvres, et rétabliront ainsi un équilibre, qui se trouve détruit par les mauvaises circonstances des natures physiques et des natures morales.

Mais en sera-t-il moins vrai, et pour les individus et pour les nations, que la seule vraie et honorable source de la vie, c'est le travail?

CHAPITRE VINGT-ET-UNIÈME.

LA LIBERTÉ DES PERSONNES MORALES, OU DES GROUPES DONT SE COMPOSE LA NATION, RELATIVEMENT A LEUR CERCLE PARTICULIER.

Mon individualisme, bien compris dans ses déductions, n'engendre pas seulement la liberté de l'individu et de la famille; il engendre encore la liberté des groupes qui composent la nation et qui forment, dans leur essence intérieure, des espèces de personnalités morales qui, dans leur cercle, s'organisent et s'administrent selon leur bon plaisir, pourvu toutefois qu'elles se soumettent aux lois générales de la communauté et ne portent pas atteinte à la liberté de leurs égaux.

C'est de ce principe que naît la liberté de la commune.

La commune est une grande famille, non

plus déterminée par la nature, mais délimitée artificiellement par une vieille habitude qu'a prise la nation et qui est devenue chez elle comme une seconde nature. C'est pour répondre au besoin de la division par communes, que chaque commune se donne un maire et un conseil municipal. Le maire et les membres de ce conseil seront nommés par tous les habitants de la commune. Cela résulte des principes que j'ai posés partout dans ce livre ; et, comme pour les membres de l'assemblée politique, le maire et les conseillers municipaux seront sans cesse révocables par ceux qui les auront nommés, moyennant un droit de se réunir, qui naîtra, à jamais et à tout instant, par l'initiative de quelques-uns des citoyens, soit, par exemple d'une douzaine ou de quelques douzaines selon l'importance de la commune.

Le conseil de chaque commune, étant en quelque sorte l'autorité paternelle de la famille commune, restera libre d'administrer sa famille dans tout ce qui ne concerne que ses intérêts.

Par exemple, la liberté complète lui restera sur le choix de l'instituteur communal ; il le choisira comme il le voudra parmi les candidats reconnus capables par le jury chargé de déclarer les capacités sur concours, ainsi que je l'ai dit au sujet de l'enseignement primaire ; et aucune condition, autre que celles de la capacité et de la moralité, ne sera demandée. Le conseil pourra choisir un civil ou un congréganiste si cela lui plaît.

Toute loi qui gênerait la liberté, comme serait celle de la laïcité nécessaire, ou celle de la non laïcité, ou celle d'une robe plutôt que telle autre robe, serait tyrannique et mériterait sans cesse l'insurrection contre elle.

C'est aujourd'hui le préfet qui prononce le dernier mot sur ce choix. Règlement à détruire. Ce doit être le conseil municipal et même, plus tard, quand l'individualisme sera porté à sa perfection, ce sera le suffrage universel tout entier de la commune qui choisira l'individu, après que le concours aura eu lieu et que le jury aura donné le brevet de capacité aux candidats.

Pour le progrès de l'éducation et surtout de l'instruction, le suffrage universel des habitants, ou le conseil municipal d'abord, ne pourront voter pour un instituteur qui n'aura pas le brevet : et ils pourront se donner tout instituteur qui sera muni d'un tel brevet accordé dans un autre pays. Le préfet, représentant de l'assemblée nationale, n'aura aucun droit sur ce choix.

L'assemblée nationale elle-même n'étant pas faite pour gouverner la commune, mais bien l'ensemble des communes de la nation, deviendrait tyrannique si elle s'ingérait dans ce qui ne regarde que la commune ; elle doit s'en désintéresser et laisser chacune d'elles parfaitement libre en ce qui la concerne.

C'est ainsi que je comprends la liberté et que je la défendrai jusqu'à la mort. Il y a des esprits qui veulent la liberté de telle manière qu'elle n'existe que pour eux et selon leur opinion : je ne serai jamais de ces esprits-là. Je veux la liberté impartiale, la liberté pour tous, aussi bien pour mes ennemis que pour moi et mes amis.

Il faut seulement faire observer que, mes libertés et lois républicaines étant admises comme je les ai conçues, il ne se trouvera plus, dans la nation, de ces sujets ennemis des institutions sociales et des libertés qui ne travaillent qu'au renversement des libertés elle-mêmes puisque j'ai dit que toutes les libertés seront déclarées constitutionnelles et seront protégées de telle sorte qu'elles seront rendues immortelles. On arrêtera quiconque sera reconnu travailler à fonder dans l'Etat un petit Etat sur des principes négatifs de toutes ces libertés, attendu qu'un tel établissement, si on ne l'étouffait pas en naissant, pourrait finir par devenir une grande monstruosité qui rejetterait la patrie dans tous les abîmes de son passé.

CHAPITRE VINGT-DEUXIÈME.

LA LIBERTÉ, ET MÊME LE DEVOIR, DE L'INSURRECTION CONTRE TOUTE TYRANNIE QUI PORTERA ATTEINTE A L'UNE DES LIBERTÉS CONSTITUTIONNELLES INVIOLABLES.

Si nous étions sortis de nos vieilles routines, et que nous fussions initiés quelque peu aux coutumes des républiques de l'avenir, une semblable thèse se présenterait d'elle-même si naturellement qu'il paraîtrait étrange de la poser en principe.

N'est-il pas de la plus grande évidence que si le gouvernement, qui a pour charge positivement imposée de veiller à l'exécution constante des bases mêmes de la constitution, et plus encore des vérités pratiques fondamentales devant le droit naturel sur lesquelles cette constitution est fondée, vient lui-même à violer ces vé-

15.

rités et à démolir ces bases, il ne sera devant
le peuple qu'un serviteur infidèle, un traître,
un assassin de la paix et du bonheur public, et
méritera qu'on appelle à son aide la force pour
l'arrêter dans son œuvre impie, et pour le punir
de son audace ?

Celui qui a dit que « l'insurrection contre la
tyrannie est le plus saint des devoirs » a dit
la plus grande des vérités qu'on ait jamais pu
dire.

Comment d'abord des libertés qui sont dans
la nature même, puisqu'elles sont supposées par
les facultés que nous tenons de la nature, pour-
raient-elles ne pas être réservées comme premiers
principes, à jamais inviolables, des constitutions
républicaines ? Une constitution qui impliquerait des lois contraires à ces libertés serait évidemment homicide et déicide tout ensemble, en
se présentant comme attentatoire à la nature,
et par suite à Dieu l'auteur de la nature.

Toute constitution doit donc avant tout,
pour être valide, se déclarer respectueuse à tel
point de ces libertés, que toute loi qui les vio-
lerait soit *à priori*, et antérieurement à toute
autre mesure, déclarée par elle invalide et uniquement bonne à détruire.

Nos libertés inviolables seront donc énumé-

rées en tête des constitutions en autant de
principes sociaux contre lesquels aucune prétention ne pourra jamais s'élever, et elles seront données à lire à tout citoyen pour qu'il
puisse les invoquer envers et contre tout venant, à toute occasion. Elles constitueront le
sanctuaire le plus sacré de toute constitution,
sur lequel toute main qui osera se porter sera
considérée comme coupable du plus grand des
crimes, du crime de lèse-nation.

Sera considéré comme ayant commis ce
crime, non-seulement celui qui attentera à leur
majesté en les sacrifiant, mais encore celui qui
prétendra en soumettre l'exercice à des conditions, telles que l'autorisation préalable ; elles
seront toujours exercées sans aucune condition. Pourquoi des conditions lorsque la nature est là qui n'en a point mis ? L'homme, de
son autorité, dirait aux autres hommes : vous
serez libres, moyennant telle mesure accomplie !... Sur quoi pourrait jamais se fonder un tel
droit dans l'un des égaux ?

Il va sans dire que l'insurrection contre la
violation des droits et des libertés naturelles
suppose que la force sera à la disposition du
peuple ; car si le peuple est le plus faible, parce
que le gouvernement aura organisé un milita-

risme dans le genre de celui qu'a décrit si énergiquement Lamennais dans le chapitre des *Paroles d'un croyant*, que j'ai cité dans ma première partie (ch. ɪᴠ, la force du droit et le
droit de la force), oh ! qu'il reste tranquille et
ne souffle mot, car son insurrection tourne-
rait contre lui. Mais le peuple est la collectivité
des corps et des âmes, et cette collectivité ne
devrait-elle pas être toujours la plus forte ?

Hélas ! c'est ce qui n'aura lieu que dans mon
individualisme des républiques futures. Aussi,
est-ce pour elles que j'écris ce dernier chapitre
de cette seconde partie. La force dans ces républiques sera toujours au service du droit, parce
que la force y résultera de l'accord constant
des individus, et qu'il en sera de même du gouvernement et des lois. L'accord des individus
au moment où il se fait ne saurait se diviser
contre lui-même, et par conséquent la force nationale sera toujours en harmonie avec la force
morale qui fera le gouvernement et la loi.

Tel est le problème, tant cherché, de l'union
des deux forces, que j'ai résolu par mon individualisme, et qui jusqu'à présent paraissait
insoluble.

Le droit d'insurrection contre une tyrannie
quelconque, qui foulerait aux pieds les libertés

constitutionnelles, comment le peuple ne l'aurait-il pas ? C'est lui qui aura tout fait, c'est lui qui aura non-seulement établi son gouvernement, mais qui l'aura maintenu, puisqu'à tout instant, d'après mon programme, il aura pu s'assembler, révoquer ses mandataires et les remplacer. Comment donc n'aurait-il pas le droit et, par suite, la liberté de lui dire : Je ne suis pas content de toi ! va-t'en ? Et si ce gouvernement s'est fait matériellement tyrannique, et s'est donné, avec de l'argent et des hommes, une puissance militaire qui se chargera de le défendre, comment le peuple n'aurait-il pas la liberté d'organiser contre cette puissance une autre puissance, et de le chasser de ses frontières par la force s'il ne peut le faire autrement ?

Il en sera de la sorte : la liberté de l'insurrection contre la tyrannie sera toujours, et en tout état de cause, le plus sacré des droits naturels. C'est la liberté de la légitime défense, du maintien de la vie, liberté aussi sainte que celle de la vie même.

Ainsi donc le droit d'insurrection contre la violation des libertés sera le premier droit naturel des peuples. Mais ce ne sera pas seulement à ce titre que cette liberté sera toujours vivante, attendu que les libertés inviolables seront encore déclarées, de par la puissance du peuple, parties intégrantes et fondamentales des constitutions républicaines de l'avenir réglé par la justice.

DE LA JUSTICE DANS L'EXERCICE DE LA SOUVERAINETÉ

TROISIÈME PARTIE

LES LOIS

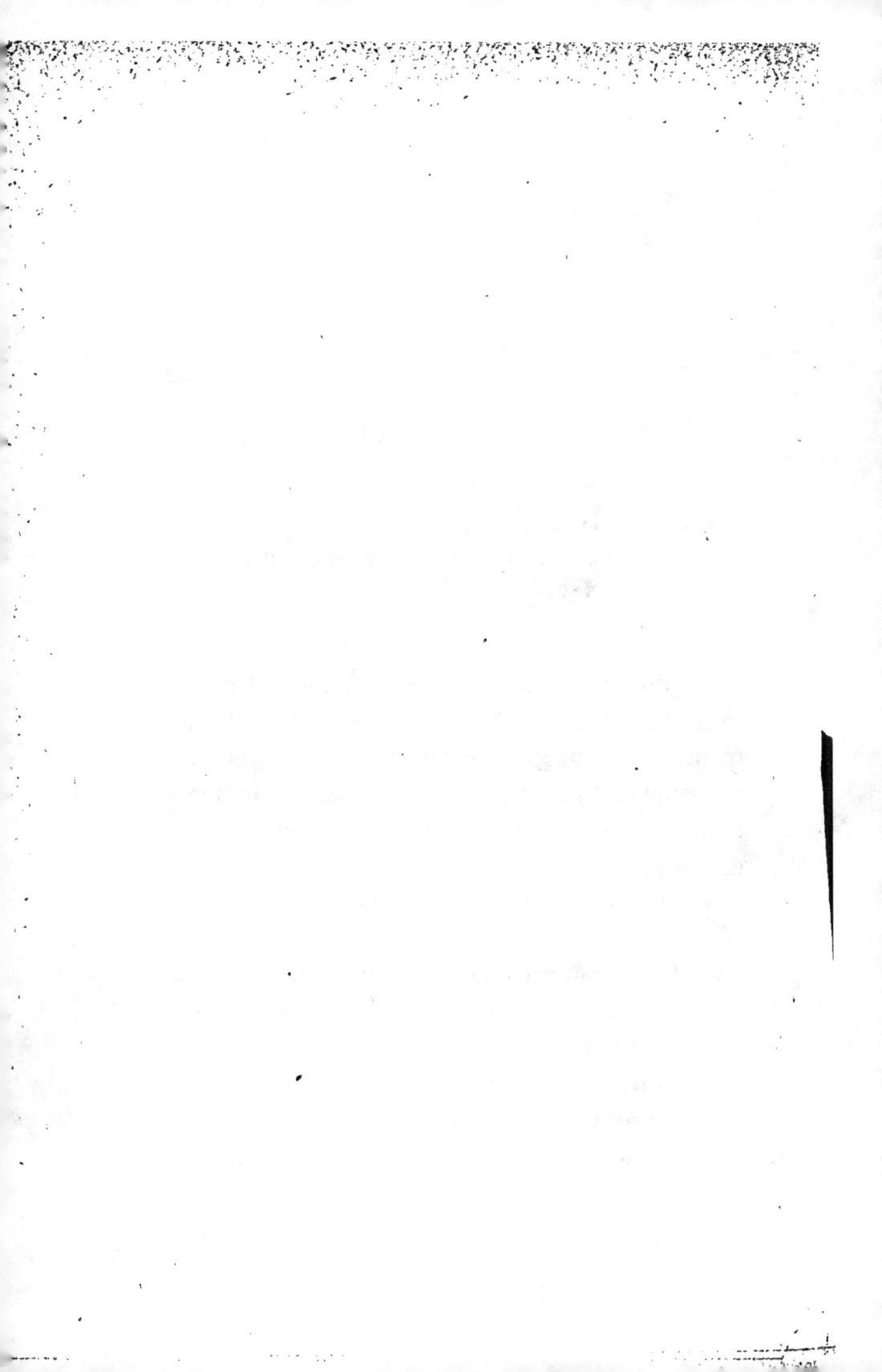

CHAPITRE PREMIER.

IMPORTANCE D'UN PETIT NOMBRE DE LOIS, TOUJOURS
RÉVOCABLES, ET TOUJOURS RÉVOQUÉES PAR LE
SIMPLE SILENCE.

Le plus grand défaut des lois, c'est d'être toujours trop nombreuses. C'est par leur multitude
même que tout gouvernement est trop gouvernement, lorsqu'il ne s'agit plus que des gouvernements des époques civilisées qui consistent
en autre chose qu'un absurde arbitraire, ou une
tyrannie fantaisiste sans aucune limitation.
C'est par la multitude trop grande des lois qu'on
va à tous ces excès qui font dévier dans l'autoritarisme cette an-archie même, dont je me
plais à donner, dans ce livre, une faible esquisse.
Presque toujours la multitude des lois devient la conséquence d'une accumulation de mesures, prises depuis des siècles par les législa-

tours et les assemblées législatives. Les autorités gouvernantes sont occupées sans cesse à décréter des dispositions motivées par les circonstances ; ces dispositions appartiennent, selon le jour et l'heure, tantôt à l'ordre politique, tantôt à l'ordre économique, tantôt à l'ordre pédagogique, etc. Les anciennes sont mises en oubli par suite même de l'apparition des nouvelles, mais n'en restent pas moins inscrites dans l'arsenal des lois, sans être explicitement abrogées, et, par conséquent, demeurent à jamais offertes aux gouvernants comme des armes dont ils pourront se servir au premier besoin qui se révélera. C'est ainsi qu'à force d'ajouter au magasin primitif, la nation finit par se trouver bourrée de lois qui ont, en temps ordinaire, l'apparence de l'inutilité mais qui ne cessent d'être tenues en réserve pour le premier jour où elles seront utiles à la tyrannie.

La multitude indéfinie des lois, telle qu'elle se pratique dans la société humaine, c'est-à-dire s'éternise par le procédé que je viens d'exposer, est la supercherie la plus rusée de la tyrannie contre la liberté.

J'ai indiqué le remède à ce défaut dans un chapitre de généralités de mon premier livre, lequel chapitre est intitulé : *De la prescription des*

lois. Toute loi, dont il ne sera point parlé, soit par
une rénovation formelle, soit par une pratique
sociale durant un nombre déterminé d'années, vingt, vingt-cinq ou trente ans au plus,
sera par le fait abolie et n'existera plus dans
la nation. Les lois, par cette mesure générale,
s'aboliront perpétuellement d'elles-mêmes et la
liberté sera, par la même mesure, perpétuellement délivrée de ses entraves.

La multiplicité des lois sera donc aussi, par
là même, perpétuellement paralysée dans son
germe.

Les libertés, au contraire, ainsi que je l'ai dit,
resteront à jamais inviolables et imprescriptibles,
en sorte que l'une, la liberté, vivant toujours,
l'autre, la loi, ne vivra que le temps pendant lequel la nation jugera à propos de la maintenir
explicitement, et qu'on aura toujours une constitution de liberté dans laquelle mourront d'elles-
mêmes, sans cesse, les lois, qui sont toujours des
obstacles plus ou moins tyranniques mais souvent nécessités cependant par les circonstances.

La liberté de l'être raisonnable est immortelle.

La loi, imposée à cet être, fût-elle imposée par
l'être raisonnable lui-même ainsi que cela aura
lieu dans toute nation vraiment républicaine,

ne vivra que le temps que vivront les circonstances qui l'auront motivée.

En la manière que je viens d'indiquer, il y
aura toujours peu de lois, puisque sans cesse
leur multiplicité s'éteindra à mesure qu'elle ten-
dra à renaître. Toute loi s'amortira d'elle-même,
aussitôt qu'elle ne sera plus maintenue vivante
par une disposition spéciale de l'assemblée législative et gouvernante; et il y aura besoin
perpétuellement d'actes nouveaux du législateur
pour rendre les lois durables. L'individualisme,
toujours permanent dans la nation, comme Dieu
est permanent dans l'univers, en sera l'immortelle providence; et de même que l'être fini ou
relatif ne peut vivre que par l'influx imma-
nent et constant de l'être éternel, nos lois républicaines ne vivront que par la volonté immanente et constante, sans cesse renouvelée, de
l'individualisme social, leur principe immortel.

CHAPITRE DEUXIÈME.

DE L'IRRÉVOCABILITÉ DES LIBERTÉS, ET DE LA RÉ-VOCABILITÉ DES LOIS.

Toute constitution sociale se résout en deux ordres : les libertés inviolables qui sont natu-relles et constitutionnelles par essence, et les lois, qui sont constitutionnelles par déclaration de la nation.

Je laisse de côté beaucoup d'autres classifica-tions qui ne sont que de convention, et des-quelles on a coutume de tirer les codes diver-sement dénommés. Je mets le tout en deux blocs dont j'appelle l'un les *libertés,* et l'autre les *lois,* et je dis que les libertés sont toujours irré-vocables, tandis que les lois sont toujours révo-cables de leur nature.

De quelle source procèdent les libertés aux-quelles ont droit les individus et les groupes?

De la nature elle-même, par conséquent de la cause universelle que les uns nomment Dieu et que les autres nommeront comme il leur plaira, mais qu'en tous cas, ils seront obligés de concevoir au moins comme une force insurmontable contre laquelle ils ne peuvent rien. Donc aucun être n'a le droit d'y toucher.

C'est le droit absolu descendant sans cesse dans le relatif; c'est Dieu se faisant sans cesse individualiste, tout en restant immuable et universel.

Qui portera la main sur cette arche sainte? Ce ne sera pas l'individu qui en est le sujet; autrement il faudrait dire qu'il a reçu, en recevant l'être, le droit de se l'ôter. Ce n'est pas lui qui se donne à lui-même ce qu'il reçoit de la nature; donc il n'a pas le droit de suicide.

Qui sera-ce donc, puisque toute puissance en ce monde ne saurait être que la résultante d'une collection d'individus?

Oh! si l'on supposait, avec les fanatiques de toutes les religions, qu'une puissance anthropomorphique extra-naturelle, ayant son domaine hors de notre nature, et la possédant comme un propriétaire possède le fruit de son travail, est apparue dans notre humanité et y a jeté, de son autorité supérieure, des lois capricieuses, on

pourrait dire que cette puissance, qui serait surnaturelle, aurait le droit de porter la main sur
ce sanctuaire de l'âme humaine, et de changer
les conditions de son être. Tels sont les enseignements des divers cultes. Mais nous autres, ra-
tionalistes, qui ne croyons qu'à la nature et à la
raison, nous rejetons loin toutes ces supposi-
tions, et, en même temps, toutes leurs conséquences abrutissantes. Ces conséquences sont,
en pratique, les papes et les rois s'attribuant le
droit de régler la marche matérielle et spirituelle
des nations. Arrière toutes ces superstitions,
tous ces fanatismes !

Non, aucune puissance n'existe qui puisse
porter atteinte aux libertés que nous tenons de
la nature, puisqu'un tel droit impliquerait celui de changer les conditions de notre être.

Ces libertés sont donc inviolables, elles le sont
comme elles le furent toujours. Dès l'origine
leurs violations ne purent être qu'une insurrection diabolique contre la nature, et contre ces
violations je puis affirmer et j'affirme que la raison et le droit protestèrent toujours.

Mais si ces libertés, que j'appelle constitutionnelles parce qu'elles sont nécessairement la base
de toute constitution, étant celles de toute nature raisonnable, sont à jamais irrévocables et

inviolables, en sera-t-il de même des lois?

Ici il faut distinguer entre les lois qu'implique la nature et qui sont les lois morales, et les lois qu'admet la nature sans les impliquer nécessairement, et que j'appellerai, comme on le fait ordinairement, les lois positives. Les premières restent dans la catégorie des libertés; elles sont, comme elles, irrévocables et inviolables. Les secondes n'ont de source que la volonté libre de la nation elle-même; ce sont elles seulement que j'appelle lois, et celles-là sont, par leur essence, révocables par l'autorité qui les a portées, par la nation.

Est-ce que la nation, résultat de la collection des citoyens, ne pourra pas toujours retirer les mesures qu'elle a portées de son autorité propre? Cette autorité résulte, ainsi que je l'explique à satiété, de l'individu lui-même qui peut s'engager par des vœux envers lui-même et envers ses frères. Tant que le contrat est maintenu, la loi avec l'obligation qu'elle impose continue d'être vivante et d'avoir vigueur; mais cette obligation peut toujours être retirée par la volonté elle-même qui la contracta librement, ou du moins, quand le contrat est bilatéral, par l'accord des deux volontés qui le signèrent.

A quoi bon en dire davantage sur la révocabilité des lois? ce ne sont jamais les longs discours qui disent la vérité; la vérité se dit toujours en peu de mots; et, la vérité dite, que fait toujours l'homme sage? il se tait.

CHAPITRE TROISIÈME.

DE LA RÉVISION DES CONSTITUTIONS ET DES LOIS.

On distingue, dans une constitution politique, deux sortes de règlements fondamentaux : ceux qui impliquent les libertés inviolables, et qui sont, par là même, inspirés directement par la nature et par la raison ; et ceux qui, sans violer ces libertés, sans leur être ni conformes ni contraires, sont décrétés par la nation à titre de mesures positives qu'un peuple, en âge de majorité, a droit de se donner, par cela même que chacun des membres de l'assemblée a le droit de s'y engager en s'engageant, prioriquement, à se soumettre à ce que décidera la majorité de l'assemblée.

Les premiers sont des déductions du droit naturel, évidentes et directes ; les seconds sont des choses indifférentes au droit naturel qui ne

lient les volontés que par la volonté même de
l'autorité qui les émet et qui est la nation.

Parmi les premiers règlements, impliquant
nécessairement en soi la garantie de l'inviolabilité des libertés naturelles, se place la loi de la
république, en tant que composée, comme gouvernement, des élus du suffrage de la nation
tout entière sans aucune exception.

Toute autre constitution serait entachée d'in-
validité rationnelle, car elle supposerait qu'un ou
plusieurs individus, qui ne seraient point les
mandataires de la nation tout entière, s'arroge-
raient le droit de gouverner sans en avoir reçu
aucune mission de la nation elle-même. Or, de
quelle main leur viendrait un tel droit? Ils ne
le tiendraient pas de la nation, par hypothèse! Ils
ne pourraient le tenir validement que d'une représentation de la divinité même. Or, cela supposerait ce que nous n'admettons pas, c'est-à-
dire une révélation surnaturelle qui serait négative de la raison et qui ne pourrait jamais se
prouver pour aucun gouvernement.

Donc il ne peut exister de constitution légitime que celle qui naît du suffrage de tous et qui
établit toujours, pour représentants, des mandataires de tous. Qu'on suppose un seul instant
d'arrêt dans le mandat confié par tous, cela suf-

fit pour rompre la chaîne du droit. Un plébiscite qui fonde une dynastie, ou un césarisme plus ou moins durable, est un suicide de la nation par association.

Voilà donc une première base des constitutions futures, qui sera irrévocable et irrévisable à jamais.

La république seule est le gouvernement de la nature et de la raison. Et il en est de même de tous les points fondamentaux des constitutions qui supposent la même vérité. Tels sont tous ceux auxquels sont liées les libertés inviolables.

Mais quant aux autres points réglementaires, tous sont et seront révocables et réformables par l'autorité qui les aura établis, c'est-à-dire par cette autorité changeant de manière de voir, parce que la nation électeur en change elle-même. On s'instruit en fabriquant; à force de faire des constitutions, on découvre les défauts des anciennes, et l'on a soin de ne plus faire entrer ces défauts, dans les constitutions nouvelles, sur tous ces points. Donc, ici, la révision et la modification sont toujours possibles. Les lois données par la nature sont les seules irréformables; la loi de la république, ou du suffrage de tous, est notre droit naturel, elle est donc irréformable; il en est de même de la loi générale qui veut la liberté pour tous; cette

16.

loi est irréformable également; il on est de même encore de celles qui sont impliquées dans celle-là.

Mais il en est, autour de toutes celles-là, qui ne sont que positives et qui ne sont point liées à ces fondements premiers de toute société rationnelle. Perfectionnement indéfini de tous ces points secondaires : c'est ainsi que nous finirons par approcher d'une perfection qui ne sera jamais qu'idéale, au sens absolu, mais qui le sera toujours de moins en moins; en devenant de plus en plus réalisée.

Il faut conclure de cette philosophie des constitutions et des lois, que tout, dans les dispositions qui les constituent, est à jamais révisable et perfectible, excepté ce qui y est essentiellement inhérent à ce principe, qu'il n'existe sur la terre d'autre pouvoir de légiférer que l'ensemble des volontés qui composent la nation, parce qu'il n'existe d'autre autorité vraie que celle de l'individu sur lui-même pour engager sa parole avec connaissance de cause. Mais ce principe a beau être évident par lui-même, il est très-important de le rappeler sans cesse à tous les esprits en insinuant dans la constitution, à la suite des articles qui la constituent, s'ils sont absolus, irrévisables à jamais, ou s'ils sont positifs et seront toujours sujets à révision.

CHAPITRE QUATRIÈME.

DIVISION DES LOIS EN DOUZE ESPÈCES.

Si je parcours les matières diverses sur lesquelles me semblent devoir ou pouvoir porter toujours les lois d'une nation libre, je me trouve arrêté au nombre douze.

Voici donc les douze espèces de lois que j'imagine.

I. Lois *domestiques*, concernant le mariage et tout ce qui résulte du mariage, ce qui peut se résumer dans la constitution et le maintien de la famille.

II. Lois *politiques*, concernant la cité et les intérêts de la cité ; c'est ici que se présente le service militaire et l'administration.

III. Lois *économiques*, concernant les propriétés dans la nation ; c'est là que se développent l'égal-échange, les contrats, les cotisations ou impôts, la propriété littéraire, etc.

IV. Lois *pédagogiques*, dont l'objet est l'éducation, l'instruction, l'enseignement de la nation naissante. Il y a surtout à considérer, dans cet ordre, l'éducation morale, l'enseignement primaire.

V. Lois *judiciaires*, lesquelles ont trait aux citoyens. La magistrature et les tribunaux arbitres des controverses particulières rentrent dans ce qui dépend de cette catégorie.

VI. Lois *administratives*, concernant, non pas, au sens que je donne à ce mot, les règles de l'administration, mais le mode de recrutement des employés de l'administration, et des professeurs des écoles de droit administratif.

VII. Lois *religieuses*. Les religions, bien qu'elles soient affaire de conscience particulière, ne doivent pas moins être réglées par des mesures générales et propres à chaque culte. C'est cette espèce de réglementation que je range sous le titre général de lois religieuses.

VIII. Lois *industrielles* et *commerciales*, garantissant la liberté du travail et du commerce, et pourtant aussi parfois, la protection des industries à leur enfance.

IX. Lois *budgétaires* ou *financières*, divisant

les divers budgets, afin que chacun sache pour quel but il paye telle ou telle somme, et fondant toute cotisation sur l'estimation du capital.

X. Lois *internationales*. Ces lois consisteront dans des règlements universels, engageant, non-seulement un État, mais tous les États de la fédération cosmopolite. Elles porteront principalement sur le tribunal suprême d'arbitrage établi entre les nations en vue d'éviter la guerre. Ce tribunal de la paix universelle ne sera possible que du jour où les peuples n'auront plus de gouvernement distinct d'eux-mêmes.

XI. Lois *hygiéniques*, ayant pour visée la santé publique des corps.

XII. Lois *pénales,* ayant pour visée la santé publique des âmes.

CHAPITRE CINQUIÈME.

DES LOIS DOMESTIQUES.

L'état du mariage, avec constitution de la famille, est l'état naturel de l'homme et de la femme.

Les avantages qu'attachent à la virginité le christianisme et surtout le catholicisme, sont exagérés et, dans une certaine mesure, imaginaires.

Le mariage doit rester libre et sans conditions : c'est tout ce qu'on peut exiger devant la nature considérée en général ; et le plus qu'on puisse dire en faveur de la virginité, c'est que celui ou celle qui renonce au mariage pour accomplir plus parfaitement des missions supérieures qu'il aurait choisies, acquiert pour lui-même un mérite exceptionnel, qui pourtant ne peut être pris pour le type idéal des mérites dans l'humanité, mais qui n'en est pas moins excellent quand la virginité est bien gardée et conduite régulièrement jusqu'au terme. Ce mérite implique, d'ailleurs, un martyre continuel qui révèle une grande constance et une grande force.

Le mariage est libre, ai-je dit, mais à part cependant les cas où un amour particulier et réciproque commandera l'union des sexes ; car la loi naturelle de cette union conservatrice est l'amour ; et l'amour est une fatalité providentielle, suprême, à laquelle doit obéir toute nature organique douée de raison.

Vous connaissiez, ô Eglises, ô Etats, cette haute et admirable loi de la nature qui inspira le premier chant d'amour : « Voilà l'os de mes os, la chair de ma chair! l'homme s'attachera à sa femme! ils seront deux dans un même corps! » Vous la connaissiez, cette attraction de l'amour qui unit ceux qui s'aiment! et vous avez osé lui imposer des liens de votre mesquine invention! Ne comprenez-vous pas que vous avez violé, par cette audace, le saint des saints? L'amour est l'esprit de Dieu, et vous ne craignez pas de mettre vos lois humaines en concurrence avec lui! Vous avez conçu la prétention injurieuse de corriger la plus sacrée des

lois de l'éternel par vos législations profanes !
Dieu a mis l'amour entre les cœurs, source de
vie, comme la loi de l'attraction entre les corps ;
et vous ne craignez pas d'y toucher! Restez ce
que vous devez être ! laissez ceux qui s'aiment
consommer entre eux le vrai mariage. Aussitôt
qu'ils s'aiment, ne sont-ils pas mariés par Dieu
lui-même ? La preuve, c'est qu'ils ne peuvent
plus lutter contre une attraction aussi puissante ; c'est la conscience divine qui les unit et
qui bénit leur union. Hâtez-vous, Eglises, hâtez-
vous, Etats, de briser les entraves que vous
avez mises aux mouvements de Dieu ! oui, de
Dieu, puisque l'amour est un des éléments essentiels de la trinité divine. C'est Dieu dans
l'homme, c'est l'absolu dans le relatif; c'est
l'imposition des mains du premier de tous les
sacerdoces ; c'est la vie même se fusionnant avec
la vie. Eh! n'importez-vous pas la contradiction dans vos législations? Vous déclarez crime,
par exemple, l'amour qui brûle rarement mais
parfois entre l'oncle et la nièce, et, crime plus
grand, l'union conjugale de l'un avec l'autre ; et
quand on vous demande la dispense pour un
tel mariage, vous l'accordez! Mettez votre conduite en harmonie avec votre doctrine sur les
lois de la nature. Quoi! vous opposez à cette

chose sainte et impérieuse des empêchements,
dont vous dispensez !...

Un jour, on s'étonnera que l'humanité enfant
ait osé jamais porter la main sur cette arche
sainte.

Mais cette loi divine de l'amour est individuelle. Nulle autorité au monde ne peut ni y
déroger, ni lui commander, ni lui donner des
règles ; et c'est en même temps, et par là même,
une loi de conscience comme celle qui vous
dit d'adorer un Dieu : l'État n'y peut rien, il ne
peut que laisser le champ libre à l'essor sacré
de l'amour ; la conscience intime qui en sanctifie
les ineffables étreintes restera toujours maîtresse,
devant l'autorité de l'État, de céder à ses attraits.

La mission de la communauté se borne donc
ici à laisser la liberté la plus complète, et, d'autre
part, à briser les chaînes que des tyrans pourraient avoir forgées contre la liberté des individus.

Oh ! de telles chaînes existent souvent : les
vœux des associations religieuses appartiennent
à ces monstruosités. L'État n'a pas le droit de
les briser devant les consciences par là même
qu'il n'aurait jamais pu les forger, mais il
peut et doit veiller, au for extérieur, à ce que
les corps soient libres. L'État fera donc sans

mesure ce qu'il a déjà fait dans certaines limites ; il n'admettra aucuns vœux ; il ouvrira les portes des cloîtres à toutes les personnes qui demanderont à jouir de leur liberté ; point d'esclaves dans son sein : ne seront au moins esclaves que ceux qui se croiront obligés par leur conscience à se maintenir volontairement dans l'esclavage.

Plus de chaînes matérielles au sens le plus complet, ni pour des mois, ni pour des années, ni même pour un seul jour.

Mariage et célibat seront également libres pour toute personne vivant dans la patrie.

La loi reconnaîtra quatre espèces de mariages : le mariage purement naturel ; le mariage naturel et civil ; le mariage naturel et religieux ; le mariage naturel, civil et religieux ; et la liberté sera laissée aux époux de choisir et de rester dans l'un ou l'autre de ces mariages. Les enfants qui naîtront de l'un ou de l'autre auront part à l'héritage ainsi que le voudront régler les parents, ou même si les parents ne stipulent aucune disposition à cet égard.

Or n'oublions pas qu'en vertu de nos lois économiques, on n'héritera jamais que de capitaux, nullement de droits à des intérêts en vertu de capitaux prêtés, puisque la prévoyance usuraire, à longue ou courte date, ne sera plus admise.

Le mariage purement naturel sera reçu par la loi sur simple déclaration des amants, et il sera dissoluble toujours par déclaration semblable, lorsqu'il sera resté sans enfants.

Dans le cas d'enfants issus de ce mariage, on ne sera admis au divorce qu'après avoir pris les mesures nécessaires pour l'éducation et l'instruction des enfants ; car un père et une mère devant la nature en ont contracté les devoirs en devenant père et mère, et l'Etat doit veiller à ce qu'ils les accomplissent à l'égard des êtres sans défense qu'ils laissent sur la terre. Ce n'est point à l'Etat à prendre de telles charges ; c'est à ceux qui les ont assumées devant la nature que ces charges incombent, et l'Etat doit seulement veiller à l'exécution de cette justice. Si les conjoints de cette espèce n'ont pas les ressources pécuniaires pour subvenir, dans le cas du divorce, au soin de leur postérité, ils ne pourront être admis au divorce aussi longtemps qu'ils auront des enfants en bas âge ayant besoin de soutien et qu'ils n'auront pas trouvé les moyens exigés par la loi de les garantir.

Ce mariage purement naturel avait une sorte de modèle dans l'ancienne législation romaine ; ou l'y appelait le *concubitus* légal. Il sera dépourvu de tout acte civil et de tout acte religieux appartenant à un culte quelconque ; il ne consistera que dans la cohabitation naturelle d'un homme et d'une femme, liés simplement par l'amour. Point de bénédiction d'aucun ministre, point de comparution devant aucun officier civil ; ni maire, ni notaire ; tout restera, par ce mariage, dans la simple nature, et la constitution de la famille existera par la simple naissance d'enfants au mariage.

Je viens de résumer les règles de ce mariage par rapport aux enfants et par rapport aux époux, soit qu'il provienne des enfants soit qu'il n'en provienne point, en tant qu'indissolubilité avec possibilité de divorce.

Reste une question à résoudre : punira-t-on l'adultère commis par l'un des époux dans ce simple mariage, qui ne porte généralement que le nom de concubinage entre amants.

Oui ; l'adultère est l'insulte naturelle à l'amour, l'adultère sera puni dans l'époux et dans l'épouse également, dès lors qu'il y aura eu la déclaration faite aux registres matrimoniaux de la mairie : dans les lois pénales j'indiquerai la peine.

Quant aux enfants adultérins, ils seront déclarés héritiers de leur part du patrimoine du coupable; l'injustice aura ainsi des effets sur les enfants légitimes; comment faire autrement? On visera seulement à ce que les adultérins n'aient pas plus que les autres; ce sera la peine principale des coupables. L'enfant adultère ne doit pas payer le vice de sa naissance; tous les produits de la nature sont égaux, les uns ne doivent pas être avantagés sur les autres.

Ainsi le décide la droite raison, qui est mon seul *criterium*.

Le mariage naturel et civil sera le résultat d'une cérémonie civile ayant précédé la cohabitation naturelle. Cette cérémonie sera faite devant l'officier civil, le maire de la commune; elle remplacera la simple déclaration de cohabitation et donnera au mariage plus de solennité. Ce mariage sera encore dépourvu de toute bénédiction religieuse, et ne sera reconnu par aucun culte.

Il suivra, à plus forte raison, les mêmes règles que le précédent par rapport aux enfants et quant aux droits des conjoints. La femme y gardera, comme dans l'autre, la disposition de ses biens, quand il y aura divorce. Dans le cas contraire, c'est le mari qui sera l'administrateur et le chef. Lui seul sera maître, sous ce rapport, au ménage. Pour les enfants, tous deux se partageront leur éducation, et, dans le cas de conflit, il y aura divorce incomplet plus ou moins selon le degré demandé et plaidé par les époux, et décidé par le juge.

Je reviens sur les droits du mari.

Oui, il faut le dire sans crainte, c'est à l'homme de porter le bâton du commandement, c'est à lui qu'appartient le dernier mot dans les conflits qui doivent se passer dans sa demeure et ne point aller au delà, parce que l'homme est incontestablement supérieur à la femme. Tous les philosophes, tous les grands poëtes, tous les profonds esprits et les observateurs sagaces de la nature humaine, l'ont proclamé.

Lamennais dit « qu'il n'a jamais rencontré aucune femme qui puisse suivre un raisonnement pendant une demi-heure ; » et pourtant il avait fréquenté la compagnie de George Sand et de beaucoup de femmes célèbres.

Lamartine dit « qu'en amour l'homme a le droit et le devoir de regarder toujours la femme de haut en bas. »

Proudhon a longuement exposé sa pensée là-dessus dans sa *Pornocratie*.

Tout le monde sait ce qu'en a pensé et écrit le grand Molière.

La femme montre, par la manière dont elle cesse

d'être vierge et devient ordinairement mère, que sa grande qualité est dans la faculté d'aimer, et pourtant elle n'aime jamais aussi solidement que l'homme. Elle est volage, fantasque; elle est moins maîtresse d'elle-même, bien qu'elle ait le talent de cacher mieux sa colère et de dominer mieux au besoin ses emportements pour dissimuler une haine qui tirera sa vengeance à l'occasion favorable. La femme fera pleurer le cœur de l'homme qui l'aime jusqu'au sang avec une cruauté que l'on n'aurait pas crue possible dans un être humain. Que la femme fasse un nouvel amant libertin qui lui jette un peu de poudre aux yeux, sans l'aimer plus qu'il n'aime les anciennes maîtresses adultères qu'il a déjà trompées, et qui ne cherchera plus qu'à la voler s'il en trouve l'occasion, elle va jeter l'injure et le mépris à celui qui l'aimait d'une manière solide et qui la pleure avec sincérité. Jusqu'au sentiment de l'amour maternel, cette gloire de la femme, n'est pas fixe au fond de la nature féminine. Je sais tant de faits qui prouvent qu'un amour libertin le fait disparaître comme un songe!

La Genèse dit, dans son deuxième chapitre : « L'homme quittera son père et sa mère, et s'attachera à sa femme. » Grande vérité! mais elle ne dit pas que la femme s'attachera de même à son mari.

Est-ce que l'homme s'abaissa jamais à ces rôles impudiques, qu'on voit les femmes jouer, devant les foules, dans les carrefours des grandes cités ?

Il faut pourtant être juste et admirer les grandes et touchantes qualités de beaucoup de femmes. Celles-là sont hommes par le fond de leur nature morale ; et combien d'hommes sont femmes par leurs vices !

Oui ! c'est bien à l'homme de commander au ménage, parce que c'est bien lui que la nature a établi le premier. Les spiritualistes le disent sur leur observation des âmes ; les matérialistes sont obligés de l'affirmer davantage encore parce qu'ils jugent les vertus intellectuelles et morales sur les dimensions du cerveau, et qu'ils ont constaté qu'en moyenne, et en tenant compte de la différence des dimensions du corps entier qui est plus petit chez la femme, celle-ci a, en définitive, moins de cerveau que l'homme proportionnellement. Broca répond que cette différence provient de l'éducation de la femme, qui est inférieure à celle de l'homme, et qui ne le sera pas toujours sans doute ; mais cette réponse est un aveu de son infériorité dans les conditions présentes.

17.

De quelque côté qu'on se tourne, il faut, en fait, reconnaître au sexe masculin la supériorité.

Le mariage naturel et religieux sera consacré par le culte que les conjoints choisiront, fût-ce un culte qui ne serait né que d'hier. Il dépendra de leur conscience de le faire célébrer avant ou après la cohabitation, et avant ou après tout contrat civil ; la loi ne posera aucune condition sous ce rapport : liberté complète.

Les époux suivront les règles des cultes choisis par eux en fait de mariage, pour les empêchements, pour les dispenses, etc., sans que le civil y jette même les yeux.

Le mariage naturel, religieux et civil sera consacré par la nature qui, dans ce cas, doit se résoudre dans l'amour, par l'officier civil et par le ministre du culte adopté par les époux : aucunes conditions, ni de priorité d'une consécration, ni d'autre nature, ne seront exigées. On se mariera, si l'on veut, devant la nature d'abord, si l'on veut devant le civil d'abord, et si l'on veut, devant le culte d'abord, et ainsi de tous les *vice versa*, chacune des autorités ne s'occupant pas plus des autorités concurrentes qui si elles n'existaient pas : liberté complète.

Il résultera de ces lois sur le mariage qu'il n'existera plus que deux désordres relativement

au mariage dans la nation : celui de l'adultère
et celui de la cohabitation sans aucune déclaration préalable. Le premier sera puni par des
peines qui seront indiquées ; le second ne sera
puni d'aucune peine que celle de l'irrégularité
et du déshonneur. Les produits de l'adultère et
du concubinage ne seront nullement passifs du
vice de leur naissance; ils hériteront, comme les
autres, de leurs père et mère en des proportions
justes, et, dans tous les cas, la paternité sera recherchée comme la maternité.

Ces principes sont fondés sur trois *criteriums*
qui doivent, selon moi, être toujours respectés :
la nature, la raison et la liberté.

Cela dit, consultons encore la nature raisonnable ; et déclarons sans peine que la polygamie et la polyandrie seront interdites dans les
républiques futures de l'humanité.

Est-il conforme ou contraire, à cette nature,
qui est celle de l'espèce humaine, qu'un seul
homme ait plusieurs épouses, ou qu'une seule
femme ait plusieurs maris, en d'autres termes
que la polygamie ou la polyandrie soient en usage
dans les sociétés?

Je réponds que la raison démontre, à tous les
points de vue, que la polygamie et la polyandrie
ne sont point conformes à la nature de l'homme.

La raison constate d'abord scientifiquement,
par l'histoire naturelle de l'espèce humaine, que
les instincts conjugaux sont, en somme, les mêmes dans les deux sexes, par conséquent que tout
homme a droit à une femme, et toute femme droit à
un mari. Elle constate, en second lieu, que les deux
sexes naissent en proportions tellement égales
que les petites différences qu'on peut remarquer
entre les hommes et les femmes comme nombre, ne sont pas à compter. Donc si la polygamie ou la polyandrie étaient admises, il resterait toujours des femmes qui seraient fatalement privées d'époux, et des hommes qui seraient
fatalement privés d'épouses, infraction à la première des lois de la nature organique, à la loi
de la reproduction.

La raison constate encore que les droits de
l'homme et de la femme à la liberté personnelle,
sont égaux ; or, elle ne constate pas avec moins
d'évidence qu'il est impossible que la liberté personnelle de la femme et du mari soit praticable
et se conserve à l'état de réalité, dans le mariage,
si l'on y trouve plusieurs femmes avec un seul
mari, ou plusieurs maris avec une seule femme ;
nécessairement, celui ou celle qui aura le privilége d'être unique, en face de plusieurs égaux en
droits, deviendra le maître, et assujettira plus

où moins les femmes ou les maris à une vie
d'esclavage. Dans la reddition des devoirs conjugaux, il faudra bien que l'unique époux, ou l'unique épouse, ait la maîtrise, et il en sera de même
de tous les autres actes de la conjugalité, attendu qu'autrement, ce serait une anarchie dans
laquelle plusieurs ne pourraient jamais se satisfaire, en même temps, sur une même chose.

La raison constate enfin que l'éducation des
enfants exige l'unité de direction et de maîtrise,
et que cette unité est impossible avec plusieurs
épouses ou plusieurs époux. Cette unité se fait
naturellement d'une épouse à un époux et d'un
époux à une seule épouse, par la division même
qu'inspirent les instincts de la nature, le père
exerçant sa maîtrise sur un terrain où la mère
ne l'exercera pas, et *vice versa*. Mais elle est
impossible s'il y a pluralité du même sexe. L'an-
tagonisme s'élève aussitôt, et l'absolutisme arbitraire devient essentiel dans l'un des époux avec
l'esclavage et la servitude dans les autres : il ne
faut qu'un maître dans une maison, dit le peuple : il n'y a qu'un maître quand il n'y a qu'un
époux et qu'une épouse ; chacun est maître sur
son domaine ; autrement il y aura plusieurs
maîtres ; et dès lors, l'anarchie ou la nécessité de
l'esclavage.

La loi ne peut donc tolérer chez elle la polygamie, pour rester en conformité avec la nature. Mais je ne parle ainsi qu'au point de vue de la législation officielle et civile. C'est ainsi que j'approuve, à ce point de vue, les Etats-Unis d'Amérique de proscrire cet usage dans les Etats qui le conservent comme celui des Mormons. Un tel système est attentatoire à la liberté de l'un des sexes et ne peut être toléré par la loi qui doit protéger toutes les libertés en les maintenant en concours.

L'idéal, dans le mariage, est celui de Jésus : monogamie, avec fidélité des deux parts. Mais la loi ne doit point entrer dans l'intimité des relations entre les sexes. Elle ne doit point, non plus, s'ingérer dans les lois religieuses relatives au mariage. Chaque culte établit, sur ce point, ses lois de conscience, et la loi civile les respecte tous. Chaque culte bénira, par exemple, le mariage de ses fidèles comme il le voudra, soit avant soit après le contrat civil, au gré des parties ; l'Etat n'y fera jamais attention, pas plus qu'à la manière dont les époux observeront ou n'observeront pas leurs devoirs religieux de conjugalité : liberté absolue, sous ces rapports divers, du côté du civil.

On aura, pour les mariages religieux et pour

ceux qui seront de pur amour naturel, le même respect que pour les autres mariages ; mais s'ils n'ajoutent point à la sanction de l'amour la déclaration civile, ceux-là ne jouiront pas des avantages de la loi civile dans la pratique seulement. La paternité sera recherchée, et tout père ou mère reconnu sera condamné par les tribunaux à remplir ses devoirs envers ceux qui seront déclarés être ses enfants.

Viendront ensuite les règlements relatifs aux enfants quant au pain du corps, au pain de l'intelligence, et au pain du cœur. L'éducation morale et l'instruction, dans leur premier degré, seront gratuites et obligatoires. La morale étant inséparable d'un culte quelconque, ne serait-ce que le théisme le plus simple, qui constitue la base de l'*Eglise de la liberté*, les enfants du premier âge devront être instruits comme appartenant à un culte quel qu'il soit, serait-il au moins celui-là, et ils seront obligés de prendre les leçons qu'on professera dans ce culte avec celles de l'instruction primaire, qu'on pourra appeler laïque, eu égard aux matières qui y seront professées.

Les parents seront punis sévèrement quand ils ne feront pas en sorte que l'instruction soit donnée à leurs enfants, aussi bien que la vie ma-

térielle. Des examens sérieux seront subis par
tous les enfants chaque année à une époque déterminée, et des peines seront appliquées aux
parents qui seront reconnus pour ne pas en-
voyer leurs enfants soit à un maître particulier
qui pourra être le père lui-même, soit à l'école,
qui sera jusqu'à l'âge de douze ans par exemple, donnée à tous, par les instituteurs commu-
naux qu'aura choisis le conseil municipal ou par
des moralistes appartenant à un culte quelconque, selon le choix des parents. Là France remerciera un jour M. Jules Simon d'avoir tenté,
pendant son court ministère, un timide essai
d'un tel régime.

On ne peut, dans le premier âge, isoler
de tout culte l'éducation morale de l'enfant ;
et si l'on prétend en retrancher les excitants
fournis par les religions, au point de vue du
développement de l'art, on rêve l'impossible,
ou bien on imagine une éducation qui ne fera
que des brutes. Elle sera belle un jour, la patrie, si elle ne possède plus que des calculateurs
et des géomètres aux lignes sèches et droites !

Reste le service des familles par la domesticité.

Deux systèmes se présentent : celui des associés faisant partie de la maison, partageant ses
peines et ses profits ; et celui des salariés qui

conviennent, à forfait, d'un prix et d'un travail.

Les deux systèmes sont bons; et tous deux seront, à la fois, consacrés dans l'avenir. Les citoyens prendront celui qui leur conviendra le mieux. Mais dans tous les cas, les contrats seront protégés par la loi, quand ils ne seront pas entachés d'injustice; et s'ils le sont, ils seront poursuivis et condamnés.

Écrivez, citoyens, en tête de ce programme: *liberté*, et courez de votre pas le plus rapide aux merveilles de tous les progrès.

CHAPITRE SIXIÈME.

DES LOIS POLITIQUES.

Je ne serai pas long sur ce chapitre, attendu que la matière en a été traitée dans toutes mes études de généralités.

La première loi politique de la nation type que j'imagine dans l'avenir, sera la constitution même de cette nation.

Cette constitution comptera d'abord à sa base première l'ensemble de ce que j'ai appelé les libertés inviolables. Ces libertés sont invariables et inviolables parce qu'elles sont inaccessibles à la puissance du suffrage universel lui-même, étant posées par la nature et, par suite, élevées, par leur essence irréformable, à la dignité de constitutionnelles dès leur propre innéité dans la substance humaine.

L'humanité n'est pas encore constituée selon

sa nature ; elle est à sa première enfance, c'est-à-
dire semblable au nourrisson encore au maillot ;
elle a besoin d'une mère qui lui serve de nourrice. Jusqu'à présent ce sont les rois qui ont été
ses nourrices ; ce sont par exemple les Henri IV,
les bons rois, dit-on. Oh! sans doute les bons,
ce qui signifie les hommes de cœur, valent
mieux que les mauvais, par cela même qu'une
nourrice qui vous donne du pain vaut mieux
qu'une autre qui vous donne du poison. Mais ce
n'est pas plus avec les bons qu'avec les mauvais
que vous aurez une humanité en âge d'homme :
vous n'aurez avec les bons que des caresses et des
pleurs, de la pitié pure et de l'enfantillage. Ce ne
sera que par une constitution en vertu de laquelle
les peuples ne s'assujettiront qu'aux lois qu'ils
auront reconnues pour être, les unes nécessitées
par les exigences de leur nature, comme seront
toutes celles que j'ai appelées libertés inviolables, et les autres pour avoir été votées par eux-
mêmes, armés du droit véritable de les voter.
C'est, en un mot, par la constitution que j'imagine
qui sera fondée par les individus dont tu te com-
poses, ô humanité, que tu deviendras homme.

Les lois que les peuples ont le droit de s'imposer à eux-mêmes, ne sont point, comme les
libertés primordiales, d'une nécessité absolue ;

elles peuvent revêtir des formules diverses, mais elles sont, par leur essence intime, à la fois progressives, modifiables et révisables sans fin.

Je n'ai point à parler en détail, ici, de cette base première des constitutions qui consiste dans les libertés, puisque j'en ai fait l'objet de ma première partie. Je ne dois poser quelques généralités que sur les règlements que j'appelle les lois.

La plus radicale de ces lois qui formeront la constitution, sera celle qui n'admettra qu'un seul pouvoir, et comme pouvoir, une seule assemblée de représentants. Faut-il être un grand politique pour comprendre ce que disait un jour Jésus : « Tout État divisé en lui-même tombe en ruine, » et pour comprendre, en même temps, que toute constitution qui établira deux ou plusieurs assemblées représentatives du souverain, ne sera jamais qu'une constitution ruineuse par cette raison même.

Si l'on établit, par exemple, deux assemblées dont on nommera l'une le Sénat, il faudra bien que chacune d'elles soit élue dans des conditions différentes, ne serait-ce que dans des temps différents ; et si on les fait fonctionner en concurrence, parce qu'on se figurera que l'une sera la modératrice de l'autre, n'est-il pas évident que

ce sera toujours la division même, l'antago-
nisme, qui seront établis et fixés dans le cœur
même de l'Etat? Il est inutile de développer une
vérité si claire et si pratique. Il en serait de
même si l'on imaginait un pouvoir présidentiel
qui serait élu par le peuple dans un temps diffé-
rent de celui auquel le peuple aurait élu la représentation collective : le peuple change de senti-
ments selon ses heures, et ce sera, en ce cas, lui-
même, qui aura semé le germe de l'opposition
et de la lutte, c'est-à-dire de la mort dans sa propre constitution.

On visera donc avec le plus grand soin, si l'on
veut produire une constitution solide, pacifique,
durable, n'ayant pas à craindre le perpétuel danger des révolutions, à ce qu'elle n'admette
qu'une seule assemblée. Je parle ainsi de chaque
Etat considéré dans son particulier.

Si je porte ma pensée sur l'ensemble des Etats
fédérés, il y aura, de plus, un Sénat élu par les
assemblées des Etats; ce sera le seul Sénat existant; il représentera la fédération et ne sera autre
que le tribunal arbitral pour le maintien de la
paix entre les Etats et pour la solution pacifique
des contestations qui s'élèveront entre eux.

Les membres de chaque assemblée politique
seront, ainsi que je l'ai dit, sans cesse les élus

du suffrage absolument universel selon les règles que je vais en donner, et sans cesse révocables par leurs mandants, se rassemblant librement, par leur propre initiative, pour remplacer
celui qu'ils révoqueront.

Les membres du tribunal fédéral, ou du Sénat,
pour le maintien de la paix, seront également
révocables sans cesse par les assemblées qui les
auront élus, lesquelles se réuniront à cet effet
quand elles le voudront.

De cette manière, les deux pouvoirs uniques
procéderont sans cesse de l'individualisme national, l'un directement pour les membres des
assemblées, l'autre indirectement ou à deux
degrés pour les membres du tribunal fédéral.

Ces assemblées politiques seront, d'ailleurs,
exécutives par les ministres qu'elles nommeront
et qui seront toujours révocables par elles, et
législatives par un conseil préparateur des lois,
qu'elles choisiront parmi leurs membres et parmi
tous les philosophes de la nation.

C'est ainsi que se présentera le monde politique tout entier, dans une simplicité parfaite.

L'Amérique en est un premier petit modèle
existant déjà. C'est le prélude aux merveilles politiques, libérales et républicaines de l'avenir.
On a compris seulement qu'il y a encore, aux

Etats-Unis, confusion entre leur Sénat et leur assemblée. Le Sénat ne devrait avoir pour mission que de s'occuper de traiter les questions de la paix entre les Etats ; et chaque Etat devrait se gouverner par une assemblée de représentants qui lui serait propre. La fédération des Etats-Unis est une fédération trop mélangée ; chaque Etat devrait être une petite république indépendante à un degré plus grand encore ; et les intérêts généraux qui ont pour but principal et presque unique le maintien de la paix, devraient être les seuls objets du Sénat, qui, lui-même, devrait être nommé par les assemblées dans les Etats.

Mais il n'est pas donné à un peuple de s'élever tout à coup à l'idéal de la perfection. Cela, d'ailleurs, serait-il possible avec les conditions présentes de l'Amérique placée en face d'un monde gâté par ses vieilles coutumes et ne se faisant remarquer que comme un immense et perpétuel chaos ?

Je passe aux règlements concernant les conditions de fonction des assemblées.

Pour les assemblées politiques des Etats, il faut, ai-je dit, qu'elles sortent vraiment de l'individualisme universel de chaque Etat.

Il y a à considérer l'âge et le sexe de l'électeur et de l'éligible, les droits du service militaire et tout ce qui constitue la dignité du citoyen.

La femme votera comme l'homme, pour le représentant à l'assemblée politique, lorsqu'elle sera seule pour représenter la famille. Cela a été déjà exposé en son lieu.

Tout individu sera électeur et éligible, sans aucune exception fixe et durable. Le prisonnier ne perdra pas son droit de vote; comment le perdrait-il au moins à tout jamais, puisqu'il appartient à l'une des classes les plus abandonnées de la société, à celles qui ont le plus pressant besoin d'être représentées au parlement?

Si, parmi les peines qui peuvent être décrétées contre le citoyen, se trouve la privation des droits politiques, cette privation ne sera point fixée à jamais : aucune peine ne peut être éternelle; toute peine sera déterminée à un temps, et, si la mort ne vient pas vous surprendre avant le terme de la peine, celle-ci sera effacée de plein droit par une prescription qui équivaudra à la réhabilitation complète, s'appliquant d'elle-même à tous les coupables.

L'âge du droit de vote sera déterminé par des règlements spéciaux, par exemple à vingt et un ans pour les hommes, à dix-neuf ans pour les femmes, limites qui me semblent conformes à la nature, du moins en nos climats.

18

Toute femme votera quand elle n'aura qu'elle
pour la représenter, c'est-à-dire lorsqu'elle sera
sans mari, et n'appartiendra plus à une famille
ayant un chef qui vote en son nom.

Il n'y aura pas, dans la nation, des étrangers
à jamais exclus, par leur nationalité différente,
des droits de citoyen. Tout étranger par naissance, après un temps déterminé d'habitation
dans la patrie, sera déclaré frère et compatriote,
et aura les mêmes droits que tous les autres citoyens. Pas d'exclusions. L'exclusivisme est le
système de la damnation catholique ; il n'y
aura point de damnés dans notre patrie ; nous
y prendrons Dieu pour modèle : devant Dieu
point d'esclaves ; tous sont appelés, et parmi
les appelés, les uns sont élus pour une mission, les autres pour une autre.

C'est ainsi que nous préluderons à la grande
nation qui sera la république universelle, la
grande fédération des peuples et des races.

Tout homme participera au service militaire.
Pas d'exceptions, et pas de priviléges. Quelques
fonctions dans la patrie pourront valoir le service militaire et compter pour lui ; mais combien
peu auront ces avantages, attendu qu'il faudra,
pour qu'il en soit ainsi, que les années de la
jeunesse qui conviendront à ces fonctions con-

viennent, en même temps, au service du soldat.
Toutes les fois qu'on pourra consacrer, après les
premières études, au plus trois années à l'œuvre
du guerrier, on les sacrifiera pour revenir ensuite exercer sa profession à titre de citoyen
ordinaire.

Le service ne dépassera jamais trois années,
afin qu'il ne puisse briser les carrières de la
vie ; et tous passeront par cette épreuve. Aucune
exception, pour une raison ou pour une autre,
ne sera jamais acceptée, si ce n'est celle d'impossibilité physique. L'élève pour le ministère
d'un culte fera son service comme tout citoyen,
et reviendra se livrer à sa vocation.

Devons-nous faire une nation de lâches? Nous
acceptons bien pourtant que le tribunal arbitral,
le Sénat pour la paix, réussira à rendre la paix
éternelle ; mais nous comptons aussi que les
citoyens, par leur bravoure même, poseront les
premières conditions de cette paix universelle.

Les grades dans l'armée seront électifs, et
les élus seront sans cesse révocables par leurs
électeurs ; c'est ainsi que seront punies les fautes et que les hommes d'en bas, qui sont les
éléments primordiaux de toute autorité, seront
toujours les moralisateurs de l'aristocratie qu'ils
auront créée.

La discipline militaire, loin de séquestrer le soldat de tout ce qui constitue l'éducation civile du citoyen, sera, au contraire, réglée de manière à la faciliter. Les livres et les journaux seront mis à la disposition du soldat dans ce but même, afin que le militaire soit un citoyen honnête et instruit, avant d'être un soldat.

Plus de baïonnettes inintelligentes, autrement dire : plus d'âmes humaines transformées en brutes par la loi des hommes.

CHAPITRE SEPTIÈME.

DES LOIS ÉCONOMIQUES.

Ces sortes de lois ne pourront s'établir que sur les principes que j'ai déjà posés dans mes deux volumes *De la Justice dans l'usage de la propriété* et dans l'étude que je dois leur ajouter, en complément, sur la *production* et la *consommation*.

Elles consisteront presque exclusivement dans la prohibition des contrats qui, sans être en soi contraires à la justice, donneraient pourtant trop de facilités à la fraude, laisseraient trop de recoins dans lesquels il serait possible de dissimuler l'usure : ce seront les contrats de prêt d'après lesquels le prêteur se porterait lui-même assureur du capital prêté, assurance susceptible de fournir toujours prétexte à des bénéfices usuraires.

La législation économique punira, d'ailleurs,

18.

tous les contrats qui porteraient intérêts par la vertu même du prêt, *vi mutui.*

Plus de loyers, plus de fermages, plus d'intérêts stipulés pour le prêt des capitaux, en nature ou en argent.

Il en résultera une société retournée de fond en comble. Cela est vrai, mais que veut-on qu'on puisse faire pour se mettre dans la justice, lorsque toutes les modes existantes vous plongent, depuis le commencement du monde, dans l'abîme du vol universel qui fit que Jésus, le plus grand des novateurs, qualifia « d'injustes » toutes les richesses, et que Proudhon, son disciple sur ce point, émit ce qu'on a appelé son grand paradoxe : « la propriété, c'est le vol? »

Quand on dort dans le linceul des morts, que reste-t-il à faire pour s'envelopper du manteau des vivants, si ce n'est de jeter son suaire au feu et de se vêtir à neuf au plus vite?

Ce n'est pas moi qui ai fait le passé, j'essaie de faire l'avenir, de le rêver du moins! Plaise à Dieu que j'y réussisse! Or, il suffirait que mes concitoyens le voulussent.

Il y aura beaucoup d'autres lois à faire dans l'ordre économique, par exemple, dans l'ordre pratique, des lois concernant les chemins de fer, les postes, les télégraphes, les expositions de l'industrie, les musées, les inventions, etc. Le progrès ne se réalisera, d'une manière complète, dans la nation modèle, qu'à l'aide de tous ces excitants ; mais toujours sera répudié des entreprises le revenu proprement dit ; tout sera réduit au capital ne produisant aucun intérêt.

Les impôts seront ramenés aussi à la simple cotisation des capitaux pour s'assurer contre les dangers. C'est le capital seul qui deviendra la richesse ; le reste, c'est-à-dire le revenu des capitaux, n'existera plus. Je n'attaque pas le capital ; je repousse bien loin ce reproche qui fut tant adressé à Proudhon mon maître ; je ne fais que lui enlever le droit qu'on lui attribue de se faire payer lui-même, comme s'il avait en lui une vertu productive. Je n'attaque que la rente, qui n'est que la somme légale de toutes les injustices du passé.

Sur ce point la communauté doit intervenir ; le communisme reprend ses droits pour maintenir la liberté et la propriété de chacun contre les attentats de la tyrannie et du larcin.

La force commune est investie du droit de veiller au maintien de l'ordre et de la justice, en même temps que de la liberté entre les citoyens. Si elle n'a pas cette mission, elle n'est rien, et c'est pour cette mission que l'établit et la légitime l'ensemble des individus qui la constituent en se constituant en société. Elle doit doit donc viser à l'exécution rigoureuse du mutuellisme, de l'A = A. C'est du jour où elle s'occupera de cette réalisation de la justice entre les hommes, que s'inaugurera cette transformation sociale devant consister dans l'abolition de la richesse et de la misère, dans le règne du travail et dans l'égalité des échanges.

Il y a une propriété qu'il est plus difficile de légiférer que les autres, c'est la propriété littéraire. Je vais donner une petite esquisse des lois qui devront, selon moi, la régir.

J'ai fait voir, dans le chapitre V de la II° partie de mon livre *De la justice dans l'usage de la propriété*, que les bénéfices résultant d'un livre composé par un auteur et mis en exploitation par un éditeur, ne sont point des revenus, mais bien des capitaux divisés par annuités, fruits directs du travail de l'auteur et de l'éditeur. Il n'y a, dans ces bénéfices, rien de prêté, rien qui rapporte à titre de prêt, *vi mutui*; mais il n'en est pas moins vrai que les annuités qui sont dues à l'auteur pour son premier travail, ne peuvent pas constituer un droit perpétuel.

Si la propriété de l'auteur est vendue, et payée,

par cette vente, en une fois, le droit finit là;
mais on peut dire que l'acheteur est entré dans
les droits de l'auteur, que c'est lui qui le rem-
place et que la même question revient à son
profit, ce qui ne résout pas le problème.

Donc que doit-on penser du droit de l'auteur,
ou de son remplaçant, par rapport au livre? Est-
il perpétuel?

Non, rien n'est perpétuel sur la terre. Il y a
toujours une limite : cette limite n'est pas toujours facile à déterminer ; mais elle n'en existe
pas moins.

D'abord la société a, dans cet ordre des choses
intellectuelles, un droit considérable aux productions de ses membres ; n'est-ce pas elle qui
les rend productives? Il en est d'un livre mis en
vente devant le public, a dit avec raison M. Pillon dans la *Critique philosophique*, comme d'une
lettre envoyée à quelqu'un : cette lettre n'ap-
partient-elle pas à celui qui l'a reçue aussi bien
qu'à celui qui l'a composée? Et s'il s'agissait
de la vendre ou de la donner, l'un en aurait-il
absolument le droit sans l'autorisation de l'autre?
C'est donc, en grande partie, le public qui, en
recevant le livre et l'appréciant, fait son succès
comme rapport commercial ; et, par conséquent,
il n'est pas à propos de parler comme on le fait

exclusivement des droits de son auteur et de ses héritiers. Le vrai producteur des bénéfices est, à ce point de vue, le public lui-même, c'est lui qui est ici le travailleur par rapport au produit mercantile et, par conséquent, c'est lui qui doit avoir ce produit d'après notre adage : le produit du travail appartient au travailleur.

Cependant l'auteur n'y sera-t-il pour rien ?

Oh ! non certes : il est le travailleur de la partie intellectuelle, à laquelle s'est jointe ensuite la partie mercantile. Donc l'auteur n'est pas sans droit à une part des bénéfices, et il en sera de même de ses ayant-cause.

Comment appréciera-t-on cette part de droit ? Rien n'est plus difficile ; mais on peut dire avec certitude qu'elle ne sera point perpétuelle, mais s'éteindra peu à peu à mesure que le public, s'emparant de plus en plus du livre, le faisant sien avec le temps, en deviendra le seul propriétaire.

C'est ce qui arrivera un jour, en sorte qu'un jour, le livre se fondra dans le domaine public, et que tous droits d'auteur cesseront d'exister.

Je préfère donc, de beaucoup, les lois qu'on a faites dans certains pays, sur ce point, à celle qu'a votée en 1878, sur l'initiative de Victor Hugo, la société française des gens de lettres, qui a déclaré ce droit perpétuel.

Je rejette absolument ce principe. Il vient toujours un temps où le livre entre, par nécessité, dans la propriété du public.

Quant aux droits de l'éditeur, ils recommenceront sans cesse, à mesure que ce dernier recommencera sa peine en faveur du livre, et je ne vois pas que ceux-là puissent cesser d'exister.

Ainsi donc je poserais les règles de la propriété littéraire comme il suit :

1° Point de perpétuité.

2° Pendant la vie de l'auteur, l'auteur gardera la propriété de son livre jusqu'à ce qu'il l'aliène.

3° Après sa mort, le droit passera aux héritiers, mais en s'absorbant dans le domaine public à mesure que les temps avanceront.

4° Enfin, il me semble qu'on serait juste en limitant à un siècle le droit des héritiers et en le diminuant proportionnellement chaque année ; par exemple, en l'estimant dans la première année à 15 ou 20 0/0, et en le faisant s'éteindre, dans les dernières, par une diminution à 5 0/0 et jusqu'à 1 0/0.

Il doit en être à peu près de même des brevets d'invention. Ces brevets garantissent à l'auteur du procédé un droit proportionnel à l'importance de l'invention dans l'exploitation de l'objet offert au public. Le public donne lui-

même à ce droit son importance, et par suite
il ne saurait être perpétuel, et ce sera le public lui-même qui, peu à peu, se substituera à
l'auteur ou plutôt l'absorbera, et qui finira par
devenir le propriétaire de l'invention; c'est ce
qui aura lieu pour toutes les inventions qui ont
pour destinée de tomber dans le domaine de la
société : et n'est-ce pas là leur sort à toutes?
Autrement auraient-elles de la valeur?

Je voudrais donc que, pour les inventions
comme pour les livres, il y eût un droit commun,
et que, sans qu'il fût besoin de prendre un brevet,
excepté pour en constater le fait, un droit d'auteur
fût adjugé à l'inventeur et à ses ayant-cause,
mais que ce droit allât, de droit commun également, en diminuant toujours pour finir par s'é-
teindre tout à fait. Qu'il en fût ainsi pendant
un siècle par exemple, me semblerait juste, et
cela sans même qu'il y eût brevet.

Pourvu que le fait de l'invention fût dûment
constaté au profit de tel ou tel, ce droit commun
serait le brevet universel garanti par la justice à
tous les inventeurs comme à tous les auteurs,
et ce brevet commun fixerait à la fois les intérêts
de l'inventeur et de tout créateur vis-à-vis de
ceux du public.

CHAPITRE HUITIÈME.

DES LOIS PÉDAGOGIQUES.

Il me faudrait faire ici un chapitre qui serait aussi long que tout mon ouvrage, si je devais traiter en détail de ce qui fait l'objet de l'éducation et de l'enseignement. Je me bornerai à quelques généralités qui suffiront pour tout dire aux esprits qui savent tirer les conséquences des principes qui sont posés devant eux.

J'ai établi, comme base à jamais inviolable, la liberté de l'enseignement. Ayons grand soin de ne point toucher à cette assise : si elle s'écroulait, elle ébranlerait, en s'écroulant, tout mon édifice. Mais tout en la respectant, ne peut-on pas l'entourer de règlements, de lois concernant l'enseignement, qui, loin de lui porter atteinte, ne fassent que la confirmer et servir à son épanouissement ?

19

Que la communauté déclare, par exemple, l'éducation et l'instruction primaires, essentielles à l'homme dans la vie, gratuites et obligatoires, qu'y aura-t-il, dans ce règlement, de contraire à la liberté de l'enseignement? Un tel règlement aura pour effet d'assujettir à des peines légales les parents qui ne prendront pas soin d'exiger que leurs enfants aillent à une école quelconque, appartenant à un culte quelconque, mais enseignant au moins la morale commune admise par toutes les religions, et de faire en sorte qu'à un moment déterminé dans la vie, soit à l'âge de douze à treize ans, l'enfant subisse un examen et soit reconnu par un jury composé de parents instruits de la localité, comme possédant suffisamment les principes de l'éducation primaire.

Cela se trouve contraire, il est vrai, à la liberté, dans le père, de mal élever ses enfants, mais la liberté de mal faire n'est que l'abus même de la liberté. Peut-on considérer comme contraires à la liberté des règlements qui gênent l'abus qu'on en peut faire, lorsque cet abus nuit au prochain!

Cela, d'ailleurs, ne nuit en rien à la liberté même chez l'enfant, puisque c'est un régime qui ne fait que favoriser en lui le développement de ce qui est bon, le sauver des instigations du mal et des facilités que la paresse présente à l'ignorance.

Les plus grands esprits, dans tous les temps, sans en excepter ceux qui furent les plus fermes apôtres de la liberté, se déclarèrent partisans de lois civiles rendant l'éducation des enfants obligatoire pour les parents, sous des peines proportionnées et convenables. Il y a près de quatre siècles, par exemple, Luther adressait aux magistrats l'admonition suivante.

« Magistrats, rappelez-vous que Dieu commande formellement qu'on instruise les enfants. Cet ordre sacré, les parents, soit indifférence, soit inintelligence, soit surcharge de travaux, l'oublient et le négligent. C'est à vous, magistrats, qu'appartient le devoir de le leur rappeler et d'empêcher le retour des maux dont nous souffrons. Ce qui fait la prospérité d'une cité, ce n'est pas qu'on y amasse des trésors, qu'on y bâtisse de forts remparts, qu'on y élève de riches maisons, qu'on y amasse des armes brillantes. Son bien véritable, son salut et sa force, c'est qu'on y compte beaucoup de citoyens instruits, formés au bien et cultivés; et si, de nos jours, les citoyens pareils sont si rares, à qui la faute, si ce n'est à ceux qui ont laissé grandir la jeunesse comme la futaie des bois.

» Aussi, j'estime que *le magistrat est tenu d'obliger les citoyens à faire suivre l'école aux enfants.* En effet, si l'autorité est en droit, quand viennent les temps de guerre, de contraindre tous ceux en état de porter les armes à prendre le havre-sac et la rapière, combien plus n'a-t-elle pas le droit et le devoir d'obliger les sujets à faire suivre l'école à leurs enfants, car il s'agit également ici d'une guerre à soutenir, et de la plus redoutable... Que l'autorité soit donc vigilante, si elle sait l'être jamais. — Martin Luther. »

Je ne vois pas que de telles mesures, prises par les magistrats soient en réalité gênantes pour la liberté de qui que ce soit ; elles ne sont gênantes que pour l'abus lui-même de la liberté, qui est la licence et le mal nuisibles à autrui.

Viendront ensuite les règlements pédagogiques, qui organiseront un corps enseignant, d'entraînement scientifique, littéraire, artistique, philosophique, etc., à côté duquel se développera l'enseignement général de la nation dans la liberté la plus complète, et sans aucune condition.

Il faut distinguer ici, en fait d'établissements officiels, l'école primaire, l'enseignement secondaire, l'enseignement supérieur et l'enseignement professionnel.

Dans ces quatre degrés, la base de la souveraineté sera le suffrage universel, choisissant les maîtres et professeurs parmi des candidats préalablement reconnus capables par un jury composé des professeurs mêmes du district et jugeant sur concours.

Dans l'enseignement primaire, les candidats se présenteront avec leur brevet d'acceptation au concours jugé par le jury, et seront choisis par le conseil municipal ou même par tous les pères et mères de la commune, sans autre condition d'admission à cette élection que leur brevet de capacité acquis préalablement comme il vient d'être dit. Aujourd'hui, c'est le préfet, représentant de l'autorité d'en haut, qui choisit l'instituteur de la commune, ou du moins qui a le dernier mot dans ce choix; et, d'après le projet Bardoux qui va être soumis aux chambres, ce sera un directeur nommé *ad hoc*. C'est l'inverse qui doit avoir lieu. Quant à la capacité, elle ne peut être déclarée que par ceux qui sont aptes pour en juger, et, pour que justice soit faite dans cette déclaration, c'est le concours tout seul qui doit servir de base, avec les conditions d'impartialité. Les compositions écrites, par exemple, seront cachetées et jugées sans que l'auteur en soit connu, en-

suite le suffrage universel soit à deux degrés,
étant représenté par le conseil municipal élu
par tous, soit même, s'exprimant directement
et à un seul degré, par le vote même des pères et
des mères, choisira celui qui lui plaira le mieux
parmi les capables et lui transmettra la mission
d'instruire, sans qu'il soit exigé de lui aucune
autre condition ; la qualité de laïque, par exemple, est une limitation sans raison ; s'il plaît aux
habitants de choisir une robe quelconque, ils
en seront bien maîtres.

La commune, sous ce rapport, est une personnalité morale qui doit garder la liberté dans la
gérence de ses affaires, comme l'individu chez
lui ; et l'assemblée générale de la nation perd
ici toute compétence. Cette assemblée ne doit
pas se mêler de donner des règles de conduite
aux communes, plus qu'aux particuliers dans
leur maison.

Ce sera donc un jury d'instituteurs, de l'arrondissement par exemple, qui jugera les concours et délivrera les brevets de capacité à
certaines époques déterminées ; et ce seront les
pères et les mères des communes, ou du moins
le conseil municipal, qui parmi les brevetés éli-
ront leur instituteur, sans aucune autre condition.

Il en sera de même de l'enseignement secondaire, de l'enseignement supérieur, de l'enseignement professionnel. Un jury composé des professeurs d'un arrondissement par exemple, dans la spécialité plus ou moins circonscrite, jugera des concours, et donnera les brevets; puis le suffrage universel, vraiment universel, de la même localité élira, parmi les brevetés, aux places vacantes.

Tel sera le corps enseignant; il se recrutera de lui-même sur toute l'étendue du territoire par les concours, par les brevets de capacité et par les élections aux fonctions pédagogiques.

En dehors de ce corps enseignant, déjà libre lui-même, toute éducation et tout enseignement seront parfaitement libres et sans aucune condition. Les concours et brevets de capacité ne seront utiles et nécessaires que pour se faire élire aux places vacantes officielles de tous les ordres.

D'autre part, chaque professeur sera sans cesse révocable par ceux qui l'auront élu, et restera, de la sorte, sous la menace et la crainte de perdre sa fonction s'il ne la remplit pas bien à tout point de vue, et surtout à celui de la morale, matière sur laquelle les pères et mères de famille seront toujours, par leur nature même de pères et mères, très-sévères, aussi bien que les

concurrents comme professeurs. La police se fera
de la sorte, par suite de l'instinct de moralité du
public lui-même, et surtout du public choisi
qui sera, à la fois, juge des capacités et électeur aux fonctions, beaucoup mieux que par
une surveillance du gouvernement.

Les cultes restant libres, la communauté ne
s'en occupera que dans l'éducation et l'enseignement primaires. A l'âge où l'enfant devient
jeune homme et maître de sa conscience, il s'enrôlera dans le culte qu'il voudra, fût-il ancien-
nement ou nouvellement établi dans la patrie ;
ses parents auront naturellement leur influence
sur son choix. Il ne s'enrôlera, s'il le veut, dans
aucun culte. S'il en choisit un, l'enseignement
de l'établissement dont il fera partie, s'organisera toujours de manière à laisser aux parents
et à l'élève le temps suffisant de liberté, en dehors de ses études, pour qu'il puisse remplir les
devoirs du culte qu'il aura choisi.

Quant au budget pédagogique, ce sera, comme
je le dirai dans mon chapitre des lois financières,
la communauté qui s'en chargera pour l'éducation primaire, afin que cette éducation soit gratuite. Pour les autres enseignements, ils tire-
ront leur budget des rétributions de leurs élèves,
sauf les adoucissements qui seront alloués par

l'Etat aux sujets capables et pauvres; car il y
aura un trésor particulier voté par l'assemblée
politique à l'effet de subvenir dans les cas particuliers, à ces adoucissements.

Y aura-t-il, dans le corps enseignant, une différence d'organisation entre l'enseignement des
femmes et celui des hommes.

Après y avoir beaucoup réfléchi, je n'en vois
aucune à proposer. Les femmes suivront les
cours comme les hommes, obtiendront par le
concours leur brevet de capacité comme les
hommes, seront élues par le suffrage universel comme les hommes, et pourront lutter
avec eux, quand la nature leur en aura donné
les moyens.

On pourra établir, pour satisfaire tous les
goûts des parents, des colléges de femmes, des
colléges d'hommes, et des colléges mixtes : les
parents choisiront ceux qui leur paraîtront les
meilleurs. Mais dans les trois sortes de collége,
tout se passera selon la méthode exposée ci-
dessus : le concours, le jury et les brevets pour
la capacité, et l'élection du suffrage universel
pour les investitures.

CHAPITRE NEUVIÈME.

DES LOIS JUDICIAIRES.

Les lois judiciaires ont, à mon sens, pour objet l'accomplissement des devoirs des citoyens les uns envers les autres, et, par suite, les instruments que la force commune doit mettre en jeu pour maintenir sans interruption cet accomplissement.

C'est pour cela que cette force commune se met toujours à la disposition d'une classe de citoyens qu'on nomme les magistrats, afin qu'ils exercent une surveillance constante et jugent équitablement ceux qui transgressent les règles sociales qu'on nomme lois.

Les tribunaux, tant civils que criminels et de commerce, sont des organismes de la magistrature elle-même ayant pour but de soumettre à des peines ceux qui tendraient à mettre le désordre dans la société, en violant les lois de justice sur lesquelles elle est assise et qu'on a l'habitude d'inscrire dans les codes.

Au fond et en résumé, les tribunaux ne sont que des arbitrages armés de la force publique, qui jugent les actes en tant que conformes aux lois ou violateurs des lois, et qui veillent à l'exécution de leurs jugements. S'il n'y avait pas de mauvaises volontés dans une nation, il n'y aurait pas besoin de tribunaux ; mais on ne peut espérer que les vertus sociales se développent jamais assez pour neutraliser toutes tentatives criminelles, et, par conséquent, il faut mettre constamment en réserve les moyens coercitifs. dont la communauté dispose pour le maintien de la justice dans son sein.

C'est dans les sanctions, ou lois pénales, que réside surtout la force de la magistrature des pays, et c'est dans la manière dont cette magistrature se recrute sans cesse que résident sa vertu et son mérite.

Je laisserai à mes lecteurs ma philosophie des lois pénales dans le chapitre spécial qui va avoir ce mot pour titre ; et, par là même, je ne m'occuperai ici que du recrutement de la magistrature de la nation.

La magistrature est le corps des gens de loi ;

elle fait pendant à ce que j'ai appelé, en traitant
des lois pédagogiques, le corps enseignant; elle
doit, comme ce dernier, se recruter elle-même
afin d'être toujours indépendante de ceux qui
tiennent le pouvoir exécutif en leurs mains. On
ne peut soutenir que les magistrats doivent être
choisis par tous les citoyens, attendu que tous
les citoyens ne pouvant avoir reçu l'éducation
professionnelle qui en ferait des juges compétents des capacités qui font le bon magistrat,
ce ne sont que ces juges compétents qui puissent les choisir. Les magistrats seront donc
déclarés capables d'occuper les places, par leurs
pairs, c'est-à-dire par les magistrats leurs égaux
dans la science des lois, et, quand ils auront le
brevet de capacité, se porteront candidats éli-
gibles aux places propres aux localités plus ou
moins étendues en lesquelles la magistrature est
fixée.

Ces élections se feront, comme celles des députés à la chambre gouvernante, par tous les
citoyens résidant dans l'étendue du district, et
les élus seront toujours révocables, pour les fautes commises, par ceux qui auront été leurs
mandants.

On va dire : que fera le gouvernement? mais
n'ai-je pas dit en général : point de gouverne-

ment ; an-archie : il ne doit exister qu'une autorité émergeant sans cesse d'en bas et résultant constamment du droit que l'individu possède sur lui-même. Grande force assurément que celle de tous les esprits, force plus puissante que la plus écrasante tyrannie, mais force rationnelle qui ne commande pas, qui ne fait qu'exposer la raison qui convainc.

Le magistrat est un serviteur : le plus grand des serviteurs, dit l'Evangile, est le plus fidèle. O magistrats, vous serez tous amovibles ; sans cesse sera suspendue sur votre tête une épée de Damoclès : l'épée de vos égaux qui pourront toujours vous ôter vos titres. Soyez fidèles, et bien rarement certes l'injustice gagnera tant d'esprits éclairés ! et vous ne perdrez jamais vos fonctions ; jugez bien, et vous serez maintenus.

Le brevet du magistrat sera obtenu au concours, comme tous les brevets, et la place sera toujours amovible, non point de par le gouvernement, mais seulement, quant à la capacité, de par le jury qui vous en aura donné le brevet [1] ; et, quant à l'investiture de la fonction, par

1. On peut avoir reçu le brevet dans sa jeunesse, et, par paresse et inconduite, en perdre le mérite dans sa vieillesse. Dans ce cas, le brevet sera révoqué par le jury.

les électeurs populaires qui vous auront choisi parmi les candidats déclarés capables.

Les magistrats jugent tout le monde; donc ils doivent en venir, aux termes du progrès social, à être élus par tout le monde, par tous ceux qui peuvent être jugés par eux.

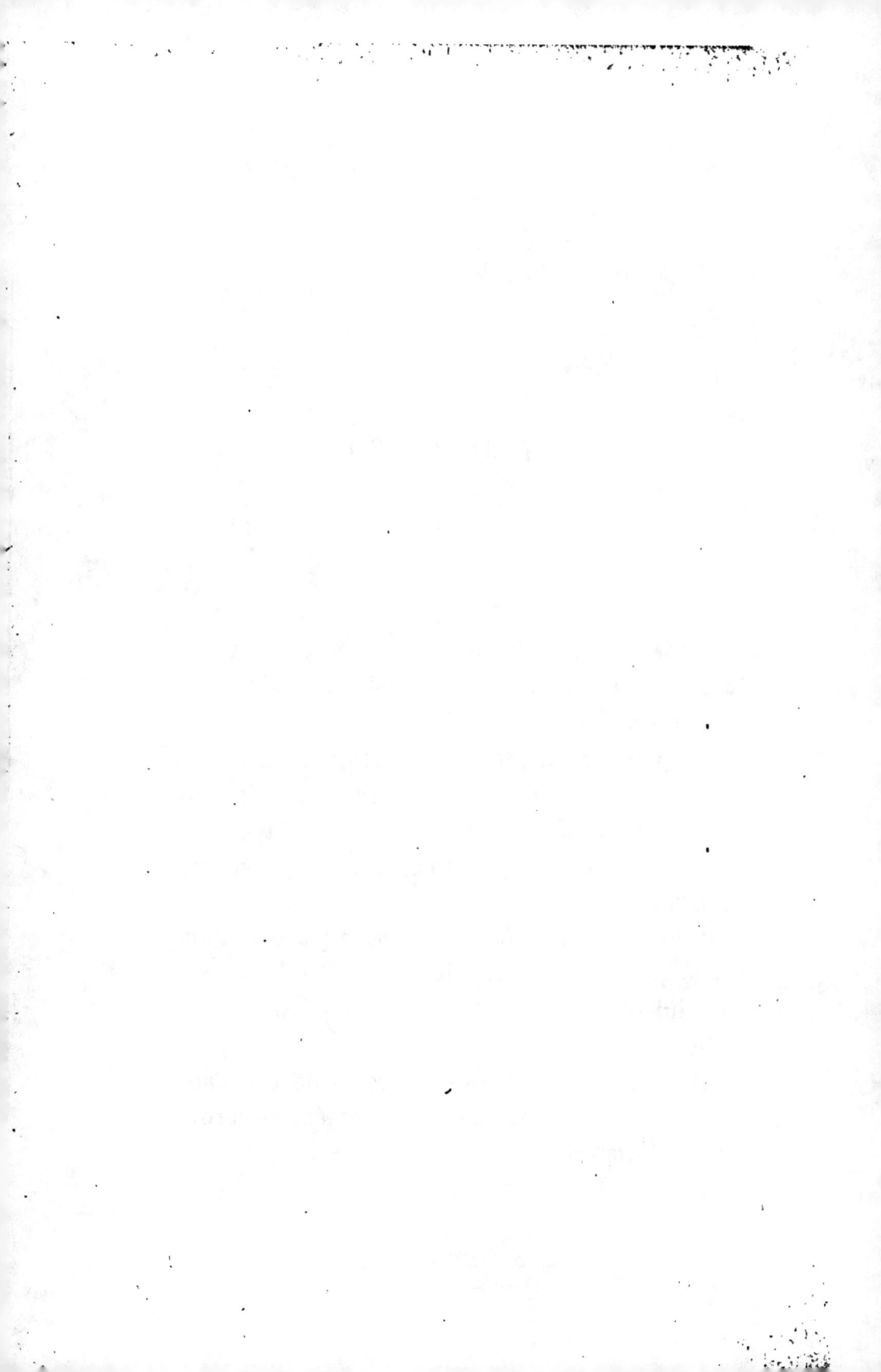

CHAPITRE DIXIÈME.

DES LOIS ADMINISTRATIVES.

Ces sortes de lois portent encore, selon nos idées, sur le recrutement des administrateurs, à commencer par les préfets.

Jusqu'à présent, les préfets et tous leurs subordonnés ne sont que les représentants du ministère; ils sont élus par le ministre, payés par le gouvernement, révocables par le gouvernement.

Il ne doit pas en être ainsi. A la place de l'autorité gouvernementale, il faut mettre le souverain lui-même, le peuple, l'individualisme de la nation.

Ainsi donc, il y aura des écoles de droit administratif; les professeurs de ces écoles seront encore jugés capables au concours par un jury

composé des administrateurs pratiquant eux-
mêmes, aidés des professeurs dans l'espèce. Les
brevetés ne seront que des surnuméraires toujours en attente des places vacantes ; et ils seront
élus, pour ces places, par le suffrage universel du
département duquel la place dépendra. Le préfet
d'un département, par exemple, sera élu par
tous les votants de ce département ; mais ces votants, pour l'investiture, ne pourront choisir que
parmi les candidats qui auront obtenu le brevet
de capacité.

On sera certain, par ce moyen, des capacités ;
et parmi les capacités, seront investis du droit
d'exercice à la place vacante ceux qui plairont
aux électeurs.

Toujours le même système, qui donne au souverain unique, qui est tout le monde, le droit
pratique de la souveraineté, et au jury des
égaux en science de l'espèce, la vertu de déclarer les capables après épreuve impartiale de cette
capacité reconnue au concours.

On voit que mon système s'applique à tous
les ordres et même à l'administration. On voit
aussi qu'on pourra facilement, par là, remettre
au suffrage universel de la division civile la
concession du droit d'exercice, sans que la
chance reste d'une élection d'incapable, puisque

le suffrage universel ne pourra nommer que parmi les brevetés.

De la sorte, ce sont les citoyens eux-mêmes qui se donneront librement tous ceux auxquels ils devront ensuite obéir. Ils auront des tyrans s'ils le veulent ; ils auront des pères si cela leur plaît ; ils ne pourront jamais s'en prendre de leurs chefs qu'à eux-mêmes.

Et d'ailleurs, dans les cas où ils auront à se repentir de leur choix, ils seront toujours libres de s'assembler pour retirer leur mandat au mandataire infidèle, puisque la règle générale sera toujours, en toute chose, que le mandataire est sans cesse révocable par son mandant.

CHAPITRE ONZIÈME.

DES LOIS RELIGIEUSES.

Il n'y aura plus, dans mon utopie appelée à devenir vérité dans l'avenir, ni de loi civile-religieuse, ni de budget des cultes, parce qu'il n'y aura plus de religion d'Etat.

La seule loi religieuse sera celle-ci : Toute conscience est libre au for extérieur comme au for intérieur; tout culte est libre à tout point de vue et absolument.

Le seul budget des cultes se réduira à ce règlement général : les fidèles de tout culte se cotisent librement pour subvenir aux frais du culte qu'ils professent et soutiennent.

Pas d'autre loi religieuse. Plus l'ombre même de concordat.

Ne peut-on pas dire que les lois, sous le rap-

port des cultes, seront, par là, absolument sim-
plifiées?

La communauté n'aura-t-elle pas cependant
quelque chose à faire, quelque règle à maintenir
vigoureusement, relativement aux différents
cultes qui pourront s'élever dans l'Etat?

Oui. Si les cultes sont libres, ils ne seront libres qu'à titre de cultes. Ils ne devront pas sortir de leur domaine pour s'attaquer aux lois
constitutionnelles des républiques, ni pour les
défendre en tant que lois politiques. La police
sera donc chargée de veiller à ce qu'il ne se
forme aucune réunion ni bande, dans l'intérieur
de la patrie, avec le but de combattre les libertés
constitutionnelles et d'entraîner les esprits à les
mépriser.

La situation présente de plusieurs gouvernements, de celui de la France en particulier par
rapport au culte catholique, est délicate, attendu
que la grande assemblée nationale de 1789 vota,
pour le clergé de ce culte, à titre d'indemnité
pour les biens ecclésiastiques qu'elle lui avait
pris et que les représentants ecclésiastiques
d'alors lui abandonnèrent librement, un droit
à des rétributions annuelles qui, depuis ce contrat passé entre cette religion et nos pères, doivent désormais lui être payées. Ces pensions

sont dues au clergé catholique incontestablement, si l'on conserve le droit commun qui attribue des intérêts perpétuels à tous les capitaux. Nous serait-il permis de nous déclarer en faillite sur ce point lorsque nous ne le ferions sur aucun des autres? Nous devons tenir nos engagements.

Mais j'ai expliqué, dans mon ouvrage *De la justice dans l'usage de la propriété*, comment le régime général économique étant changé, par rapport aux intérêts des capitaux, il y aura une estimation naturelle à faire de ces pensions pour les ramener à un capital fixe, qu'on pourrait apprécier au denier vingt par exemple, et qu'amortirait peu à peu, d'après le nouveau droit commun, le paiement lui-même de ces annuités. Par ce procédé, le budget du culte catholique s'éteindrait tout entier avec un peu de temps.

Les clergés n'auront, d'ailleurs, aucun privilége, aucun revenu.

Ils ne seront point exempts, durant leur jeunesse, du service militaire. Aucune classe de la nation n'en sera exempte. Il sera nécessaire seulement, pour la mise en pratique d'un tel droit commun, que le temps du service militaire soit réduit assez pour qu'il ne brise nécessairement

aucune carrière, celle de l'enseignement par
exemple, pas plus que celle du ministère religieux. Toute vocation devra pouvoir être satis-
faite, c'est une condition de liberté, et la nécessité obligera à concilier cette liberté avec les devoirs dus à la patrie. Mais il ne faut pas oublier
qu'alors régnera la paix entre les Etats, grâce au
Sénat arbitral établi à cet effet, et que, la guerre
n'existant plus, les besoins du service militaire
iront en s'annihilant eux-mêmes peu à peu.

Pour le moment présent, il me paraît suffire
que le service de la patrie soit réduit à trois années, selon les idées qu'a soutenues dans nos assemblées le général Trochu, pour que toutes
les convenances soient satisfaites. Que le jeune
homme soit soldat de l'âge de dix-neuf à l'âge
de vingt-deux ans; et il lui restera le temps
suffisant pour se livrer, à son retour, à toutes
les carrières. Il ne sera, à la suite de cette première épreuve de la vie, que plus apte à les bien
remplir.

Un régime comme celui que j'imagine ici
n'est point un simple idéal : il a déjà son modèle
en Amérique, aux Etats-Unis, et y réussit d'une
manière admirable. Il en résulte, dans ce pays,
pour toutes les religions, la liberté la plus absolue.
Les Etats ne s'en occupent nullement, font exé-

cuter leurs lois de toute espèce, et de cette manière aucun culte ne se plaint d'être gêné dans
sa pratique.

Comment s'organiseront les clergés? C'est ce
dont les Etats républicains ne se mêleront pas : les
clergés s'organiseront comme ils le voudront.
Mais je leur donnerai le conseil de se recruter
par eux-mêmes, selon le système que j'indique
pour i ordre civil : concours et jury composé des
ministres d'un culte de tout un district; puis,
pour l'investiture, élections, par le suffrage universel des fidèles de ce culte, parmi les brevetés
déclarés capables. Il est bon de remarquer que ce
système fut celui de l'Eglise chrétienne dans ses
origines, et qu'il est encore resté, chez elle, le
droit commun.

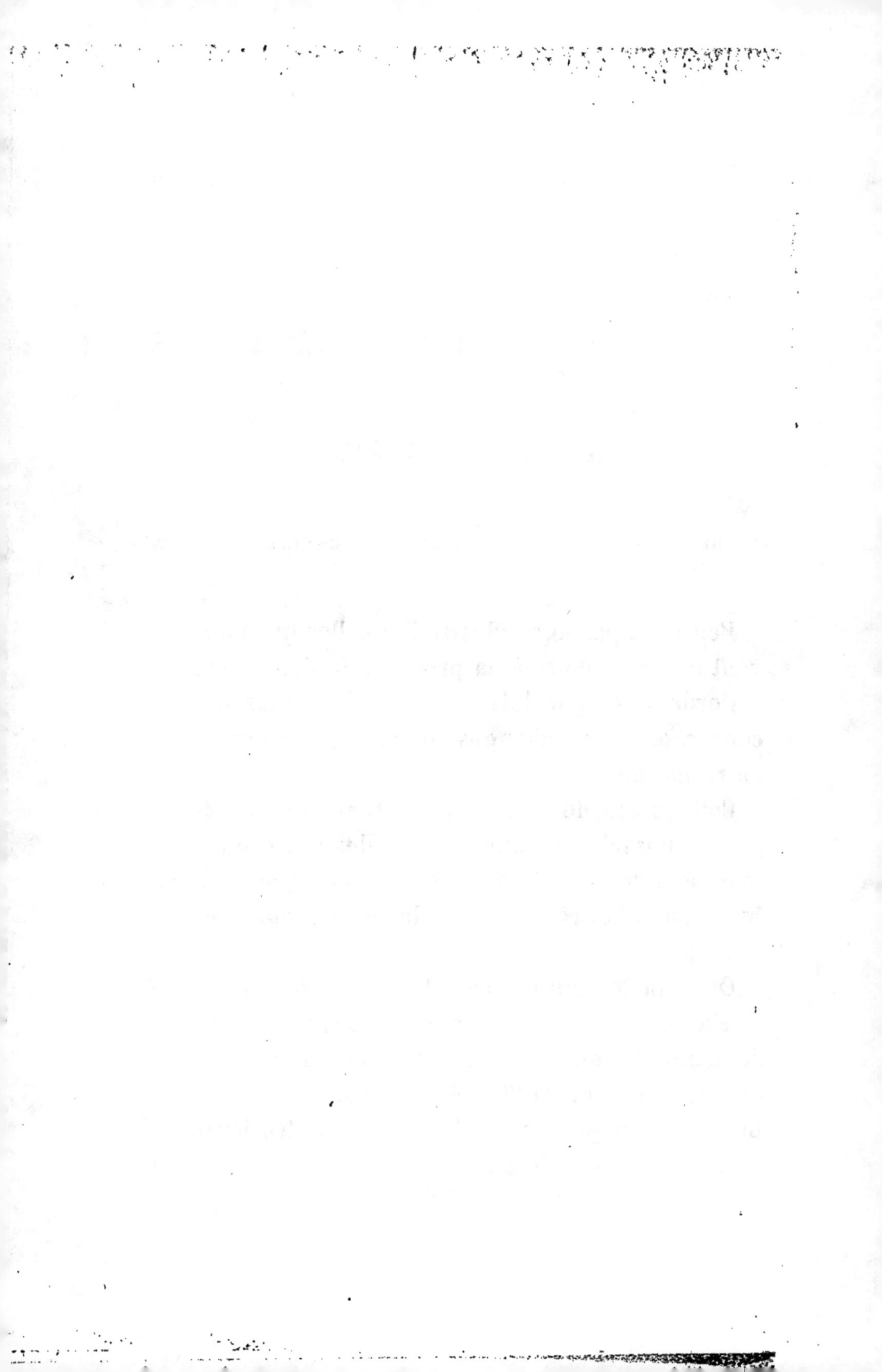

CHAPITRE DOUZIÈME.

DES LOIS INDUSTRIELLES ET COMMERCIALES.

J'entends par lois industrielles celles qui peuvent avoir rapport à la production dans tous les ordres, et par lois commerciales celles qui concernent les échanges entre particuliers et entre nations.

Cette sorte de lois formerait, si je ne la signalais pas ici, une sous-division des lois économiques. Elle ne doit avoir pour objet que la liberté dans la production et la liberté dans les échanges.

On appelle cette liberté des échanges quand il s'agit des Etats entre eux, *libre échange*. Je confonds sous le nom de liberté industrielle et commerciale, la liberté de produire et la liberté d'échanger ses produits, soit entre Etats soit entre particuliers.

C'est ici que viendrait la question de la protection des industries dans les Etats. Toutes les industries, lorsqu'elles sont à leur enfance, doivent quelquefois être protégées, c'est-à-dire sauvées d'une concurrence écrasante que leur ferait un Etat voisin, si celles de l'Etat voisin n'étaient pas assujetties, à leur entrée aux frontières, à des droits plus ou moins considérables. Mais toute protection ne peut être soutenue que pour le moment où un peuple jeune, comme industriel, a besoin de soutien pour devenir fort; mais elle n'est plus de saison par rapport aux nations parvenues à l'âge viril, et aux industries devenues puissantes. Dans tous les cas, alors, c'est le libre échange qui aura seul gain de cause, et ce sera lui seul qui, par l'émulation qu'il lancera entre les producteurs, poussera le mieux à la production universelle.

Je rejette donc toute protection en loi générale, quand il s'agit des républiques de l'avenir, et je garde seulement la loi du libre échange comme résultat futur.

Production libre, échange libre, commerce libre, tout libre, voilà le mot de l'avenir. Voilà comment les pays profiteront bien des richesses des autres pays.

Il n'y a pas deux siècles, en France, on ne

comprenait pas le développement de la production en toute matière sans les maîtrises et les jurandes. La Révolution a fait table rase de toutes ces chaînes. L'industrie y a-t-elle perdu de sa fécondité et de son excellence? Jugez-en par les expositions universelles que donnent les peuples, depuis qu'ils sont entrés dans la voie démocratique qui laisse aux individus toute leur initiative, toute leur liberté?

L'association, en industrie, produira des merveilles ; celle des travailleurs remplacera la richesse. Aujourd'hui c'est l'association des capitaux, ou plutôt des capitalistes, qui produit les siennes. Voyez ce que produisent et combien vendent les grosses maisons, comme celle des magasins du Louvre. Mais enlevez les intérêts aux capitaux, qui se mettra à leur place? Les travailleurs eux-mêmes, les petits associés. Ils deviendront forts et ce seront eux, c'est-à-dire le travail, qui aura le dernier mot. On verra si le progrès sera moindre, lorsque tous les déshérités de la terre y apporteront leur coup d'épaule.

Quel est l'effet des associations de capitaux? Y a-t-on réfléchi? N'est-ce pas uniquement d'attirer au grand atelier les bras affamés par l'appât d'une rémunération qui ne peut jamais être bien grande puisque le prêteur de l'instru-

20.

ment prélèvera pour lui une grande partie
des produits au nom de l'intérêt : eh bien, les
mêmes effets ne se produiront-ils pas beaucoup
mieux et beaucoup plus lorsque les bras viendront d'eux-mêmes, étant assurés d'avoir tous
les profits pour eux? Le producteur, en effet,
n'est pas le capital, c'est le travailleur ; le capital
n'est qu'un moyen d'avancer au travailleur ce
dont il a préalablement besoin avant d'avoir
travaillé. Que les travailleurs eux-mêmes, s'associent et travaillent, ils auront tout le produit
et seront, par là, intéressés beaucoup plus à travailler encore.

L'art, sous les rois, obtenait quelques pensions.
Corneille, sous Louis XIV, raccommodait lui-
même ses souliers. Aujourd'hui les grands ar-
tistes libres, lorsqu'ils savent plaire au public,
qui n'est que la démocratie elle-même, recueillent, dans une soirée, plus que le grand roi ne
donnait, dans une année, à tous ses grands hommes.

N'a-t-on pas toujours dit qu'il y a quelqu'un
qui est plus riche, plus fort, plus puissant que
le plus riche, le plus fort et le plus puissant,
et que ce quelqu'un c'est tout le monde?

Ce sera tout le monde qui aura les merveilles à
produire, et à récompenser, dans les républiques

futures. Jugez des progrès qu'elles enfanteront dans l'industrie, dans l'art, dans la science, dans tout ce qui constituera la richesse sociale.

Que tous les peuples produisent, d'autre part, dans chaque espèce, tout ce qu'il leur sera possible de produire, et, dès lors, le meilleur résultat pour l'humanité sera que les échanges se feront, en pleine liberté, dans le grand et dans le petit, en gros et en détail, attendu que ce sera grâce à cette liberté absolue des échanges que les individus et les nations se donneront mutuellement ce qu'elles produiront de même. La somme du bien-être sera alors la plus grande possible, et les produits seront au plus bas prix possible. Tout s'équilibrera, le faible recevra du fort ce qui lui manquera, le fort donnera au faible tout ce dont il aura de trop, et ainsi se réalisera le but suprême du progrès par la production la plus grande possible de toutes les contrées et de tous les propriétaires, et par le libre échange des produits les uns contre les autres.

L'humanité aura conquis enfin son âge d'or.

CHAPITRE TREIZIÈME.

DES LOIS BUDGÉTAIRES, OU FINANCIÈRES.

Je vais poser deux principes généraux sur lesquels seront établis tous les budgets de la nation.

Premier principe : Tout budget sera fondé sur l'estimation des fortunes en capital, et sera réglé proportionnellement à la fortune capitalisée de chaque citoyen.

Second principe : L'assemblée politique votera, chaque année, les budgets en les distinguant si bien les uns des autres, que chaque individu saura, par sa feuille de cotisation, ce qu'il donnera pour chacune de ses assurances, soit pour l'instruction primaire, soit pour l'administration, soit pour la justice, etc. J'ai dit *assurance* parce que le budget d'une nation n'est qu'une manière commune, pour cette nation, de s'assu-

rer des avantages que la communauté lui garantit au nom d'une force qui s'appuie sur toutes
les cotisations.

Dans ces deux principes est renfermé tout ce
que j'ai à dire sur l'organisation financière des
républiques futures.

La seule manière d'établir une répartition juste
des impôts, ou plutôt des cotisations et primes
d'assurances sociales, est de baser cette répartition sur la fortune de chacun évaluée en capital.

Il est vrai qu'après tout, l'évaluation en revenu
revient au même point lorsqu'on se pose dans le
système usuraire qui est en usage aujourd'hui,
puisque le capital est lié à l'intérêt et que l'intérêt est lié au capital, de telle sorte que l'un suppose l'autre et entraîne l'autre selon la règle des
proportions. Mais dans notre avenir, il n'existera
plus d'intérêts ni de rentes; il n'y aura plus que
des capitaux qui varieront chaque année selon
les fruits que produira le travail de chacun.
Cependant, il restera encore, à ce titre de fruits
du travail, des espèces de capitaux qui se com-
pléteront par annuités, lesquelles ressembleront
à des revenus. Mais ces annuités ne seront, en
réalité, que des parties de capitaux, qui devront
être estimées chaque année et payer leur cotisation proportionnelle à leur importance du moment.

Il faudra donc que les collecteurs des budgets
se fassent donner des déclarations de fortune par
les particuliers ; les cotisations seront établies
sur ces déclarations, et, dans le cas de mensonge
reconnu, la préemption telle que l'imagine avec
beaucoup d'ingéniosité M. E. de Girardin, suffira pour amener naturellement la peine du
mensonge et, par force, au bout de quelques
années, la véracité des déclarations. Le droit de
préemption était attribué au roi jadis dans les
affaires de douane : lorsque l'on faisait une déclaration moindre afin de payer moins, le fisc
pouvait en avoir la certitude ; dans ce cas, il
usait, au nom de la caisse royale, de ce droit ; il
disait : j'achète d'autorité la propriété au prix
déclaré ; et le tout s'exécutait ainsi. Si le propriétaire avait déclaré comme valant mille francs
une propriété qui en valait deux mille, afin de
payer moins d'impôt, le fisc disait : je l'achète,
et cette propriété devenait la propriété du roi.
Dans cet usage de l'ancienne royauté, il y avait
du bon : on pourra le rétablir dans les républiques de l'avenir, et il produira son effet au profit
de la caisse du peuple, au lieu de le produire au
profit de la caisse du roi.

Merci à M. de Girardin d'avoir restauré cette
idée. Je ne doute pas qu'au bout de peu de temps

de pratique, elle ne produise le meilleur résultat pour forcer la sincérité des déclarations.

On m'objectera : c'est là du communisme. Je l'accorde ; mais je n'ai jamais nié tout droit dans la communauté ; j'ai toujours dit, au contraire, que la communauté a des droits, qu'elle a, par exemple, celui de prendre des mesures efficaces pour immortaliser chez elle la liberté de l'individu : et ne dois-je pas lui accorder au moins le droit de prendre, en vue de ce but, les précautions qu'on accordait le droit de prendre à nos anciens rois? Elle peut faire évidemment pour la caisse du peuple ce que pouvait faire l'antique royauté pour sa propre caisse. Elle affectera, par exemple, les produits des préemptions dans l'avenir à des dotations en faveur des travailleurs pauvres, et des associations pauvres, dans le genre de ce qu'a rêvé M. F. Huet en faveur des générations naissantes, pour leur fonder des patrimoines. Je ne crois pas que le communisme ainsi pratiqué soit autre chose qu'une application générale de la fraternité évangélique. Ce n'en serait qu'une régularisation officielle, en même temps qu'un moyen de forcer la sincérité des déclarations.

Oui, tout individualiste que je suis, je peux être, logiquement, communiste jusque-là.

CHAPITRE QUATORZIÈME.

DES LOIS INTERNATIONALES.

Entre les diverses républiques qui composeront les Etats-Unis de l'avenir, des différends pourront toujours s'élever.

Qui les jugera ?

D'après la méthode antique, royale ou impériale, ce devraient être le canon et la baïonnette.

Il n'en sera pas ainsi.

Il n'y aura à les pouvoir juger, pacifiquement et sans effusion de sang humain, qu'une autorité supérieure ayant pour origine, comme toutes les autorités, l'individualisme des peuples eux-mêmes. Cette autorité consistera dans un sénat fédéral dont les membres seront nommés par les assemblées politiques des Etats. Car nous marchons, dès aujourd'hui, d'un pas rapide, à un temps où les hommes de toute race

21

et de toute classe n'obéiront qu'aux règles et aux lois qu'ils auront faites eux-mêmes, ainsi que le répète, avec tant de raison, M. Lemonnier dans toutes les conférences qu'il fait au public parisien à ce sujet. Il en sera ainsi dans l'intérieur des républiques et dans les relations des républiques entre elles.

Jusqu'à présent l'homme n'a imaginé et réalisé des tribunaux arbitres que pour les différends des particuliers entre eux; ce sont les juges de paix, et les autres cours et tribunaux particuliers. Est-il difficile de concevoir un grand tribunal d'arbitres nommés par les assemblées nationales, dont toutes les républiques auront accepté la compétence, et aux décisions duquel elles prêteront, pour l'exécution, leur force commune? Ce sénat suprême de la fédération examinera tous les litiges internationaux, et en décidera.

Si un Etat se croyait lésé dans le jugement et prétendait se révolter contre son prononcé en dernier ressort, tous les autres tomberaient sur lui et lui imposeraient de se soumettre. C'est ainsi que, d'après une convention primitive acceptée par tous, une force insurmontable se lèverait aussitôt, et imposerait au réclamant la soumission et, par suite, la paix.

De là, plus de guerre ; par ce moyen l'homme aura réussi à réaliser la fameuse prédiction d'Isaïe : « Les peuples ont transformé tous leurs glaives en socs de charrue. »

Y a-t-il quelque utopie plus facile à comprendre que celle-là, et plus facile à mettre en pratique?

C'est par cette réalisation même que se formera le droit international, qui ne sera plus que la loi générale de la paix assurée contre toutes les éventualités de guerre.

Les grands intérêts des nations seront fixés par ce droit lui-même, à mesure qu'ils se révéleront, en sorte que le sénat arbitral que je vois siégeant toujours, chacun de ses membres étant, sans discontinuité, révocable par ses électeurs qui seront les membres eux-mêmes des assemblées des Etats, sera une perpétuelle providence réglant et modérant les mouvements de l'océan des peuples.

Je n'entrerai point dans les détails : mon esprit n'y suffirait pas : je les laisserai déduire à ceux qui me liront et surtout aux membres du grand tribunal, qu'instruiront sans cesse des faits nouveaux quand ce tribunal sera fondé au sein des nations.

Ce sénat suprême international sera compé-

tent aussi pour ramener toute république faisant partie de l'union à l'esprit de sa constitution, s'il arrive, ce qui ne manquera pas d'avoir
lieu quelquefois, qu'elle s'écarte de la voie tra-
cée par la nature et la raison, et se jette dans la
violation des libertés constitutionnelles inviolables. Cet Etat sera jugé et condamné par le
sentiment de la justice absolue, lorsqu'il s'éri-
gera en tyran sur lui-même, et il le sera, en
même temps, par le sénat arbitre du juste et du
vrai ; car les majorités sont faillibles aussi bien
que les minorités ; il sera, dans ce cas, marqué
d'une note de flétrissure publique qui sera
infligée à ce coupable collectif pour un temps
indéterminé ne devant avoir sa fin que par un
retour à la justice ; car rien ne sera éternel en
fait de condamnations, puisque toute flétrissure
disparaît, de par la nature, quand disparaît sa
cause.

Qui sera chargé de maintenir en force de loi
cette sanction du grand sénat arbitre ? Ce sera
la force même universelle, la force de tous les
Etats réunis contre l'Etat rebelle qui voudrait la
guerre et qui ne pourra pas la faire, la tyrannie
et qui ne pourra pas l'exercer ; la paralysie
à laquelle il sera assujetti sera sa peine, aussi
longue que le sera sa révolte, et cette peine

elle-même éternisera sa flétrissure aussi longtemps qu'il la fera durer, mais pas un jour de
plus. Les Etats seront soumis, comme les particuliers dans chacun d'eux, à cette conséquence
du mal lui-même, pendant toute sa durée seulement. Cette paralysie se guérira par la cessa-
tion de sa prétention même.

Rien de plus simple que cette organisation.
Elle ne serait pas facile à établir avec des em-
pereurs et des rois, dont un seul caprice suffit
pour briser toute loi ; mais avec des républiques
représentées par des majorités d'assemblées nationales, tout se simplifie et devient facile.

Alors le monde s'étonnera d'avoir vécu si
longtemps, exposé sans cesse aux grands com-
bats de peuple contre peuple, et aux inonda-
tions sanglantes, lorsqu'il était si simple de s'entendre comme il vient d'être exposé.

Le remède sera sans cesse appliqué au coupable en garantie contre la guerre, et cessera
d'avoir vitalité dès que le coupable reviendra à
résipiscence.

Telles seront les fonctions du grand tribunal
d'arbitres entre nations. Et la sanction, qui le
rendra tout-puissant, qui en fera la providence
de la terre, sera la coalition même universelle
se levant, par la nécessité de son mandat, contre

tout violateur des grandes lois fondamentales.
Cette coalition organique consolidera sans cesse
l'existence de ces lois et les rendra immortelles.

Ainsi la paix d'une part et la liberté d'autre
part, seront solidifiées par le juge suprême représentant le vrai souverain, qui est tout le
monde, et fonctionnant toujours, que je me
plais à imaginer.

CHAPITRE QUINZIÈME.

DES LOIS HYGIÉNIQUES PRÉVENTIVES ET CURATIVES, POUR LA SANTÉ DES CORPS.

L'organisation de l'homme en société doit avoir pour but la santé morale et la santé physique. Les lois pénales, dont je dois parler dans le dernier chapitre, visent à la conservation de la santé morale des esprits. Les lois hygiéniques doivent viser au maintien de la santé physique des corps.

Les lois hygiéniques seront élaborées par la science et par la raison, et sans cesse mises à exécution, dans les États, en vue de guérir les corps et de les préserver des maladies qui leur font la guerre. Ce n'est pas sans doute la visée la plus importante que doit se proposer l'État; celle qui a pour objet les âmes est plus capitale, et, bien que ce soit la religion qui s'en charge

directement, l'Etat ne s'en occupe pas moins
lui-même, ainsi que je vais le dire dans le chapitre suivant, par ses lois pénales, qui doivent
être à la fois préventives des crimes, et cura-
tives des vices.

Les lois hygiéniques sont les seules sur lesquelles je porte en ce moment ma pensée.

Ces lois seront un résultat, toujours progressif, des travaux scientifiques, et, par là même,
ne seront jamais données pour parfaites. Elles
seront, au contraire, constamment modifiables,
étant constamment livrées à l'étude des savants.
Mais enfin elles formeront un corps de règlements qui ne sera pas le moins considérable des
codes de la nation.

L'assemblée politique chargera une commission de savants théoriciens et praticiens de travailler sans cesse à la confection et à la modification de ce code de la santé publique.

Chaque année il en sera fait une édition nouvelle qui sera portée à la connaissance de tout
le peuple et rigoureusement mise à exécution
sur toute l'étendue du territoire.

Quoi de plus précieux pour un Etat que la
bonne santé de ses membres, surtout lorsqu'ils
deviendront tous travailleurs et que le travail
sera devenu, lui-même, la seule source des ri-

chesses nationales? N'est-ce pas ce but qui doit
être l'objet de ses premiers soins? Combien
n'est-il pas important pour toute une population, qu'elle soit mise à couvert des grandes
épidémies, des maladies de toute espèce, afin
que ses membres soient appelés à la plus longue
vie possible et au passage le plus agréable possible de cette longue vie dans l'autre?

La commission d'académiciens qui sera toujours chargée de la rédaction du code de la santé
publique sera donc le pouvoir scientifique le plus
important de la nation et sera un des mieux
rétribués.

Il se recrutera de lui-même, au concours,
avec brevet de capacité décerné par un jury
composé de ses propres membres, et par une
élection du suffrage universel obligé de choisir
parmi les brevetés. Ce sera une sorte de conseil
d'Etat qui prendra le nom de conseil d'hygiène.

Alors se réalisera officiellement l'avenir prédit
par le grand Descartes dans la phrase même par
laquelle il termine son *Discours de la méthode* et
par laquelle il annonce que la médecine fera un
jour d'assez grands progrès pour que tout
homme passe sa vie sans les inconvénients, les
maladies et les infirmités des divers âges; et pour
que tout individu fournisse agréablement la car-

21.

rière qui lui est assignée par la providence, et sorte de cette vie pour entrer dans l'autre comme on sort d'un jardin pour entrer dans un plus beau, le soir d'une belle journée.

CHAPITRE SEIZIÈME.

DES LOIS, PÉNALES, PRÉVENTIVES ET CURATIVES, POUR LA SANTÉ DES AMES.

Il s'agit ici des sanctions judiciaires et pénales, que la loi pourra opposer, dans ses dispositions, contre la révolte devant ses libertés constitutionnelles et contre ses mesures de toute espèce, soit essentielles, soit positives, ou tirant leur solidité du seul consentement unanime des citoyens s'accordant pour s'imposer à eux-mêmes telle ou telle réglementation. Il s'agit, en un mot, de ce que de grands publicistes ont appelé le *droit de punir*.

D'abord y a-t-il, à proprement parler, un droit de punir?

Si un tel droit n'existe pas en Dieu, ou pour la cause naturelle et universelle des êtres, pourrait-il exister dans une des créations sur une autre création ?

Il suffit, ce me semble, de poser la question pour la résoudre. Il est évident qu'un tel droit ne peut découler que de l'origine des êtres, et que, s'il n'existe pas dans cette source, il ne peut exister dans aucune de ses dérivations.

Or je dis que le droit de punir n'existe pas même dans le créateur universel.

Si, en effet, le droit de punir à proprement parler existait dans le producteur sur sa production libre, ce producteur ne produirait jamais la créature dont il verrait la destinée aboutir, en dernier résultat, à la punition définitive, la seule punition solide et admissible en tant que punition, ce qui, pour le bon logicien, se résoudrait dans la fixation éternelle du méchant dans le mal.

C'est ainsi que les théologiens catholiques ont entendu la punition irrévocable ; et ils ont eu raison dans leur logique en supposant que le droit de punir existât réellement.

Mais c'était en vain qu'ils supposaient, dans le principe éternel, ce droit de punir. Le producteur des êtres relatifs, par là même qu'il est absolu, s'il pouvait être investi de ce droit, ne pourrait qu'exiger, en vertu de la logique ex-

acte, que les causes posées produisissent leurs
effets. Le crime est une cause, et les effets du
crime sont des maux. Dieu veut l'avénement de
ces maux comme il veut qu'un torrent produise
ses ravages, et il ne peut ne pas les vouloir en
permettant le torrent ; mais ces ravages ne sont
point éternels, ils conduisent toujours à de nouveaux effets qui ne sont, en résultat dernier, que
le progrès lui-même.

Entendons-nous : le droit de punir existe si
l'on comprend par ce droit, le droit de médica-
tion en vue de guérir, mais pas autrement.

Oui, toute cause produit ses effets ; et ces effets sont bons ou mauvais par leur nature ; ils
peuvent être une défaillance dans la marche
ascendante des êtres, un recul ; mais tout être
supérieur, et Dieu la grande cause, comme toutes
les causes, a toujours le droit et le devoir de
ramener par son influence souveraine, autant
que cette influence le peut faire, le bien dans le
mal lui-même et d'appliquer le médicament pour
la guérison.

Quand le père, la mère, le maître punissent
un enfant, est-ce pour le punir purement et simplement, et pour la seule idée brutale de le punir ? Non, c'est toujours dans le but ultérieur de
le corriger de ses défauts et de lui faire du bien.

C'est ainsi que Dieu, et tous les êtres domi-
nants, entendant bien leur droit, doivent comprendre le droit de punir. Ce droit devient chez
eux le simple droit de médicamenter pour guérir.

En politique, le droit de la communauté ne va
pas au delà; le droit de punir n'est, dans sa conception véritable, qu'un droit de guérir; et ce
droit est immédiatement flanqué du devoir cor-
respondant.

Maintenant, la punition étant ainsi comprise,
peut-on admettre le droit de la peine de mort?

Non, mille fois non, puisque la mort est la rup-
ture de la vie, et par suite, exclut la guérison
qui est, non pas l'anéantissement, mais une ren-
trée dans la vie même, une résurrection morale
et physique.

C'est ainsi que le droit de punir, et partant celui d'employer la peine de mort, se réfute par son
essence même; son essence est une impossibilité dans l'être, une contradiction à l'essence
même de l'être.

Autre raison plus relative, et *a posteriori :* où
la communauté aurait-elle pris le droit de tuer
un de ses membres, quelque coupable qu'il soit?
N'ai-je pas dit que le droit de faire des lois ne naît
et ne peut naître que de l'accord des membres
mêmes de l'association, et en supposant que ce

droit ne s'étendra jamais au delà de la limite jusqu'où s'étend celui de l'individu de se légiférer
lui-même?

Or l'individu a-t-il le droit du suicide? Jamais.
Donc la communauté n'a pas le droit de tuer un
seul de ses membres. Elle n'a que le droit, et par
suite le devoir, de faire de son mieux pour le
guérir.

C'est là que J.-J. Rousseau est évidemment
en défaut. Il dit que le coupable, en se rendant
coupable, renonce à son droit de vivre ainsi
qu'il en est convenu dans le *Contrat social*. Mais
l'individu avait-il le droit de renoncer à la vie
pour le cas échéant? Non, mille fois non. Donc
paradoxe partout.

La perversité est la plus grave de toutes les
maladies, non pas parce qu'elle serait toujours
l'effet d'un *fatum*, d'une folie inévitable, ainsi
que le prétendent certains matérialistes, qui
sont, par cette prétention, l'immoralité elle-
même incarnée; mais en ce sens que l'usage
pervers de la liberté est, non pas une folie de l'esprit, mais la pire des maladies de la liberté
même. Il faut donc chercher à la guérir; et sera-
ce en fixant l'âme dans son mal à jamais par la
mort, autant que nous pouvons en connaître l'essence, qu'on guérira cette perversité?

Non.

La peine juridique de la mort est la plus horrible des abominations légales : elle dit à ce criminel : Meurs, c'est-à-dire, sois à jamais fixé dans ta criminalité.

Quoi de plus affreux, en vraie et pure morale? C'est pourtant dans cette déplorable aberration qu'est tombé Rousseau, dans son *Contrat social*, par un excès de communisme.

La peine de mort fut proscrite dès l'origine, si l'on en croit la Genèse qui nous représente Dieu mettant un signe sur le front du premier fratricide, Caïn, avec cette devise : « Quiconque tuera Caïn en sera puni au septuple. » Il est vrai que cette peine fut, plus tard, rétablie par une espèce de contradiction, à cause des crimes qui se multipliaient sur la terre, c'est-à-dire, injustement dans le chaos des injustices. Qui ne sait que souvent un vice n'est bien combattu que par un autre vice?

La justice exacte n'est que dans la conformité de la conduite aux règles invariables de la rectitude en elle-même.

La peine de mort commence aujourd'hui à perdre pied dans le domaine politique et social. Déjà un grand nombre d'Etats ont supprimé la peine de mort en toute matière et s'en trouvent bien.

Ces suppressions commencèrent en 1826, et se sont continuées jusqu'en 1874 ou 76; elles se font remarquer dans un grand nombre d'Etats d'Europe et du Nouveau-Monde. En voici la liste aussi complète que j'ai pu me la procurer avec les dates de la suppression.

Plus de peine de mort,

Depuis	Dans
1826 :	Le grand-duché de Finlande.
1830 :	La Louisiane.
1831 :	L'île de Taïti.
1846 :	L'Etat de Michigan.
1849 :	Le duché de Nassau.
id. :	Le grand-duché d'Oldenbourg.
id. :	Le duché de Brunswick.
id. :	Le duché de Cobourg.
1852 :	L'Etat de Rhode-Island.
1859 :	La république de San-Marino.
id. :	La Toscane.
1860 :	La Roumanie.
1862 :	Le grand-duché de Weimar.
id. :	Le duché de Saxe-Meiningen.
1863 :	Le canton de Neufchâtel.
id. :	Le canton de Zurich.
id. :	Le grand-duché de Bade.
1864 :	L'Etat de Colombie.

Depuis   Dans

1866 : Le Wurtemberg.

1867 : La Suède.

 id.   : Le Portugal.

1868 : La Saxe.

1878 : La Hollande, ou les Pays-Bas.

1874 : Les vingt-cinq Etats de la Confédération Suisse (abolition de la peine de mort d'un seul coup, par l'adoption en bloc de la nouvelle constitution fédérale portant cette abolition : La nouvelle constitution fut adoptée par le peuple suisse le 21 mai 1874 par 340,190 votants contre 198,013.)

Si l'on fait l'addition de ces Etats précurseurs de l'avenir, on trouve un total de quarante-huit. Mais avant 1874, la Suisse avait déjà compté deux de ses cantons, celui de Neufchâtel et celui de Zurich, parmi ceux qui avaient préludé, dès 1863, à cette grande réforme, en sorte qu'il faut réduire le total à quarante-six, au moment où j'écris. Il paraît, d'ailleurs, que la Suisse remet aujourd'hui la question sur le tapis.

1876 : L'Italie. (A vérifier à titre de résultat définitif.)

Los raisons qui ont déterminé ces Etats à supprimer de leur code pénal la peine de mort, sont surtout des raisons pratiques.

On a remarqué, en effet, depuis les adoucissements qu'ont apportés dans les peines les temps qui ont suivi notre grande révolution de 89, que la pratique de la peine capitale excite plutôt aux grands crimes qu'elle n'en modère le cours. Les aumôniers des prisons qui accompagnent les condamnés à mort au supplice, sont tous d'accord pour reconnaître que toute exécution capitale est, en général, suivie d'assassinats. Le sang, disent-ils, appelle le sang, et l'exemple, donné par la société elle-même de l'exécution du coupable, est mauvais dans la société : Quand on voit, disent-ils encore, la loi elle-même, s'armer du couperet, on ne craint guère, quand on est criminel, de l'imiter.

C'est, au reste, ce qui se trouve aujourd'hui assez bien confirmé par l'expérience des pays qui conservent la peine de mort, comparés à ceux qui y ont renoncé ; c'est précisément dans ces dernières contrées que les assassinats deviennent plus rares.

On dit, en parlant des criminels : Que ces scélérats n'ont peur que de la mort. Comment peut-on faire un aussi mauvais raisonnement? Il s'ensuivrait qu'il faudrait, comme Dracon, appliquer la mort à tous les crimes. Les voleurs de tous degrés n'ont pas à craindre la mort; ne devrait-on pas, pour les arrêter, la leur donner à craindre? Mais ne serait-ce pas aussi d'une injustice trop criante?

D'ailleurs n'est-il pas facile de répondre par les faits, qu'en général, les crimes diminuent beaucoup en nombre, précisément depuis que la mort a cessé d'être appliquée à beaucoup de criminels, que les circonstances atténuantes en sauvent de la peine capitale un si grand nombre, et que les punitions sont devenues moins fortes.

Laissons toutes ces raisons plus ou moins banales, et reportons-nous toujours à la raison primordiale que j'ai commencé par exposer : Non, la société n'a pas le droit d'user de cette peine; elle n'a qu'un droit : celui de donner à toutes ses punitions le caractère de moyens curatifs des âmes criminelles.

Etudions un peu cette question, et imaginons, autant que possible, quel sera, dans l'avenir des républiques, le régime des prisons.

Je ne parlerai pas du régime, de fait, absurde et ignoble qui caractérise aujourd'hui notre système pénitentiaire, nos prisons, même simplement pré-

ventives et nos bagnes. C'est le vol pratique et la
brutalité organisés contre nos prisonniers. Ceux
qui sont des malades — non pas fous sans doute
mais méchants — et qui ont le plus besoin de
traitements curatifs, sont les plus délaissés à eux-
mêmes, sont les plus exploités des hommes.
Sous prétexte de les punir de leurs forfaits, on
leur insinue l'éducation du crime, du vice, du
vol; on les assujettit à des larcins sur leur travail. C'est quelque chose de hideux que ce re-
paire de prisonniers qu'on appelle un bagne, une
prison centrale, une prison départementale.
Gardiens et surtout entrepreneurs conspirent
entre eux pour spolier les personnes et les faire
travailler pour rien. Il y a mieux : on les traite
parfois brutalement jusqu'à les faire mourir; on
les roue de coups de nerf de bœuf dans les caves
à l'ombre, afin qu'ils ne puissent invoquer les
règlements et que nul ne le sache. C'est horrible, et le malheureux prisonnier n'a personne
qui le protége, qui puisse seulement invoquer
la loi pour sa défense.

Dans les prisons de prévention, telles que
celle de la préfecture de police de Paris, on a
vu, paraît-il, assujettir des prévenus à des tortu-
res pour les forcer d'avouer des délits qui pou-
vaient n'être qu'imaginaires et dont ils pou-

vaient s'accuser eux-mêmes par lâcheté devant
la douleur. On le faisait, surtout, dit-on, sous
l'ordre moral, par esprit de propagande politique
antirépublicaine, monarchiste et impérialiste.
On donnait à ces épreuves des noms d'argot, tel
que celui de *ligoter* ou de *passer à tabac*[1]? c'est
ce que paraît bien révéler, dans les jours mêmes
où j'écris, un procès célèbre dont les foules pari-
siennes sont si vivement et si justement préoc-
cupées[2].

Ce n'est pas ainsi que seront organisées les
prisons dans les républiques de l'avenir.

Ces prisons futures seront des hôpitaux de
coupables où l'on se donnera la peine de les
traiter avec la bienveillance la plus persistante,
la plus acharnée, en vue de les guérir et de pouvoir les rendre à la société, étant redevenus
honnêtes.

Dans ces hôpitaux, on n'établira pas le
régime selon l'énormité de la criminalité primitive. On classera les personnes, selon l'expérience qu'on aura acquise de leurs caractères.
On fera assez de dépenses, dans ces établissements, pour que les surveillants puissent caté-

1. Ces deux expressions signifient : lier les poignets si fort,
avec une ficelle, que le sang en jaillit à travers la peau.
2. Le procès de *la Lanterne* (janvier 1879).

goriser leurs hommes et leurs femmes et les traiter paternellement selon leur catégorie.

Dans chaque prison, il y aura le régime cellulaire et le régime en commun. Il y aura aussi les ateliers ; l'ouvrier de l'atelier d'une prison sera rétribué de son travail d'une manière juste, car le travail y restera le principal élément moralisateur.

Combien de fois n'ai-je pas entendu dire, dans des prisons, que les hommes de loi s'y prennent de manière à les entretenir pleines afin de maintenir leur métier fécond. C'est, dit cette population étrange des pénitenciers, une des mesures et un des calculs de tout gouvernement.

Dans les républiques de l'avenir, la société ne négligera pas cette partie malheureuse de ses membres. Elle n'épargnera pas les dépenses pour faire de ses pénitenciers des établissements vraiment fondés pour guérir.

Les condamnés y seront classés par catégories, ai-je dit, basées sur l'expérience bien étudiée des individus qui subissent leur peine.

Il n'y aura d'abord aucune peine qui soit absolument éternelle, et qui ne laisse à celui qui la subit l'espérance de la réhabilitation.

Dans chaque établissement curatif, on organisera tous les systèmes et tous les régimes,

afin que des surveillants intelligents et paternels
puissent appliquer à tel ou à tel celui qui lui
convient. Il y aura la cellule pour les uns, le
régime de la communauté pour les autres. Il y
aura pour tous le travail, et le travail justement
rémunéré. On modifiera le régime selon les dispositions du sujet. La résignation y aura sa ré-
compense.

La peine fondamentale du malheureux coupable sera la privation de la liberté; point de
sévice corporel, point de cachot, point de torture.

Ceux qui s'amélioreront finiront par l'atelier,
qui se rapprochera de la liberté complète dans
une certaine mesure.

Le condamné sera un ouvrier comme tout autre; il s'assurera un pécule suffisant pour le
mettre hors d'embarras lorsqu'il rentrera dans
la société.

En un mot, on travaillera d'autant plus acti-
vement à l'amélioration morale du condamné,
que le condamné aura un plus grand besoin de
soins dans cette visée. Aucun de ces tristes enfants de la cité ne sera plongé pour toujours
dans son isolement. Tous pourront, lorsqu'ils
s'amélioreront, espérer redevenir libres comme
l'est tout citoyen, et ils auront sans cesse sous

les yeux des exemples de réhabilitations de leurs camarades, qui les encourageront à se bien con-duire pour courir au même but.

Il y aura peut-être des incurables que l'on sera obligé de garder bien longtemps dans la cellule elle-même. Mais pour aucun, ne sera ab-solument fermée la porte de l'espérance.

Nulle peine ne sera tellement rigoureuse par l'effet de la condamnation, qu'elle ne puisse être modifiée par suite de la bonne conduite et du repentir.

Les prisons des républiques futures, au lieu d'être des repaires de bêtes fauves, des écoles du vice, des enfers éternels en ce temps, seront des maisons de santé morale, dans lesquelles les plus grands criminels eux-mêmes pourront tou-jours se corriger.

Jésus n'a-t-il pas dit : « A tout péché miséri-corde. » La prison ne sera organisée par l'Etat d'une manière rationnelle que lorsqu'elle le sera selon l'Evangile. Or l'Evangile a posé devant l'homme l'espérance et non le désespoir.

Point d'enfer éternel, ni dans ce monde ni dans l'autre.

Au sortir de la prison, la peine accomplie ne gardera, au moins explicitement, aucune traînée telle que la surveillance de police, et la perte des

22

droits de citoyen, lesquelles font au malheureux, dans la société, une position de vrai damné
sur la terre, ne pouvant même trouver moyen
de gagner sa vie. On fera en sorte de cacher le
passé de l'individu et de le remettre dans une
position analogue à celle de tout le monde.

Voilà les idées générales sur lesquelles seront
fondés les systèmes pénitentiaires de l'avenir :
ce ne seront pas des systèmes de punition purement punition; ce seront des systèmes de cura-
tion et de réhabilitation des âmes.

On suivra le conseil de Jésus : On lui avait
annoncé un jour, sur les frontières de la Galilée,
une terrible exécution capitale qu'on venait d'appliquer sur de grands coupables galiléens, dont
on avait versé le sang comme ils l'avaient eux-
mêmes versé; il repondit : « Ces Galiléens étaient-
ils aussi coupables que vous semblez le croire ?
Soignez le figuier stérile et ne le coupez pas. Mettez du fumier à l'entour; taillez bien ses branches;
et il finira peut-être par vous donner du fruit.
S'il n'en donne point, laissez faire Dieu, qui le
traitera comme il le jugera à propos, dans les
années suivantes. » Alors on verra, enfin, la loi
officielle appliquer, dans les prisons, la morale
curative de Jésus-Christ.

Cette morale est celle qu'enseigne la raison et

dont la nature donne sans cesse l'exemple à l'être
raisonnable. Y a-t-il dans la nature aucune fixation dans le mal absolu? Toute maladie n'a-t-elle
pas, près d'elle, la possibilité de la guérison et,
par là même, de la réhabilitation du malade dans
la vie. La nature ne prend-elle pas soin, par
elle-même, de rendre à son malade la force, les
éléments vitaux, le sang, les pièces perdues ?
Ne se remet-elle pas toujours à travailler pour lui
rendre une vie et une santé nouvelles? c'est l'exercice même de ses droits qu'elle réclame et reprend
pour en user, c'est son activité même qui se met
en opposition avec la mort pour rétablir la vie à
sa place. Quelle leçon perpétuelle ne nous donne
pas la nature ? Elle travaille sans cesse, a dit encore Jésus, pour la vie. « Mon père travaille
sans cesse ; je dois faire de même. » La mort
éternelle serait la négation de l'être à jamais. Ce
non absolu n'existe point dans la nature, dans
l'être, n'existe point chez Dieu ni partout où il règne. Trouvez donc un bagne, dans le monde, où
ne règne plus Dieu !

Non ! aucune peine n'existe à perpétuité nulle
part, quelque minime qu'elle soit. Et toi, ô
homme, tu ferais la peine éternelle, la vraie
mort, la négation absolue de la vie !

Suivons, là-dessus, la leçon du Christ, la leçon

du Bouddha des Hindous, la leçon de Zoroastre, la leçon de la Sagesse la plus universelle et la plus antique, enfin la leçon de Jésus !

Toute peine doit être une manière de guérir, de développer une ascension dans la vie.

Point de mort éternelle !

Point d'ombre absolue !

Cela dit sur les grosses peines, il me reste à dire quelques mots seulement sur les petites. Celles-ci seront imaginées par les esprits ingénieux sur ce double principe que la peine doit être impliquée dans les résultats mêmes de la faute et qu'elle doit conduire à sa propre annulation. J'en citerai deux exemples.

Quelle sera la peine de l'adultère qu'il soit commis par l'époux ou par l'épouse de toutes les espèces de mariage ? Je n'en vois qu'une qui me paraisse rationnelle. C'est celle d'un déshonneur public infligé aux coupables. Ce déshonneur leur sera appliqué, par l'inscription de leur nom sur une liste communale qui sera affichée dans ce but devant la mairie de la localité et y restera affichée durant un long temps, par exemple durant une année tout entière.

Quelle sera la peine des parents dont les enfants ne sauront pas les premiers éléments de l'éducation primaire, à l'âge de douze ou treize ans par exemple?

Cette peine me semblerait devoir être une privation, durant un temps assez long, soit pour trois, quatre ou cinq ans, des droits civiques, avec ou sans affiche publique, selon la gravité des cas; la récidive sera toujours considérée comme plus grave.

Ces exemples et indications suffiront pour faire travailler, sur la bonne voie, les esprits ingénieux.

Dans tous les cas possibles, aucune des peines ne sera perpétuelle. Toutes seront limitées à un temps, au bout duquel se fera d'elle-même, sans enquête ni jugement nouveau, la réhabilitation.

En principe général, on aura largement recours aux amendes, lorsque les coupables seront riches; dans ces cas, disait dernièrement Gambetta avec raison, frappez la caisse sans merci; c'est l'endroit sensible; n'est-ce pas ce qu'on fait en Angleterre? l'amende sera donc la grande ressource du code pénal de l'avenir, toutes les fois qu'on pourra l'employer. Il n'y aura pas à craindre, sur ce terrain, de blesser la justice naturelle, comme cela est toujours à craindre lorsqu'on s'attaque à la personne et à sa liberté.

22.

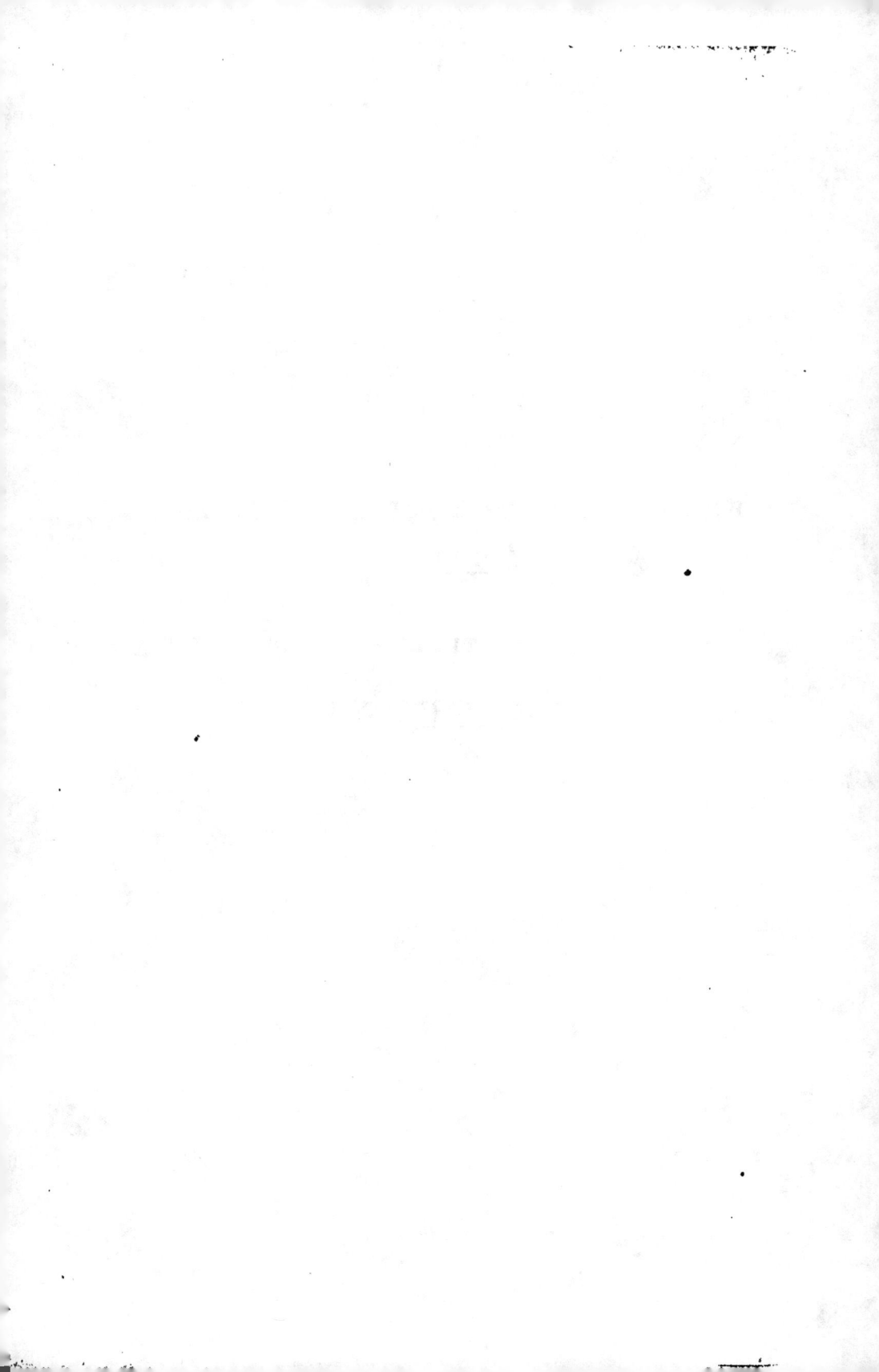

DE LA JUSTICE DANS L'EXERCICE DE LA SOUVERAINETÉ

QUATRIÈME PARTIE ET CONCLUSION
LA FRATERNITÉ

CONCLUSION.

L'AMOUR ET LA FRATERNITÉ.

Je viens de tracer pour les citoyens de tous les âges, à mesure qu'ils arriveront à la puberté, et qu'ils se montreront suffisamment experts dans la science des hommes, un croquis de généralités qui pourra leur servir à établir leurs institutions, à fixer leurs libertés, à formuler leurs lois, et qui pourra devenir le germe d'une organisation vraiment républicaine pour les cités de l'avenir.

Ce croquis n'est que le fruit d'une tête philosophique, et c'est pour cette raison que je le recommande à mes compatriotes. J'entends par mes compatriotes tous mes concitoyens cosmopolites répandus sur le globe, sans aucune exception. Qu'ils le jugent, qu'ils le comprennent dans son audace radicale; et, s'ils le trouvent

bon qu'ils le modifient, mais surtout qu'ils en
conservent tous les principes, qui ne sont que
des principes de liberté, et qu'ils aient soin de
se rendre dignes d'établir et d'observer, un jour,
des institutions aussi radicalement libérales et
humanitaires.

Ces institutions ne sont pas si effrayantes
qu'elles pourraient le paraître, puisque l'on vit,
dès 1848, le même citoyen, Jules Grévy, qui
vient d'être nommé par nos deux chambres,
réunies en *Assemblée nationale*, président pour
sept ans de notre République française, en rem-
placement du maréchal de Mac-Mahon, enfin
démissionnaire grâce à M. Dufaure dans une
journée qui restera celle de sa gloire, proposer
à notre constituante, de cette grande date, de réduire le président, qu'il s'agissait de nommer, à
un simple chef de cabinet choisi par l'assemblée,
non par la France, et déclaré par elle élu pour
un temps illimité, mais toujours révocable ; proposition mémorable qui trouva 158 esprits assez
judicieux et assez hardis, parmi nos représentants, pour la voter dans la séance du 7 octobre
1848, en déclarant ledit président *incessamment
révocable* par ses mandants. M. Grévy lui-même,
notre président depuis quelques jours, ne pré-
ludait-il pas, alors, au triomphe futur de toutes

les idées qui servent de base au plan gouverne-
mental que j'ai exposé dans ce livre? La première
fonction de l'Etat doit être sans cesse *révocable*
par ceux qui l'ont décernée, et il doit en être de
même de toutes les fonctions dans toute l'échelle
de la subordination ou des serviteurs. Alors seulement régnera l'individualisme national, alors
seulement la vraie souveraineté du peuple sera
en permanence. Que notre citoyen Grévy soit
conséquent avec lui-même, qu'il étende sa révocabilité du mandataire à toutes les fonctions
et à tous les électeurs, que la représentation nationale pense, vote et décrète en harmonie avec
lui, et nous entrerons enfin dans la vraie république...

Je n'ai plus qu'un mot à dire à mes compatriotes; je leur ai exposé l'*égalité* et la *liberté*
dans leur règne le plus complet, le plus pur, le
plus beau. Reste la *fraternité* dontje n'ai rien dit
encore.

Cette troisième puissance vient se poser devant moi, comme la reine des déesses du cosmos;
elle termine la grande trilogie politique et sociale; je lui dois quelques paroles enthousiastes.

Avec l'application des bases que je viens de
formuler dans mon livre, vous aurez, citoyens de
toutes les cités, ce que vous aurez aimé, ce que

vous aurez choisi. Vous aurez des tyrans, quand
vous aurez le goût des tyrans, vous aurez pour
guides des amis de la liberté, quand vous aurez
à cœur de les choisir tels.

Avec la révocabilité permanente de vos mandataires, et avec la prescription perpétuelle de
vos lois par simple absence de rénovation, que
ne pourrez-vous pas sans cesse sur vos gouvernements? Quels que soient vos maîtres et vos
lois, ne devrez-vous pas dire, quand ils seront
mauvais, quand elles seront mauvaises : « Par
ma faute. »

Aussi dois-je encore, en finissant, faire res-
sortir l'importance absolue d'arriver à faire régner, au-dessus de cette organisation que j'imagine sur les bases de la pure justice, le firmament
lumineux de l'amour, âme intime et féconde de
la fraternité sociale.

Oui ! l'amour seul, citoyens, vous fera l'avenir
que je rêve.

Relisons ce qu'en disait le grand Paul, l'ami
parfait de Jésus :

« Si je parle les langues des hommes et des
anges, et que je n'aie point l'amour, je suis
comme l'airain sonnant, comme la cymbale re-
tentissante.

» Si j'ai le don de prophétie, pénètre tous les

mystères, possède toute science, si j'ai toute foi et que je transporte les montagnes, et que je n'aie point l'amour, je ne suis rien.

» Si je distribue tout mon bien pour nourrir les pauvres, si je donne mon corps pour être livré aux flammes, et que je n'aie point l'amour, de quoi me servira le reste?

» L'amour est patient, bénigne; l'amour n'est point envieux et n'agit point à contre-temps, il ne s'enfle point.

» Il n'est point méprisant; il ne cherche point son propre bien; il ne s'irrite point; il ne présume point le mal.

» Il ne se réjouit point de l'iniquité, il ne se réjouit que dans la vérité.

› Il endure tout, croit tout ce qui est bien, espère tout, souffre tout.

» L'amour n'a jamais de fin.

» Les prophéties s'évanouiront, les langues cesseront, la science sera détruite;

» Car en partie nous connaissons, et en partie nous prophétisons.

» Quand donc viendra ce qui est parfait, ce qui n'est qu'en partie s'évanouira.

» Lorsque j'étais petit enfant, je parlais comme un petit enfant; quand je suis devenu homme, j'ai rejeté ce qui était de l'enfant.

» Maintenant nous voyons, comme en un miroir, en énigme, mais alors face à face. Maintenant je connais en partie; alors je connaîtrai
comme je suis connu.

» Maintenant demeurent la foi, l'espérance et
l'amour, ces trois.... Mais d'elles la plus;grande
est l'amour. » (I *Cor*. XIII). ·

Citoyens des cités de l'avenir, si vous préten-
dez établir la cité vraiment républicaine, vraiment
égalitaire, vraiment riche parce que tous y seront
riches, sans vous aimer comme des frères et
vous sacrifier les uns pour les autres, sans l'a-
mour, vous ne réussirez pas ; vous ne réussirez
qu'à faire une cité de misérables, en qui les uns
seront misérables par excès de richesse et de
production, et les autres le seront par excès de
travail et de stérilité.

Si vous composez votre cité de savants, parlant toutes les langues des hommes et des anges, et que vous ne trouviez pas moyen d'y al-
lumer l'amour des citoyens les uns pour les autres, vous n'aurez réussi qu'à faire sonner
vainement l'airain, qu'à faire retentir en vain la
cymbale, qu'à battre, comme dit le peuple, la
grosse caisse.

Si vous composez votre cité de prophètes, de
doctes en tout genre, d'hommes de foi capables

de remuer les montagnes, et que vous n'y mettiez pas l'amour, vous n'aurez rien fait.

Si vous composez votre cité d'hommes riches qui distribuent tous leurs biens aux pauvres, et d'hommes vertueux assez énergiques pour mépriser les flammes, et que vous n'allumiez pas l'amour dans votre cité, que vous serviront toutes vos merveilles?

Composez votre cité de frères qui s'aiment les uns les autres, qui soient patients les uns à l'égard des autres, animés de bienveillance les uns envers les autres, qui ne soient point envieux les uns des autres, ne se contrarient point les uns les autres, ne s'enflent point dans l'égoïsme, les uns devant les autres!...

Composez votre cité de frères qui ne se méprisent point les uns les autres, qui ne recherchent point leur propre bien, qui ne se mettent point en colère les uns contre les autres, qui ne sachent point présumer le mal.

Composez votre cité de frères qui ne se réjouissent point du malheur, qui ne se réjouissent que du bien et de la vérité!

Composez votre république de l'avenir, de frères véritables qui s'aiment et par là même endurent le mal, croient toujours le bien, espèrent tout ce qui est bon, souffrent tout avec patience.

Si vous les composez de la sorte, vos républiques, elles auront pour leur élément fondamental l'amour, et n'auront jamais de fin.

Prophéties, langues, sciences, tout passera parce que tout cela n'est qu'imparfait et que le parfait seul reste.

Or l'amour est le parfait lui-même. C'est Dieu.

Votre république de l'avenir, ainsi construite sur l'amour, ne sera plus l'enfant; elle sera l'homme lui-même qui aura rejeté tout ce qui était de l'enfant.

Vous ne voyez, aujourd'hui, citoyens, ces choses futures que comme dans un miroir, en énigmes; alors vous les verrez face à face.

Vous ne connaissez maintenant qu'en partie la gloire qui vous attend dans votre Jérusalem de l'avenir; alors vous la verrez et la connaîtrez comme vous êtes connu de votre frère.

Aujourd'hui, dans l'éblouissement de vos mirages, vous avez en embryon la foi, l'espérance et l'amour, trois fondements sublimes de ce qui est vrai, beau et bon; mais le plus grand des trois est celui qui doit rester à jamais dans l'idéal de vos conceptions et dans le réalisme de vos progrès; celui qui doit, dans la consommation des choses, vivifier tout le reste, c'est l'amour.

Que voulez-vous faire sans l'amour? En son absence ne règnent que la haine et la guerre. Point de travail en commun, et, partant, point de travail fécond. C'est l'accaparement des uns sur les autres ; c'est l'usure ; c'est le vol ; c'est la soif du sang qui vous plonge et noie dans le déluge de tous les maux. Ici l'opulence, plus loin la paresse, ailleurs le travail qui s'engraisse seul, ailleurs l'oisiveté solitaire qui maigrit, partout la maladie et la mort! En l'absence de l'amour, voilà votre sort à jamais : c'est l'enfer éternel !

Ne le savez-vous pas bien, mille fois trop bien, par votre passé?

Avec la fraternité, avec l'amour entre les frères, vous aurez l'aumône dans le particulier, laquelle se transformera sans peine, dans le public, en quelque chose de commun qui sera plus digne et qui couvrira d'un voile honorable l'humiliation du malheureux. Ce sera la bienfaisance humanitaire, invisible dans ses effets immédiats, qui deviendra quelque chose qu'on n'a pas encore compris dans nos siècles de l'ignorance et de l'énigme: ce que les Pères de l'Eglise appelaient le patrimoine des déshérités, deviendra loi sociale, selon la pensée sublime exprimée par le titre de Fr. Huet : *le Règne social du Christia-*

nisme. Ce sera un partage dans l'honneur et la paix.

Alors régnera le pardon général du coupable, qui seul moralise et réhabilite ! alors sera donnée d'elle-même, l'amnistie universelle.

Alors se déploiera l'élévation de tous au bonheur commun, par l'assistance donnée à tous les besoins légitimes sans la recherche des causes infamantes qui auront attiré le malheur.

Alors se réalisera la réhabilitation générale par l'ascension des cœurs de mauvaise volonté à la dignité des cœurs honnêtes.

Alors, délivrance universelle et liberté.

Car point de limites aux merveilles de l'amour! point de bornes à sa puissance ! point de terme à ses enfantements !

Qu'avez-vous obtenu jusqu'à présent avec tous vos essais, en vous passant de l'amour? Rien, puisque le monde, que vous travaillez si fort, n'a pas cessé d'être l'enfer.

Vous avez, hélas ! oublié le bon remède, le grand remède efficace, l'amour dans la fraternité !

L'amour seul engendre le sacrifice de soi à ses frères ; or, sans le sacrifice de l'égoïsme à la fraternité, qu'obtiendrez-vous si ce n'est la contention, la dispute et la guerre !

La stricte justice ne se renfermera ni se dilatera jamais par elle-même dans ses limites exactes. Si l'amour ne vient la pousser jusqu'au sacrifice, elle s'écartera toujours jusqu'à l'absorption de l'autre à son profit, et cessera d'être la justice.

La justice n'aura jamais de valeur pratique absolue sans l'amour.

La justice isolée s'arrête à un positivisme supérieur, oui, supérieur sans doute, mais sans vertu émolliente sur le matérialisme sec; elle entr'ouvre bien le vestibule du socialisme, mais ne conduit point jusqu'à son sanctuaire. L'amour seul connaît bien cette porte-là.

L'humanité ne deviendra fraternelle qu'en devenant vraiment socialiste. Jamais elle ne se couronnera de l'auréole du profond socialisme, si l'amour lui-même ne se charge d'en décorer son front.

Frères! aimez-vous les uns les autres, et vous ferez tout ce que je vous ai dit dans mon livre. Oui, d'un seul coup, par l'amour, vous résoudrez tous les problèmes.

O Paris, ô peuple français, toi qui es le grand peuple révolutionnaire, le peuple travailleur sur tous les ateliers, sur ceux de l'intelligence et du cœur comme sur ceux de la matière! toi qui produis toutes choses! toi qui es encore le plus

riche des peuples au soir même de la défaite !
Gloire à toi ! gloire à tes œuvres ! père des révolutions ! reste ! reste ce que tu es pour révo-
lutionner toujours !...

Garde bien tes propres écarts, parce que
dans tes luttes, tu n'aurais pas cette ardeur
des miracles, si tu n'avais cette fureur des fo-
lies !

Si tu n'étais pas athée aujourd'hui, tu ne se-
rais pas demain le peuple-prêtre du Très-Haut !
car tu vas bientôt, n'est-ce pas? te rendre justice
à toi-même.

Pour garder ton action dans la sagesse, il faut
que tu gardes ta facilité d'aberration dans la
folie.

Bois le vin de la fureur pour, en fin de compte,
t'enivrer de pardons, de grandeurs et d'amours.

Dans ton Paris, ô France, l'un est si souvent
le compagnon de l'autre !

Reine des villes de la terre, il faut que tu aies
tout fait dans les splendeurs de l'humanité laborieuse.

Il faut que, lassée de verser le sang des veines
sociales, tu apprennes enfin aux esprits à s'aimer
entre eux d'un amour solide.

Lève-toi aux ardeurs de l'amour! Et tu auras
tout conquis : Le coupable sera réhabilité; La

vertu sera triomphante ; Le bien-être régnera
en tout lieu sous ton égide ; Les battements de
la paix remplaceront ceux de la guerre.

Courage ! grand peuple des révolutions ! poursuis ton œuvre ! Il te reste à consommer la révolution de l'amour, l'œuvre humanitaire du fils
de l'homme ! l'œuvre du salut universel !

Commune de Paris, tu as osé demander,
sous les yeux d'un vainqueur, la liberté des
groupes dans la communauté, avec la liberté
des individus. N'as-tu pas encore à parfaire
cette liberté désirée, cet individualisme supérieur ?

Grand peuple ! tu t'es agité dans toutes les
poses ! tu as interrogé toutes les révolutions humaines, jusqu'à celle du sombre athéisme que
tu essaies, en ce moment, pour ta honte. Tu en
verras la consommation sinistre ! et alors tu es-
saieras de la révolution dernière, de la révolution
de l'amour, qui clora toutes les autres en faisant
amis tous les frères.

Assez de sang a coulé dans les rues. Apprends
au monde à proclamer les grandes amnisties !
et tu auras, ô mon peuple révolutionnaire, bien
couronné ta gloire ! car, sans l'amour qui par-
donne, tes fils resteront toujours redevables les
uns envers les autres ; et la grande liquidation

23.

sociale ne se fera jamais, la grande liquidation des esprits et des cœurs, que je te ferai comprendre dans les deux volumes qui suivront celui-ci.

———

POST-SCRIPTUM

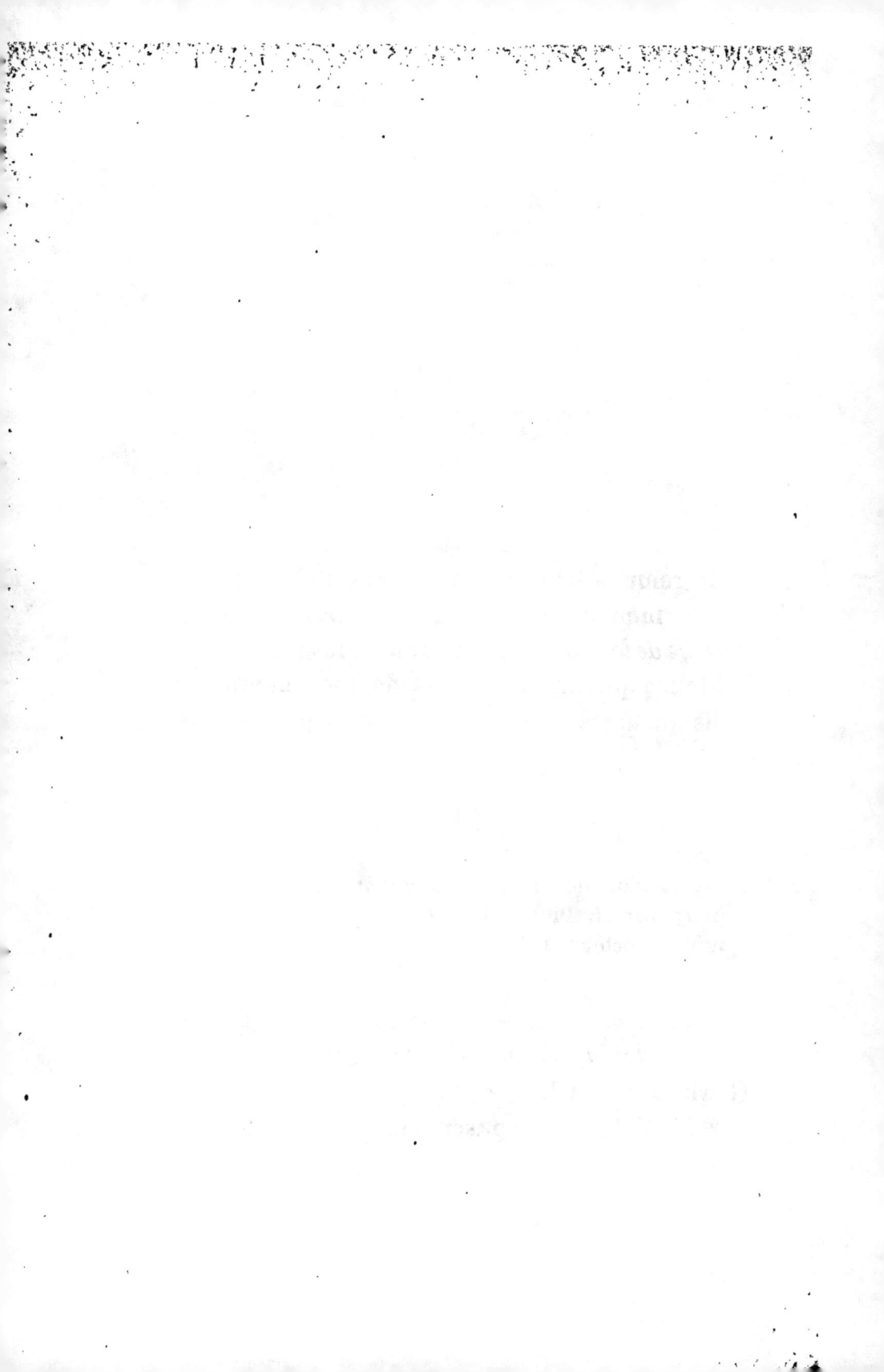

POST-SCRIPTUM

Je remplis ici la promesse que j'ai faite, à la fin de mon second volume *De la justice dans l'usage de la propriété*, en donnant les principales critiques qui ont été faites de mes ouvrages, dans quelques revues, depuis cette publication.

I

L'appréciation de *l'Eglise démocratique et sociale de la liberté* par M. Pillon, dans *la Critique philosophique*, nᵒ du 10 octobre 1878.

« Bibliographie. — *L'Église démocratique et sociale de la liberté*, par le docteur Junqua. (Paris, Fischbacher, 1878.)

» L'objet de cet opuscule est de tracer le plan

d'une Eglise nouvelle. L'auteur M. J., est un ancien prêtre catholique, sorti du giron de l'Eglise romaine après les décisions du concile du Vatican. Désabusé du papisme, M. J. ramène toute la religion à la morale envers Dieu, envers soi-même et envers ses frères. Il rejette tous les commandements d'Eglises, toutes les lois positives que les sacerdoces ajoutent aux vraies lois divines révélées « par la raison, par la conscience, par la nature » (p. 38).

» L'Eglise dont M. J. s'efforce de préparer l'avénement s'appellera *démocratique*, parce que tous ses ministres seront élus par le suffrage universel des fidèles (p. 51). Elle n'aura « pas plus de pape que le peuple de la Révolution n'aura « d'empereur et de roi » (p. 52). Elle s'appellera *Eglise de la liberté*, parce que toutes les observances et pratiques religieuses y seront à la libre dévotion des fidèles, et qu'elle se gardera de les présenter à la conscience comme obligatoires. Elle sera théiste, parce que ce qui existe suppose une cause universelle, laquelle « ne peut être aveugle, puisque, dans ses effets, il y a de l'intelligence et, qui plus est, des intelligences » (p. 39). On y sera d'ailleurs libre de professer, sur la nature de Dieu, telle croyance que l'on voudra.

» M. J. use de cette liberté en exposant son propre système sur Dieu et sur les rapports de Dieu avec le monde. « Toute créature, dit-il, est à la fois Dieu et elle-même ; elle est Dieu par le fond de son être, et elle est elle-même par la délimitation qui la détermine ; Dieu a un *moi* qui est universel, une intelligence qui est universelle, une conscience qui est universelle, une liberté qui est universelle. Il sent tout, en se sentant ; il voit tout, en se voyant ; il pense tout, en se pensant ; il aime tout, en s'aimant. C'est pour cela même qu'étant le moi universel, comme le moi relatif, ma conscience, est le moi particulier de tous mes membres, il connaît tout, jusqu'aux plus secrètes pensées de nos cœurs. C'est pour cela aussi que rien ne peut échapper à son éternité, ni le passé, ni le présent, ni le futur ; les trois sont compris dans son *moi*, point immobile, en soi toujours présent, dans lequel coule le temps, comme un fleuve sans fin dont la source se confond avec l'embouchure, la source étant le point infini, l'embouchure également. Donc, tout être est *Dieu* en même temps qu'il est soi. Donc, tout homme est *Dieu* en même temps qu'*homme*. Donc, tout homme est *Christ* en un certain degré » (p. 109).

» M. J. met ce panthéisme en règle avec la

morale, en réservant trois choses : 1° la personnalité divine ; 2° la personnalité libre et responsable de l'homme ; 3° l'immortalité personnelle avec état conforme à la justice. Il eût été bon de le mettre également en règle avec la logique, d'en résoudre les contradictions, de montrer comment se concilient en Dieu la *substance*, qui embrasse et contient tout en elle-même, et la *personne*, qui ne peut se déterminer comme personne qu'en se distinguant de tout, et qui laisse subsister hors d'elle d'autres personnes libres et responsables. Heureusement, tout en déclarant que cette vieille métaphysique « est aussi claire pour lui que les axiomes de la géométrie », il accorde qu'elle ne sera nullement un *Credo* nécessaire à l'admission dans l'Eglise de la liberté » ; qu'elle n'est et ne sera que le *Credo* de la bonne philosophie » ; que « tous les sages profonds de son Eglise en feront profession, mais sans exclusion de ceux qui croiraient pouvoir ou devoir expliquer autrement le mystère des mystères » (p. 114).

» L'Eglise de la liberté sera chrétienne, « parce que le christianisme est la gloire de l'humanité, le moteur de la civilisation, la vertu de Dieu opérant parmi nous, le souffle inspirateur des grandes choses, l'espérance du genre humain à jamais » (p. 46). Mais on y sera libre de croire ou de ne pas croire aux miracles en général (p. 105). On y sera libre de considérer les miracles particuliers du Christ, soit comme des faits naturels « qui ont passé pour surnaturels », soit comme « des fruits de la légende chrétienne des premiers siècles », soit comme « de véritables faits surnaturels, ou plutôt naturels aussi, mais produits par une autre puissance que la puissance humaine » (p. 118).

» L'Eglise de la liberté conservera les sacrements traditionnels du catholicisme. Mais ils y seront dépouillés de toute efficace propre, de toute vertu magique, réduits à de purs symboles. Ils ne seront d'ailleurs imposés à la conscience de personne. « Les sacrements, dit M. J., sont la langue de la religion et font partie de l'art religieux... Ce sont des symboles qui nous servent de drapeaux de ralliement, de mots d'ordre, de signes de reconnaissance entre frères... Le lavage avec l'eau pure restera le symbole de l'initiation à la grande civilisation chrétienne... La confirmation restera le symbole de l'enrôlement dans la milice de la liberté... L'eucharistie, le symbole de l'union dans la fraternité... La pénitence, le symbole de la purification des coupables » (p. 66, 67).

» La confession ne sera pas obligatoire dans l'Eglise de M. J.; mais il tient qu'elle peut être excellente si la pratique en reste libre. « Elle peut être utile pour la moralisation de certaines âmes, de beaucoup d'âmes peut-être ; elle peut servir au faible de soutien dans les luttes avec les passions, de consolation aux affligés, d'encouragement aux désespérés, de moyen puissant pour la correction des mauvaises habitudes » (p. 69). Il ajoute que ce qu'il faut repousser dans la confession, c'est bien moins la direction des âmes, laquelle peut être bonne si le directeur est bon, que l'absolution du prêtre, comme formule de rémission des péchés. « En tant que rémission de fautes, que peut faire l'application d'une parole étrangère à l'état d'une âme? N'est-ce pas le repentir sincère, la douleur d'avoir mal agi, avec la ferme résolution de changer de conduite, qui rétablira l'âme dans son état normal devant la vertu? N'est-il pas évident que c'est là tout l'important ? Or, la direction d'un sage, ses bons conseils, ses exhortations pieuses peuvent, sans contredit, mener l'âme à ce repentir et à ce changement de conduite, tandis qu'une parole incomprise, devenue insignifiante par sa répétition même, ne produira jamais ce résultat. C'est donc plutôt la confession, en tant que direction, qui peut avoir son utilité dans la cure des âmes » (p. 69, 70).

» Ici se montre un petit bout d'oreille de l'ancien prêtre. Le mal de la confession est, à notre sens, surtout dans la direction, qui habitue la conscience dirigée à la soumission, à la passivité, et qui en prolonge l'enfance. Le grand bienfait du protestantisme est de l'avoir supprimée, en appelant et en obligeant chaque conscience à se diriger et à se développer elle-même par ses propres efforts et sous sa propre responsabilité. Il est vrai que M. J. ne parle que d'une direction librement acceptée et d'ailleurs séparée de l'absolution sacramentelle. Or, une telle direction ne saurait aller bien loin dans ses effets. M. J., dont la logique est souvent en défaut, n'a pas l'air de voir que la direction sacerdotale, dans le catholicisme, dépend du pouvoir surnaturel attribué au prêtre de lier et de délier, et tombe nécessairement avec ce pouvoir.

» L'Église de la liberté gardera la messe ; mais la messe y sera « dite et chantée dans la langue vulgaire, dans une langue qui soit comprise par tous les assistants ». M. J. ne voit rien d'utile, « pour la civilisation, comme ces réunions au temple et devant le temple aux jours de fêtes » (p. 74). Du reste, nulle obligation de conscience d'assister à la messe; c'est l'attrait, non le devoir, qui y conduira les populations; on leur fera « comprendre l'utilité civilisatrice de ces réunions en les leur rendant agréables par des prédications intéressantes, en leur donnant à savourer le grand art qui charme les esprits par les harmonies de la musique religieuse » (p. 75). La messe exprime et suppose une théologie, la théologie de l'expiation, de la rédemption par le sang du Christ. M. J., qui conserve la messe dans son Eglise, aurait bien-dû nous dire s'il y conserve aussi cette théologie, ou s'il donne à la messe un sens nouveau.

» L'Eglise de la liberté repoussera le célibat ecclésiastique obligatoire. « Le célibat librement observé pour le plus grand bien des autres et par dévouement pour la société, dont on fait sa famille, qui donc le blâmera jamais? C'est le plus sublime de tous les dévouements, c'est le degré suprême de la vertu sociale. Mais la loi qui oblige, sous peine de péché, les ministres du culte à n'avoir pas de famille et à garder la continence, quelle que puisse être la violence de leurs passions, est une tyrannie qui constitue le plus affreux des esclavages. Le célibat n'est beau et méritoire que s'il est supporté librement. Une loi du célibat posée par une autorité quel-

conque est un attentat à la nature. Il en est de
même du vœu de continence. Toute obligation
qu'on s'impose à soi-même pour la vie est sans
valeur. Est-ce que l'individu, dans l'ignorance
absolue où il est de son avenir, peut se condamner ainsi peut-être à l'impossible ? » (p. 77.)

« Les deux chapitres les plus intéressants du
livre de M. J. sont celui où il traite du miracle
en général, et celui qu il consacre à l'éternité
des peines. Le miracle, pour M. J., est un fait
de liberté. « La puissance du miracle, dit-il, consiste dans la puissance d'opérer librement, à
l'aide de certaines lois, qui sont les moyens, la
suspension d'autres lois. C'est la liberté qui se
révèle dans un ensemble de nécessités et de
fatalités. L'intelligence et la liberté sont donc
nécessaires au miracle » (p. 98). La question de
la possibilité du miracle est celle de savoir s'il
existe dans la nature des êtres supérieurs à
nous et doués, comme nous, d'intelligence et de
liberté, et s'il est possible que Dieu, « qui est
nécessairement intelligent et libre, sans quoi
nous ne pourrions pas l'être nous-mêmes »,
exerce « son intelligence, sa liberté, sa puissance, non-seulement en organisant des lois à
effet nécessaire, des fatalités, mais encore en
produisant des actes de liberté » (p. 100). M. J.

résout cette question par l'affirmative; mais en
ajoutant que, « s'il se pose ensuite la question
de chaque miracle en particulier ou de ce qui
passe pour tel, il n'en connaît plus un seul,
surtout dans l'ordre purement physique, sur
lequel il y ait pour lui certitude absolue ».

» M. J. rejette et réprouve le dogme de l'éternité des peines comme incompatible « avec un
Dieu infiniment sage et infiniment bon, auteur
et conservateur de tous les êtres » (p. 62). Il
n'admet pas « qu'un certain nombre de créatures
de Dieu soient fixées dans le mal et dans le
malheur pour l'éternité, par suite d'une mauvaise vie de quelques années, ou même par suite
d'une vie aussi longue qu'on la voudra supposer » (p. 63). Il nie que « Dieu puisse créer et
rendre immortels des êtres dont le bien et le
bonheur définitifs, dans un agrandissement à
échelle relative plus ou moins étendue, ne soient
pas la fin dernière. » Dans le royaume de Dieu,
«des différences sont nécessaires, quant au degré
de bonheur auquel on doit parvenir, quant à la
rapidité du développement, quant au retard du
bonheur et quant à la durée des peines purifi.
catives, lorsqu'elles ont été méritées, en un mot,
quant aux valeurs des âmes et aux effets divers
de l'état moral dans lequel l'être libre se sera

constitué durant la vie présente ; mais le mal
absolu, le malheur éternel ! blasphème contre
Dieu ». Qui a créé l'enfer catholique ? Ce n'est
pas Dieu ; c'est la malice humaine. « Non content de torturer ses frères en cette vie par les
chevalets, par les bûchers, par tous les instruments de douleur et de mort, l'homme méchant,
voulant ouvrir une carrière sans fin à sa vengeance, s'est mis à la place de Dieu et a dit à
son frère : Je te torture ; cette torture va finir
par la mort ; mais une justice inexorable va
reprendre ton âme pendant que ton corps va
pourrir dans la tombe ; elle va la faire brûler par
des feux éternels, près desquels les miens ne
sont que de la fumée... Mais quel esprit sensé
pourrait ajouter foi au *Credo* de l'homme méchant ? Son dieu, à lui, ne peut être le bon Dieu ;
il ne peut être que le dieu du mal et de la souf-
france ; il ne peut être que Satan lui-même, le
mal idéalisé » (p. 64, 65).

» Nous venons de présenter au lecteur le
livre de M. J. : il nous reste à dire quelques mots
de l'objet qu'il s'est proposé en l'écrivant. M. J.
nous invite à sortir avec lui de l'Eglise de servitude, et à fonder, pour la remplacer, une Eglise
nouvelle qui sera chrétienne, démocratique et

libérale. M. J. est un inventeur qui est en retard
de trois siècles : il vient de découvrir la démocratie religieuse et la liberté spirituelle. Qu'il
nous permette de réclamer la gloire de la priorité pour les pères du protestantisme. S'il ne
rêve autre chose qu'une Eglise tout à la fois
chrétienne, démocratique et libérale, il n'a qu'à
regarder autour de lui pour voir son rêve réalisé. Inutile de se tourmenter pour faire du nouveau : l'œuvre est faite, l'institution est fondée :
il n'y a qu'à la soutenir et à l'étendre. M. J. ne
saurait alléguer les opinions et les observances
religieuses particulières qui peuvent lui tenir
au cœur, et qui ne s'accorderaient pas avec ce
qui se croit et ce qui se pratique dans les Eglises
existantes du protestantisme. Le protestantisme
n'est pas une religion déterminée dans ses dogmes et dans ses rites ; il y a place en son large
sein pour toutes les croyances et les observances qui ne sont pas imposées par une autorité
spirituelle. Le mot *protestantisme* exprime une
méthode religieuse, non un *Credo*. M. J., qui
supprime l'article de foi obligatoire et le commandement d'Eglise, qui, par conséquent, n'est
plus catholique, mais qui garde le nom de chrétien, est, qu'il le veuille ou non, protestant. Son
Eglise sera nécessairement protestante. Si faible

qu'il se montre en logique, on peut s'étonner
qu'il ne l'ait pas compris. »

RÉPONSE.

J'ai, d'abord, à remercier M. Pillon de la fidélité de son exposition et à reconnaître publi-
quement que, par cette fidélité même de reproduction, il est un très-remarquable analyste et
reproducteur, compilateur des idées des autres.
Je n'hésite pas à lui en adresser un très-sincère
compliment. Je ne lui ferai pas le même éloge
à l'égard de mes commentaires de la *Déclaration
des droits de l'homme*, puisqu'il n'en a rien dit ;
ces commentaires forment cependant une no-
table partie de mon premier opuscule : *l'Église
démocratique et sociale de la liberté* ; d'ailleurs,
un de mes amis qui, certes, ne saurait mentir,
m'a dit l'avoir rencontré et avoir appris, de
sa propre bouche, qu'il avait été très-satisfait
de cette partie de mon ouvrage, qu'il n'y
trouvait même rien à reprocher. Si M. Pillon
eût senti ce que je ressens pour tout auteur
dont je me donne la peine de faire la critique, il se fût assurément empressé de dire ce
qu'il pensait de ces commentaires, par cela

24

même qu'il n'en pensait que du bien. M. Pillon, au surplus, me reproche, avec un aplomb peu justifié, puisqu'il le fait absolument gratuitement, et sans en apporter aucune preuve, de n'avoir pas de «logique;» c'est encore ce que je ne ferais jamais à l'égard de personne sans avoir grand soin de dire en quoi et pourquoi; mais passons là-dessus, et voyons donc si ce ne serait pas lui qui mériterait ce reproche.

« M. J..., dit-il en parlant de mon panthéisme, met ce panthéisme en règle avec la morale en réservant trois choses : 1° la personnalité divine; 2° la personnalité libre et responsable de l'homme; 3° l'immortalité personnelle avec état conforme à la justice. Il aurait été bon de le mettre également en règle avec la logique, d'en résoudre les contradictions, de montrer comment se concilient en Dieu la *substance* qui embrasse et contient tout en elle-même, et la *personne* qui ne peut se déterminer comme personne qu'en se distinguant de tout, et qui laisse subsister hors d'elle d'autres personnes librement responsables. »

Je demande d'abord à M. Pillon s'il entend exiger de moi que j'explique le grand mystère de *l'être* qui ne peut être, me dit l'ontologie, sans être éternel, et qui pourtant se présente en

moi-même, dans ma propre conscience, dans
ma propre pyschologie personnelle, comme se
personnifiant dans un *moi* particulier, non pas
distinct du tout, mais étant soi, se pensant soi
dans le tout. Si c'est là ce qu'il me demande
d'expliquer pour me mettre d'accord avec la
logique, je lui réponds que c'est lui qui pèche
contre la logique en me faisant une telle injonction, attendu qu'il est absurde de demander à
quelqu'un l'impossible, et que l'explication de
l'*être* est à jamais impossible à l'esprit particulier et relatif qui se sent compris dans le tout,
et qui ne se distingue du tout, pour se person-
nifier, que par son propre sentiment. Il se sent
soi, mais il se sent, en même temps, dans le tout,
oui, dans le tout que l'ontologie me dit devoir
être nécessairement éternel par sa *substance*.
Cela est sans doute difficile à concevoir et voilà
pourquoi c'est le grand mystère. Mais c'est le
fait positif que me révèle ma propre pensée ;
or il n'y a point à répondre aux faits ; voilà tout
ce que nous dit la logique. Est-ce que celle de
M. Pillon, lui parlerait autrement ? Prétendrait-
il que le *tout* puisse être sans être éternel, en
substance, et se jetterait-il dans la contradiction
catholique d'une partie du *tout*, d'une partie
de la substance, tirée du néant par une création

proprement dite tellement miraculeuse qu'elle
en deviendrait absurde ; ou bien qu'il est faux
pour lui d'affirmer avec sa conscience qu'il est
en lui un quelque chose qui dit *je*, *je pense*, et
qui est bien un *je* particulier. Si telle est la
logique kantienne de M. Pillon, si cette logique
ne craint pas de nier les faits de conscience et
leurs déductions, elle ne sera jamais la mienne,
et je me ferai toujours gloire d'être absolument
dépourvu de cette logique-là.

Je réponds ensuite à M. Pillon par un exemple : Quand vous avez tracé, sur un tableau de
géométrie, des figures, vous n'avez qu'une
substance, le tableau, qui dirait *je*, *moi*, s'il
pensait ; et pourtant vous avez plusieurs figures, qui sont bien des figures spéciales ayant
leur existence propre, leur moi, et qui diraient
je, *moi*, si elles pensaient dans la substance du
tableau, comme je pense dans la substance Dieu ;
et vous avez cela sans que la substance de telle
et de telle cesse d'être la même et d'avoir son
moi universel. C'est ainsi que s'expliquent, à
mon sens, les êtres particuliers qui s'engendrent
et commencent dans l'être général éternel.

Où est donc mon défaut de logique, lorsque
je conçois de la sorte tous les mondes, et que
je les vois, dans l'éternel, se modifier et se

développer sans cesse comme pourraient se modifier les figures du tableau sans que le tableau changeât.

Voilà mon panthéisme : il réserve bien 1° la personnalité universelle, se faisant particulière et relative dans les êtres particuliers ; 2° la personnalité relative de l'homme, par là même ; 3° l'immortalité relative des âmes avec subordination constante à l'éternel tableau qui les soutient ; et je n'en ai pas moins l'unité de la substance portant tout.

Mais pourquoi vais-je chercher des comparaisons dans l'ordre purement matériel, artificiel et en partie mécanique ? La nature ne m'en offre-t-elle pas d'une excellence parfaite dans ses catégories les plus excellentes, dans sa vie végétale, dans sa vie animale, dans sa vie des consciences et dans la mienne propre en particulier ?

Je citerai rapidement quelques faits.

Voyez cette plante qu'on a nommée la sensitive : la plante tout entière n'a-t-elle pas une faculté de sentir les impressions qu'on lui donne et ne répond-elle pas : *je sens*, par les mouvements qu'elle exécute aussitôt qu'on l'a frappée ? N'est-ce pas là une sorte de *moi* général existant dans la plante composée de parties et commun au tout,

24.

c'est-à-dire à toutes les parties se centralisant dans une simple généralité sans aucun organe qu'on puisse lui assigner pour siége ? D'un autre côté, est-ce que chaque feuille appartenant au même tout ne manifeste pas l'impression qu'elle reçoit par son mouvement particulier et ne la manifeste pas d'autant plus vivement et mieux que le coup qu'elle reçoit porte plus près d'elle-même ? Mettez la pensée dans cette feuille, elle dira par réflexion sur elle en son particulier : *je sens*, et ce *je sens* de la feuille empêchera-t-il le sentiment général de la plante ? Ce sera, au contraire, ce sentiment général, lequel, s'il pensait dirait bien : *je sens*, et qui a sa personnalité, tout universelle qu'elle soit, ce sera ce sentiment lui-même qui se fera particularité, dans la feuille et, en s'y particularisant, s'y sera formulé dans une relation toute spéciale. J'ai dit: s'il pensait, ce *si* est peut-être de trop : qui oserait m'affirmer avec certitude que la sensitive ne pense pas ?

Autre exemple. Voyez cette grenouille : vous avez devant vos yeux un animal entier dont tous les mouvements se coordonnent avec harmonie ; vous avez une unité animale, un tout harmonique, une *âme vivante*, selon le langage de la Genèse antique. Or ce *moi*, cette

personnalité générale, empêche-t-il les senti-
ments divers qui le personnifient dans les
organes particuliers de l'animal? Vous allez
dire : « L'animal a un cerveau centralisateur de
toutes ses impressions. » Eh bien ! enlevez son
cerveau à la grenouille ; elle continuera de vivre ;
elle aura perdu certaines facultés ; elle aura
perdu la mémoire ; elle passera devant la
nourriture, et en perdra le souvenir si promptement qu'elle ne se tournera plus vers elle, à
l'instinct du mouvement à faire pour la saisir ;
le souvenir n'existera plus chez elle, mais la
bête continuera d'avoir la vie, et chaque
membre aura son mouvement propre ; pourtant
le cerveau n'existant plus, il n'y aura plus dans
l'animal de ces facultés qui ne se manifestent
qu'à l'aide de cet organe. On dira peut-être
que, dans ces animaux inférieurs il y a partout
et, du moins, le long de la colonne vertébrale,
des ganglions qui font, jusqu'à un certain
point, l'office de petits cerveaux ; soit. Mais
qu'importe ; toujours est-il qu'il reste dans la
grenouille, ainsi mutilée, une vie générale, et
que cette vie, ayant sa personnalité en son être
de grenouille, n'en a pas moins sa personnalité
propre à chacun de ses organes, par exemple à
son cerveau, quand il existe, pour s'y mani-

fester en souvenir et fonction de coordination, à ses ganglions pour s'y manifester par eux en telles et telles sensations et mouvements, etc. Or il en est ainsi de l'univers : il existe dans ce grand animal, une force vitale universelle, qui suppose nécessairement une substance universelle, indivisible et spirituelle parce que, si elle était divisible, elle ne consisterait qu'en parties distinctes, contiguës, essentiellement séparées les unes des autres et ne pouvant se fondre dans une unité ; cette force et cette substance commune produit un *moi* personnel commun, car, à mon sens, tout ce qui est un *moi* est personnel à soi ; c'est la seule bonne définition que je puisse donner du *moi* et du *personnel* ; de plus, cette substance commune, qui est esprit et non matière, est le dieu panthée, âme de l'univers, elle se pense et se dit *moi* éternellement et primordialement, puis elle a la propriété éternelle de la production, c'est-à-dire de se particulariser ou modifier en *moi* particuliers, au moyen d'organes spéciaux plus ou moins parfaits. Celui par lequel elle se fait homme est certes un des plus admirables.

Troisième exemple. Celui-là est tiré de la conscience humaine elle-même : J'ai une conscience qui est universelle en moi, qui n'appartient pas plus à une partie quelconque de mon corps qu'à mon corps tout entier, aussi longtemps que mon corps et tous ses membres ont la vie. Cette conscience est aussi bien la conscience de mon bras et de ma main que celle de mon cerveau puisqu'elle est la conscience de *tout moi* et que mon bras et mon cerveau sont des portions de *moi*. Or cette communauté générale empêche-t-elle la fonction conscientielle de chacun de mes organes, de mon cerveau, de chacun de mes bras, de mon abdomen, etc.? Voilà une personnalité universelle par rapport à tout mon être, qui se personnifie relativement à chacune des parties de mon être. Il en est encore ainsi de l'univers: le dieu-substance, âme universelle, sans cesser d'être la substance universelle, s'y personnifie spécialement dans chaque organe et par chaque organe, de manière à ce qu'à l'aide même de son universalité, il se fasse homme, animal, plante, et le reste, ayant chacun leur âme prise à même de l'universalité, ne lui enlevant rien de son être, mais bien plutôt le complétant sans cesse, attendu que la production permanente, éternelle dans sa succession quant aux individus, n'ajoute jamais rien à la substance absolue, qui est parfaite en propriétés puisqu'elle est absolue, mais cependant présente un épanouissement indéfini d'elle-même. Ainsi un homme qui a le progrès dans sa nature, ne cesse pas d'être lui-même, en progressant, quoiqu'il développe, à l'indéfini, les possibilités qu'il renferme. Ainsi un triangle reste éternellement triangle, quoi qu'on puisse tirer, en fait de lignes et de figures, la science du géomètre.

Je m'arrête là et je dis avec assurance : Non, il n'y a pas contradiction entre l'unité du tout, qu'on peut appeler personnelle, si elle se résume dans un *moi*, dans une conscience, ce que je soutiens, et la personnalité humaine d'une conscience relative qui en fait partie. Est-ce que dans un polypier, chacun des polypes n'a point sa personnalité individuelle et n'appartient pas, en même temps, à une personnalité commune, qui est celle du polypier? Est-ce qu'une éponge n'a pas son unité d'éponge tout en étant composée d'une multitude de petits êtres qui ont chacun la leur? Si je voulais poursuivre cette voie des comparaisons, ma route se prolongerait indéfiniment, et l'on me reprocherait d'ajouter un livre à un livre.

En tout cas, je n'ai prétendu ouvrir qu'un

petit coin du mystère, et je résume mon essai
d'explication dans la formule suivante :

Celui qui voudra comprendre quelque peu:
DIEU ET L'UNIVERS *n'a qu'à se représenter l'*ÊTRE
*dans lequel nous sommes, et dont nous faisons
partie, comme possédant l'existence éternelle, et,
avec cette existence toujours présente, la propriété
productive et génératrice, de laquelle résulte
sans cesse la génération spontanée aussi bien que
les autres générations, et par suite le temps, avec
ses successions de* MOI *particuliers, dans l'éternité
de la substance* MOI *absolue.*

Mais M. Pillon voudrait-il, pour m'accorder
la qualité de logicien, que je le lui découvrisse
tout entier ?... J'avoue que, devant ce mystère
de l'être, je me sens confondu, et que je n'ai
ni le temps, ni l'espace, ni la force de lui ôter son
voile. Je laisse volontiers cette besogne à
M. Pillon, si le cœur lui en dit et s'il pense,
comme moi, que son maître Kant ait laissé, là-
dessus, comme tous les maîtres en philosophie,
beaucoup à désirer et beaucoup à découvrir.

A propos de la confession, de laquelle je dis
une chose de simple bon sens naturel, à savoir
que je n'y comprends, comme sensée, que la
direction et les conseils sages d'une âme agissant sur une autre âme, tout naturellement

parce qu'elle sera plus expérimentée et plus instruite, M. Pillon me fait l'objection banale des protestants : « Le mal, dit-il, de la confession est, à notre sens, surtout dans la direction qui habitue la conscience dirigée à la soumission, à la passivité, et qui en prolonge l'enfance. Le grand bienfait du protestantisme est de l'avoir supprimée en appelant et en obligeant chaque conscience à se diriger et à se développer elle-même par ses propres efforts et sous sa propre responsabilité. Il est vrai, ajoute-t-il en insinuant la réponse, que M. J. ne parle que d'une direction librement acceptée et d'ailleurs séparée de l'absolution sacramentelle, et une telle direction ne saurait aller bien loin dans ses effets. M. Junqua, dont la logique est souvent en défaut, n'a pas l'air de voir que la direction sacerdotale, dans le catholicisme, dépend du pouvoir surnaturel attribué au prêtre de lier et de délier, et tombe nécessairement avec ce pouvoir. »

En vérité, que fait donc ici M. Pillon de cette logique avec laquelle il juge « que je suis si souvent en défaut? » N'a-t-il pas compris que je n'admettais point ce pouvoir surnaturel que le catholicisme attribue au prêtre de lier et de délier? Certes je ne l'admets pas, puisque je n'admets rien de surnaturel dans l'Eglise. Je ne suis pas meilleur protestant que catholique sur ce principe général. Je n'admets que la raison, et suis *protestant*, selon l'étymologie du mot, contre toute religion à ce point de vue, *protestant* aussi bien contre le protestant lui-même qui garde l'absolution sacramentelle plus ou moins miraculeuse et rejette la direction des bons conseils, qui est la seule chose raisonnable que puisse admettre la nature et qu'elle admet dans toute pratique de la vie. Est-ce que j'ai commis une faute de logique en tirant de mon principe général ma déduction par laquelle je rejette la valeur *surnaturelle* de cette absolution tout en conservant la valeur *naturelle* de cette direction? Et lui, qui fait l'inverse, pourrait-il me dire où est sa *logique* à lui, et comment il tire sa déduction?

D'après le catholicisme, il est vrai, le pouvoir surnaturel de la direction est lié au pouvoir surnaturel de lier et de délier. Mais où a-t-il pris le droit de supposer que je pense, là-dessus, comme le catholicisme? Je pense exactement le contraire, et je reproche précisément au protestantisme d'avoir trop pensé comme le catholicisme. Ce dernier vous donne, en vous donnant la confession, deux choses : l'une qui n'a rien que de naturel et de raisonnable, dans certains cas au

25

moins qui peuvent très-facilement se rencontrer :
c'est l'influence des bons conseils sur une âme
plus ou moins déviée ; l'autre, qui est toute surnaturelle, ne se justifie pas en droite raison, et
n'est, en définitive, qu'une superstition et qu'une
amulette ; c'est l'absolution surnaturelle. Le protestantisme de M. Pillon rejette la chose bonne
ou qui, du moins, peut être bonne, et ne garde
que l'*amulette*. Que pourrais-je dire d'une pareille logique à celui qui m'accuse, avec tant de
pédantisme, de manquer de logique ?

Qu'il tire lui-même la déduction. Elle suffira
pour éloigner de la superstition protestante toutes
les sympathies du philosophe ; elle suffira pour
me donner suffisamment raison sur ce que je
pense du protestantisme, à savoir qu'il n'est,
plus encore que le catholicisme son vieux père,
qu'un pur bigotisme de bonne femme, un fétichisme ridicule.

A propos de la messe, le même critique s'exprime comme il suit : « La messe exprime et suppose une théologie, la théologie de l'expiation,
de la rédemption par le sang du Christ. M. J., qui
conserve la messe dans son Église, aurait bien
dû nous dire s'il y conserve aussi cette théologie, ou s'il donne à la messe un sens nouveau. »

Dans un simple programme, où les traits principaux sont seulement indiqués, je n'ai pu entrer dans une étude détaillée des questions nombreuses qui étaient soulevées devant moi par ce catholicisme, que je ne voulais, d'ailleurs, pas plus repousser, dans son culte extérieur, que les autres cultes chrétiens et non chrétiens. Mon Eglise est une vaste synthèse religieuse dont le plan est indiqué par ma philosophie elle-même, qui est panthéistique, et qui conserve toutes les idées raisonnables, même lorsqu'elles semblent aux petits esprits se contredire. Mais je croyais en avoir dit assez, non pas, il est vrai, sur la messe en particulier, mais dans tout mon livre, pour faire conclure aux esprits pénétrants que la messe que je conservais ne serait, dans l'*Eglise de la liberté*, que les agapes mêmes de la fraternité, ne renfermant en soi rien de surnaturel. Si M. Pillon n'a pas pénétré ce sens si raisonnable et si simple, j'en suis fâché pour lui et pour moi. C'est, là-dessus, tout ce que j'ai à lui répondre. Je conserve la messe selon le sens symbolique que la raison permet de lui donner, et, dans les cérémonies extérieures de la messe, je ne rejette que ce qui ne serait pas raisonnable, comme l'usage d'un idiome incompris (et certaines formules inexplicables pour la raison, ce qui veut dire absurdes.

Je lis encore, sur la fin de la critique, dans un jugement général rédigé fort à la légère, ce m'a semblé, ce qui suit :

« M. J. est un inventeur qui est en retard de trois siècles ; il vient de découvrir la démocratie religieuse et la liberté spirituelle. Qu'il nous permette de réclamer la gloire de la priorité pour les pères du protestantisme, etc.

» Le *protestantisme* n'est pas une religion déterminée dans ses dogmes et dans ses rites..... le mot *protestantisme* exprime une méthode religieuse, non un *Credo*. M. Junqua, qui supprime l'article de foi obligatoire et le commandement d'Eglise, qui, par conséquent, n'est plus catholique, mais qui garde le nom de chrétien, est, qu'il le veuille ou non, protestant ; son Eglise sera nécessairement protestante. Si faible qu'il se montre en logique, on peut s'étonner qu'il ne l'ait pas compris. »

Je demande à celui qui revient, avec tant d'insistance, sur ce qu'il appelle ma faiblesse en logique, s'il y a chez lui grande abondance de cette qualité, lorsqu'il a recours à un simple jeu de mots pour me ramener simplement à un protestantisme nouveau, qui n'ajoute rien aux protestantismes des trois derniers siècles. Certes je suis *protestant* dans cette acception, comme le

furent Luther, Calvin, Melanchthon et les autres,
et comme l'avaient été, bien avant eux, tous les
esprits indépendants qui s'étaient insurgés contre
les absurdités scientifiques, religieuses, ou autres, ayant cours dans le monde de la tradition et
du préjugé. Oui, je suis *protestant* de cette manière.
Mais quelle logique y aurait-il donc à conclure
de cette manière large d'entendre le mot, et de me
le rendre applicable, à ce *protestantisme*, simple
hérésie dans le christianisme, qui n'est, comme
son père, qu'une religion surnaturaliste croyant
en *Jésus-Christ fils de Dieu fait homme*, professant
plusieurs *sacrements*, parmi lesquels le *baptême
et sa nécessité*, la *doctrine de la grâce* jusqu'au
fatalisme, et tant d'autres choses déraisonnables,
qu'on peut bien, il est vrai, rendre raisonnables
en les entendant philosophiquement et symboli-
quement, mais qui, entendues comme il les entend, ne diffèrent point de ce qu'elles sont dans
le catholicisme aux yeux de celui qui professe
et croit comme la société dont il fait partie?
Quelle fut donc, dans l'insurrection doctrinale
des pères du protestantisme, cette liberté spirituelle qui plaît tant à M. Pillon, leur soutien à
la fin du xixe siècle? Elle était si peu liberté
qu'avec elle on ne cessait pas d'être assujetti à
mille et mille pratiques, à mille et mille croyan

ces, à mille et mille professions superstitieuses,
dont je viens de citer quelques-unes en exemple. Oh ! si c'est ainsi que vous entendez la liberté, je vous l'abandonne aussi complétement
que j'abandonne la leur à nos républiques des
de Broglie et des de Fourtou.

Si, d'ailleurs, la logique de M. Pillon lui permet, dans la discussion, de ces gros coups de
patte qui consistent à jouer sur le mot *protestant*, la mienne me les défend, et je me ferai
gloire de conserver la mienne.

Dr F. JUNQUA.

II

L'appréciation de mon traité *De la justice dans l'usage de
la propriété, ou du contrat économique des républiques
de l'avenir*, par M. E. Champury, dans la revue *le
Devoir*, du dimanche 30 juin 1878.

« BULLETIN BIBLIOGRAPHIQUE. — *De la justice
dans l'usage de la propriété, ou le Contrat économique des républiques de l'avenir*, par le
Dr JUNQUA. — 2 vol. in-18. Paris, Sandoz et
Fischbacher.

» Nous avons donné à nos lecteurs (p. 109

et 116) quelques remarquables extraits de cet ouvrage alors qu'il était encore inédit.

» Aujourd'hui l'œuvre est parue et nous pouvons la juger dans son ensemble.

» C'est une étude très-étendue et fort bien écrite des droits respectifs que peuvent avoir sur les produits du travail :

» D'une part le travailleur, agissant au moyen d'un instrument de travail dont il n'est pas propriétaire, d'autre part le prêteur de cet instrument de travail, au cas où il n'est pas directement producteur.

» Le principe de propriété est mis en cause. M. Junqua estime qu'il est inexact de dire que le propriétaire ait le droit de disposer *à son gré* de sa propriété. Il peut en *user*, mais cet usage doit être limité de manière à ne pas permettre au propriétaire d'*abuser* de son droit contre l'intérêt de la société ou d'un individu.

» Nous sommes en ceci complétement d'accord avec l'auteur.

» Mais comment arriver à cela?

» En harmonisant les avantages d'une plus grande liberté de l'individu avec ceux d'une plus grande extension du domaine social.

» L'histoire est là pour montrer que deux grands courants se partagent la civilisation tout entière.

» L'un tend à la liberté individuelle et, poussé
à ses conséquences ultimes, aboutirait à l'é-
goïsme ;

» L'autre tend à centraliser de plus en plus
les intérêts et, poussé à ses conséquences ultimes, aboutirait au communisme autoritaire.

» La solution du problème consiste à harmoniser ces deux tendances.

» Pas de communisme autre que le contrat
d'association des citoyens entre eux, pour la
protection des droits et des libertés de l'individu
jusqu'à la limite des abus, qui consisteraient
dans l'atteinte aux droits et aux libertés d'autrui.

» Par conséquent, règne de l'individualisme,
c'est-à-dire de la liberté et de la propriété, à la
condition de l'interdiction de leurs abus par un
communisme suffisant pour amener cette limitation.

» En thèse générale ceci est juste, et nous
sommes d'accord avec l'auteur sur le point de
vue fondamental. Il n'en est plus de même dans
les mesures que M. Junqua considère comme
devant être prises pour amener l'état d'harmonie
qu'il a en vue. En certains cas il nous paraît
trop hardi, en d'autres trop timide.

» Nous ne pouvons examiner ici nos points de
divergence. Le *Devoir* aura à traiter bon nom-

bre des points soulevés par M. Junqua et, à cette occasion, les divergences seront relevées.

» En somme, ce travail sur la *Justice dans l'usage de la propriété* est une œuvre qui mérite un sérieux examen.

» De semblables études rendent des services, car elles attirent l'attention sur des vues d'ensemble que l'on est trop enclin à oublier. »

RÉPONSE.

Merci à M. Champury d'une aussi bienveillante appréciation. Il accepte tous mes principes. Il fait seulement ses réserves sur les « mesures que je considère comme devant être prises pour amener l'état d'harmonie que j'ai en vue. « En certains cas, dit-il, je lui parais trop hardi, et, dans d'autres, trop timide. »

M. Champury ajoute que nos divergences seront relevées dans des articles où il traitera un bon nombre des points soulevés dans mon ouvrage.

Je verrai venir ces études avec le plus vif intérêt, et quand l'occasion me sera donnée de les lire, j'espère que leur auteur me permettra d'ajouter, dans *le Devoir*, mes observations, si la publication m'en paraît utile.

Dr. F. JUNQUA.

25.

III

L'appréciation de la seconde des publications de *l'Eglise de la liberté*, par M. Charles Fauvety, dans la *Religion laïque* du n° 23, 2° année, juillet 1878.

» *Publications de l'Eglise de la liberté. De la justice dans l'usage de la propriété ou le contrat économique des républiques de l'avenir*, par le Dr Junqua, 2 vol. in-18, librairie Sandoz et Fisch- bacher, rue de Seine, 33. — Paris, 1878.

» Nous nous bornons aujourd'hui à l'annonce de cet ouvrage de M. le Dr Junqua. Nous en fe- ferons plus tard connaître l'esprit par des cita- tions. Il y a là une économie sociale qui ne paraît manquer ni d'originalité ni de hardiesse. Voici comment M. Junqua parlait lui-même de ce livre dans son ouvrage de *l'Eglise de la liberté* dont nous avons parlé dans notre numéro de décembre 1877.

» J'espère établir, dans un opuscule spécial (les 2 volumes actuels) d'économie politique, que tout revenu n'est pas légitime, qu'il est beaucoup de revenus qui ne sont que des vols, comme le dit Proudhon, de la propriété entendue dans le sens du droit à un revenu illégitime,

mais aussi qu'il est des titres qui donnent droit
à percevoir des revenus, et qu'alors le revenu
devient une légitime propriété.

» J'espère établir, dans le même opuscule,
qu'il n'est pas exact de dire en un sens, du propriétaire, fût-il le producteur lui-même, qu'il ait
le droit de disposer *à son gré* de sa propriété. Il
peut en user, mais il ne peut en abuser contre
l'intérêt de la société et de ses frères. »

» Jusque-là il est difficile de ne pas être
d'accord avec l'auteur. Mais voici où les divergences commenceront : « Il ne peut, par exemple, (lui, le détenteur de la propriété) la prêter
à usure et renouveler le contrat frauduleux du
premier Caïn qui, possédant des champs en abondance, dit à son frère qui n'en avait pas : je te
prête ce champ, tu le cultiveras à tes risques et
périls, et tu me donneras à perpétuité, à moi ou
à mes descendants, une moitié de ses fruits. »

RÉPONSE.

Puisque M. Fauvety a l'extrême bienveillance
de trouver que mon livre renferme « une économie sociale qui ne manque ni d'originalité ni
de hardiesse, » je compte sur cette bienveillance
même pour qu'il me tienne sa promesse en in-

sérant des citations de mon livre, suivies de ses critiques que je recevrai toujours avec respect comme celles d'un sage. Il trouve déjà qu'il est difficile de n'être pas d'accord avec moi sur le principe que je pose, de l'obligation pour le propriétaire de ne jamais abuser de sa propriété contre l'intérêt de la société et de ses frères, mais il juge, en même temps, que des divergences doivent s'élever sur la question du droit de la prêter à usure à l'imitation du premier Caïn.

J'attends, sur ce point, qui est le point capital, les argumentations de M. Fauvety, bien certain que je suis à l'avance de leur impuissance à réfuter les miennes.

IV

L'appréciation du livre *De la justice dans l'usage de la propriété, ou le contrat économique des républiques de l'avenir*, par M. Malon, dans le *Socialisme progressif*, du 31 août 1878.

« BIBLIOGRAPHIE. — *De la justice dans l'usage de la propriété, ou le contrat économique des républiques de l'avenir*, par le D' JUNQUA. Paris, librairie Sandoz et Fischbacher, 33, rue de Seine. — 2 volumes.

» Nous avons déjà rendu compte d'un ouvrage du même auteur, *l'Eglise de la liberté*, et, comme nous avons fait précéder notre compte rendu de quelques réserves sur le spiritualisme transcendantal qui inspire ce livre, l'écrivain nous a pris à partie dans un post-scriptum de son second ouvrage.

» Il nous dit qu'il ne peut pousser la tolérance jusqu'à professer que la justice est immanente dans l'humanité ; qu'elle est humaine et progressive. L'homme, selon lui, a un besoin permanent *d'un droit divin, naturel et rationnel*.

» Pour l'ensemble de nos lecteurs et pour nous, la question est si peu douteuse, que nous ne la discuterons pas. Le Dr Junqua nous dit encore, que la libre pensée *n'est ni la nuit, ni la folie ; qu'elle n'est point une émancipation désordonnée, une divigation d'enfants échappés, une course à l'aventure d'un cheval de Mazeppa, que la libre pensée a ses devoirs à remplir envers sa propre raison, envers sa dignité, envers elle-même.*

» Si l'honorable écrivain a voulu constater un fait, nous sommes de son avis : la libre pensée est le respect de la dignité et de la raison humaines.

Mais, s'il a voulu nous donner, à nous qu'il qualifie de *matérialistes tolérants*, une leçon, nous ne saurions l'accepter et nous inviterions M. Junqua à donner un coup d'œil sur le spectacle affligeant qu'offrent, pour la dignité humaine, toutes les divagations chrétiennes (pour nous en tenir à celles-là), des Mormons aux chrétiens libéraux, qui se disputent la palme des conceptions étranges, arbitraires et trop souvent absurdes et odieuses.

» Le Dr Junqua affirme que la justice et la morale sont des *imperfectibles* et des *absolus*. Reproduire une telle proposition c'est, croyons-nous, la réfuter.

» Notre auteur nous affirme encore : *Dieu, force absolue qui explique l'être progressif qui est le fait indéniable, qui nous crève les yeux.* C'est précisément cette affirmation qui nous empêcherait de discuter, car le Dr Junqua suppose justement ce qui est en question. On voit par là l'énergie de ses convictions spiritualistes et l'impossibilité où il est de supposer que la vérité n'est peut-être pas avec les croyances de sa jeunesse, quand il s'agit de chercher cette vérité, sans parti pris, les yeux ouverts, la conscience éveillée. Cependant, nous lui ferons une simple objection qui a été faite mille fois. Il nous dit qu'il n'y a pas de phénomène sans cause ; mais cette cause elle-même, quelle est son origine, sa cause? Si vous répondez qu'elle est éternelle, nous vous répondons: pourquoi la matière ne serait-elle pas aussi éternelle? On n'explique pas une inconnue par une autre inconnue.

» Enfin notre auteur nous décoche une phrase que nous regrettons pour lui : après avoir porté le spiritualisme aux nues et maltraité le matérialisme, il ajoute :

» Le matérialisme incendiera les musées, comme les temples, et dira : que m'importe, demain je ne serai plus ».

» Nous ferons humblement observer au Dr Junqua que les matérialistes n'ont pas encore brûlé de musées, pas même de temples, tandis que les spiritualistes ont couvert la terre de ruines. Ne sont-ce pas les premiers chrétiens qui détruisirent tous les monuments religieux et artistiques de la civilisation gréco-romaine? Ne sont-ce pas les mêmes, qui réduisirent en cendres le trésor intellectuel de l'humanité d'alors, la bibliothèque d'Alexandrie [1]?

{ 1. Les chrétiens peu scrupuleux en pareille matière, eurent pourtant honte de ce crime inexpiable, et ils voulurent en charger les Musulmans d'Omar. Malheureusement pour eux, un contemporain de saint Augustin, le prêtre historien Orose,

» Il ne faut pas parler de corde dans la maison d'un pendu.

» Le nouvel ouvrage du D' Junqua ne nous entraînera pas à une telle polémique; il est purement économique, et quand nous aurons fait quelques réserves, nous n'aurons plus qu'à constater et à louer.

» Mais d'abord une critique :

» Notre auteur commence par affirmer qu'il faut réaliser l'individualisme et que tout le mal vient du communisme. Comme nous vivons dans une société individualiste, agrémentée de monopole, mais nullement communiste, dans le sens scientifique du mot, nous nous demandons si l'écrivain a simplement voulu faire un paradoxe. Prétendre que c'est de trop de communisme que souffre la société actuelle, c'est vraiment trop fort.

» L'objet principal *De la justice dans l'usage de la propriété*, est de démontrer l'illégitimité de l'intérêt du capital. A l'appui de sa thèse l'auteur fait intervenir un théologien.

espagnol, très-bon catholique, mais un peu civilisé, paraît-il, reprocha à ses coreligionnaires, au commencement du vᵉ siècle, *c'est-à-dire 300 ans avant Omar*, cet acte de vandalisme. (Voir la lettre, restée sans réponse, du Dʳ Lefort à M. Dupanloup, 1870). Mais notre honorable contradicteur sait tout cela mieux que nous.   (*Note de M. Malon.*)

» On ne s'attendait guère
» A trouver un *théologien* dans cette affaire.

» Il n'en est pas moins très-vrai que ce *théo-logien* raisonne fort bien et qu'il démontre, avec une logique que n'eut pas toujours Proudhon, que l'intérêt du capital est contraire à la justice économique.

» Après une savante digression sur les opinions.des pères de l'Eglise, à ce sujet, il serre la question de plus près et peut dire avec raison :

» L'intérêt fut toujours un vol, non pas un vol moral dans l'individu, mais un vol en soi, un vol réel et matériel que la loi sanctionnait contrairement à la justice immuable, à peu près comme elle sanctionna, durant tant de siècles, malgré la protestation de la même justice perpétuellement insurgée, l'esclavage, la polygamie, le divorce au gré du mari, le fétichisme, les immolations humaines, et toutes les horreurs légales du passé. (T. I, p. 418.)

» Le *théologien* reproche, avec raison, à Proudhon les concessions illogiques qu'il a faites à Bastiat. Quant à lui, il se garde bien d'admettre comme réalités les hypothèses économistes; il s'en tient à cet indiscutable principe de justice :

le travail confère au travailleur la propriété de ses fruits ; à chacun selon ses œuvres.

» Ainsi retranché, il est invincible. Je vais citer comme exemple un passage de sa remarquable réfutation. — Je cite en résumant :

» Le propriétaire n'a un droit réel que sur son capital lui-même, sur une part des fruits de ce capital jusqu'à une accumulation suffisante pour son remboursement, après quoi la terre est payée par le fermier, qui est l'acheteur, et aliénée à son profit, si le propriétaire ne la rachète.....

» Vous avez travaillé dix années autour d'un pommier pour le planter, l'arroser, le tailler, le fumer, le garder, en recueillir les fruits, quand il en a produit. Vous le louez à un fermier, qui s'en occupe, comme vous vous en êtes occupé vous-même nombre d'années. Vous et le fermier vous avez pendant ce temps fait deux choses ; des pommes que vous avez mangées et un germe productif pour l'avenir que vous avez construit sur le sol..... Le travail d'un homme autour d'un pommier, pendant dix ans, vaut le travail d'un autre homme autour du même pommier pendant dix autres années, après lesquelles il le rend tel qu'il l'a reçu. Cela se conçoit même *a posteriori*, car s'il ne l'avait pas

gardé, rien ne dit qu'il existerait encore ; c'est
donc comme s'il l'avait lui-même élevé de nouveau, *et la différence entre les deux ordres de
travaux sur le pommier n'est que le fait de la nature, nullement celui des deux hommes...* Voilà
donc que le fermier a droit, comme vous, à la
moitié des produits du pommier durant les dix
années suivantes.

» Cette part vaut exactement celle que vous
avez reçue.

» Donc vous devez rendre tout ce que vous
avez reçu.

» Or, représentant par A le pommier, en tant
que capital, et par B le prix de location, expression de la moitié des fruits, pendant dix ans,
vous avez : A prêté, me rapporte B; A rendu
rapporte B à mon fermier; donc A prêté me rapporte, en dernier résultat, B — B, ou zéro.

» Il y a dans l'ouvrage de nombreuses dé-
monstrations de ce genre, qui sont instructives
et concluantes, et la conclusion vaut les démons-
trations. La voici :

» Rousseau s'est trompé, en confondant le
droit avec l'abus; il eût dit la vérité complète
s'il eût parlé comme il suit :

» Le premier qui, *s'étant approprié un terrain,
s'avisa de dire à ses frères : cultivez ceci et vous*

*me donnerez la moitié ou le quart des fruits, et
trouva des gens assez simples pour répondre oui,*
fut le vrai fondateur de l'*organisation sociale qui
régit le monde.* Que de crimes, de guerres, de
meurtres, que de misères et d'horreurs n'eût
point épargnés au genre humain celui qui eût
crié à ses semblables : gardez-vous d'écouter
cet imposteur! Vous êtes perdus si vous oubliez que *les fruits de la terre ne sont directement
la propriété que de ceux qui la cultivent.*

» Après avoir ainsi déblayé le terrain, à l'aide
de son théologien socialiste, le Dr Junqua élabore
un projet d'organisation sociale qui n'est autre
que le mutuellisme de Proudhon, bien compris
et quelquefois utilement modifié.

» Nous nous expliquons trop complétement
sur les théories proudhoniennes dans l'*Histoire
du socialisme*, pour que nous ayons à discuter
ici les propositions mutuellistes de l'auteur de la
Justice dans l'usage de la propriété.

» Nous croyons que Proudhon, s'il vivait encore, apprécierait fort un disciple comme le D^r
Junqua. »

RÉPONSE.

L'appréciation de M. Malon, qui est devenu

mon ami, malgré la différence profonde qui
existe entre sa philosophie et la mienne, puisque
la sienne est à peu près athée tandis que la
mienne est parfaitement théiste, ne saurait être,
de la part d'un tel esprit, plus flatteuse et plus
favorable. Je lui en témoigne d'abord toute ma
gratitude.

J'aborde ensuite, et je juge, avec une égale
indépendance, les divers points qui me paraissent
blâmables dans son article.

Il me reproche d'avoir « dit que je ne peux
pousser la tolérance jusqu'à professer que la justice est immanente dans l'humanité ; qu'elle est
humaine et progressive. » Telles sont ses propres paroles.

Or, je suis bien loin d'avoir dit cela. Je professe,
au contraire, que « la justice est immanente et
progressive dans l'humanité, » immanente par
ses premiers principes, par ses axiomes, et progressive par les diverses déductions de ces axiomes dont l'homme acquiert de plus en plus la
connaissance. Elle y est immanente parce qu'elle
est immanente en Dieu qui est le fond et le lien,
comme l'a dit Malebranche, de toute raison et
de tout esprit, et qui, par conséquent, implique
en lui-même l'humanité raisonnable. La justice
est immanente en Dieu ; donc elle est imma-

nente dans la raison humaine qui est son produit constant, sa génération, sa fille égale au
père en substance et renfermant précisément ce
droit divin naturel et rationnel dont je parle et que
notre V. Hugo a appelé *Dieu vivant dans l'homme.*

Voilà un peu de mon panthéisme. Vous me
faites dire, mon cher M. Malon, que « je ne sau-
rais professer la tolérance jusqu'à admettre
une telle doctrine. » Je suis obligé de vous en
faire l'aveu : vous ne m'avez pas compris, vous
ne me comprenez pas; puisque vous dites que
sur ce point fondamental de Dieu dans l'homme
et de l'homme en Dieu « la question est pour
vous et pour vos amis si peu douteuse que vous
ne la discuterez pas. »

Quoi ! croiriez-vous que l'homme, délié de tout
rapport avec Dieu, c'est-à-dire avec une cause
éternelle, existant elle-même sans cause distincte
de sa propre essence nécessaire, puisse être
quelque chose ? Mais, en l'isolant d'un tel être,
que devient-il donc ? Est-ce qu'un être quelconque peut exister sans être *éternel* au moins
par la substance ? En telle supposition, il vous
faudrait dire que l'homme ou tout autre être a
été produit; or rien ne sort de rien, a dit Spinosa après toute la sagesse antique et avec une
exactitude évidente. Il vous faut donc retourner

à l'hypothèse catholique de la création *ex nihilo* puisque vous ne niez pas que l'homme ne soit quelque chose.

Vous dites : « le Dr Junqua affirme que la justice et la morale sont des imperfectibles et des absolus. Reproduire une telle proposition, c'est, croyons-nous, la réfuter. » Vous émettez une telle assertion négative sans en apporter la moindre raison ; je le conçois, attendu que la raison n'en existe point. Si les vérités premières de justice et de morale n'étaient point des imperfectibles et des absolus, que seraient-elles ? en définitive elles ne seraient rien. Par exemple, cette vérité, toute mise qu'elle soit sous forme algébrique : $A = A$, est bien une vérité de justice pure et simple, puisqu'elle n'est que l'énoncé d'une égalité ; or si cette égalité n'est pas absolue, si elle est susceptible de perfectibilité, elle n'est pas, elle n'est rien. Que dirait-elle si elle ne disait pas, absolument et à jamais, que ce qui est, quoi qu'il soit, (car la figure A, en algèbre, peut tout représenter et dit tout ce qu'on veut), est toujours, est, absolument, égal à lui-même ? Si vous dites qu'il n'est pas *absolument* vrai qu'une chose soit égale à cette même chose, ou que ce qui est, est en la manière qu'il est, alors je n'ai plus qu'à vous tourner le dos avec le signe le plus dédaigneux de la pitié : n'est-ce pas évident?

Il en est de même de toute vérité de morale, exprimant un premier principe, aussitôt qu'elle est reconnue avec évidence pour certaine. Par exemple encore, celle-ci : tout bienfait est chose bonne et mérite reconnaissance. C'est encore mon A de l'algèbre $=$ A. Est-ce que cela est susceptible d'augmentation et de diminution? est-ce que cela est susceptible d'être vrai un jour et faux le lendemain? En d'autres termes Est-ce que cela n'est pas absolu?

Et vous me dites, ami, qu'offrir une telle proposition, c'est la réfuter! En vérité, où êtes-vous allé nicher votre esprit?...

Vous ajoutez, à propos de ma définition de *Dieu, force absolue qui explique l'être progressif,* etc., que « je suppose précisément ce qui est en question; » vous demandez « la cause de la cause, » la cause d'une force *absolue,* mot qui signifie qu'elle implique sa cause, sa nécessité en elle-même ; vous demandez aussi pourquoi « la matière ne serait pas éternelle aussi bien que Dieu, » ce qui, en ce cas, la ferait simplement *Dieu.*

Oh ! cher monsieur, vous changez de terrain et de question. Comme je viens de vous l'insinuer par mes additions, j'ai dit simplement que Dieu est l'être éternel et la force absolue, et qu'il vous faut un être éternel, force absolue, sans quoi vous êtes obligé de recourir à l'hypothèse catholique de la création *ex nihilo*. Voilà tout ce que j'ai dit : Dieu pour moi n'est que la force absolue qui donne la raison de tout par la puissance même de modification dont il est dans son essence d'être susceptible, et qui est nécessairement éternelle. Voilà le fait ontologique que je défie une raison saine de nier. Quelle est cette force? de quelle nature est-elle? je ne me suis pas occupé de ce problème. Je soutiens seulement qu'on ne peut pas se passer d'une telle force, quand on veut expliquer l'être. Serait-elle la matière? je ne dis pas oui, je ne dis pas non. De le déterminer aurait besoin d'un ouvrage à part. En tous cas, si vous voulez dire que c'est la matière, vous serez obligé d'ajouter que la matière est susceptible de pensée et d'engendrer l'intelligence puisque vous êtes intelligent, et, en même temps, que cette matière, source des effets de toute espèce, est la force même absolue dont j'ai parlé; et, dès lors vous m'accordez ma thèse, puisque ma thèse ne va pas au delà, dans ce point de la discussion. Pourquoi donc me censurez-vous?

26

Vous me censurez parce que je suis, dites-vous, spiritualiste !

Eh ! mais, niez-vous l'esprit, niez-vous le vôtre, à vous ? Niez-vous ce fait comme fait, quelle qu'en soit la cause ? Non, je ne crois pas que la matière puisse produire l'esprit, mais encore une fois, ce n'est pas la question. La question est seulement de savoir si l'esprit est un fait, soit produit par la matière, soit produit autrement, et si vous êtes obligé de me répondre oui, vous serez dès lors spiritualiste comme j'exige qu'on le soit, en m'accordant le fait de l'esprit. Nous discuterons ensuite sur la cause productrice de ce fait lui-même, si vous le voulez, et dans ce cas, je puis vous répondre que nous irons plus loin si vous le voulez aussi. Mais nous n'en sommes qu'à ce point radical de la nécessité d'une force éternelle absolue, que j'appelle Dieu, qu'elle soit matérielle ou non matérielle, ou tout ensemble, comme le prétendait Spinosa, matérielle et spirituelle.

En somme, je vous demande de me dire si vous accordez la nécessité d'une force absolue éternelle. Pour moi, vous serez théiste, si vous me dites oui, attendu qu'on n'est athée qu'en niant la nécessité d'une telle force.

Vous regrettez, mon ami, la phrase que j'ai

décochée, dites-vous, à votre adresse : « Le matérialisme incendiera les musées comme les temples, et dira : que m'importe ! demain je ne
serai plus ; l'autre (le spiritualisme) pensera à
son âme et à celle de ses frères. » Et pourquoi
donc regretterais-je cette phrase?

Oh ! si je l'avais faite à votre intention seule,
je pourrais la regretter ; Dieu me garde de vous
attribuer les excès qu'elle exprime ! mais je n'en
ai pas eu l'idée ; selon moi la logique du matérialisme raisonnant comme je le suppose, est
parfaite. Est-ce que vous ne trouveriez pas son
raisonnement bon ?...

Ensuite vous vous mettez à vanter les « matérialistes, qui n'ont point encore brûlé de musées ni de temples, pendant que les spiritualistes
ont couvert la terre de ruines, » et vous rap-
pelez le fait de la fameuse bibliothèque d'Alexandrie, objet d'une discussion qui eut lieu naguère,
dites-vous, entre le Dr Lefort et M. Dupanloup [1].

---

1. Je crois qu'en ce qui est de ce nom, M. Malon fait erreur.
Il s'éleva, en effet, une discussion entre le Dr cité et l'*Univers
religieux*; mais l'auteur qui répondait dans ce journal à M. Lefort resta anonyme, et je crois que ce fut plutôt l'abbé Mi-
chaud, *vieux catholique*, que M. Dupanloup. La thèse de M. Mi-
chaud était, en effet, exagérée, elle ne faisait pas assez de concessions, sur le texte d'Orose, aux auteurs anticatholiques.
Il aurait dû mieux pratiquer l'adage : *Amicus Plato, sed ma-
gis amica veritas*.

Oh! comme je le dis dans ma note, je ne soutiendrai pas la thèse du catholique qui prétendait justifier, de tout point, ses anciens coreligionnaires en expliquant le passage, d'ailleurs peu clair, d'Orose. Je dirai seulement que ce qui me semble la vérité sur ce texte, c'est qu'il y eut trois incendies de la fameuse bibliothèque : le premier sous César, mais non par la faute de César et sans que César en ait gardé la responsabilité devant l'histoire ; le second, vers l'an 390 de Jésus-Christ par les chrétiens quant aux livres qu'ils avaient jugés mauvais et qui se trouvaient être les plus nouveaux ; et le dernier, qui consomma la destruction de ce grand trésor de l'antiquité, par les mahométans sous le calife Omar. Ce dernier n'est pas signalé par Orose, qui vivait près de trois cents ans plus tôt, mais paraît assez bien confirmé par les traditions.

Après avoir fait cette concession, ainsi que beaucoup d'autres, pour des destructions d'objets qu'il eût été bon, pour les arts et pour l'histoire, de conserver, et qui furent saccagés par les chrétiens de toute secte, iconoclastes et autres, tous spiritualistes et non matérialistes, nous pourrions en citer dans les temps modernes, de non moins honteuses de la part des matérialistes, par exemple celles de la Commune de Paris en 1871, dans la semaine terrible ; il n'est pas contestable qu'il y eut alors une effervescence de matérialisme et d'athéisme à laquelle on dut des incendies et des tentatives d'incendie.

Je suis, certes, bien loin de me ranger, à ce propos, du côté de l'intolérance réactionnaire, monarchiste ou opportuniste, qui, depuis plus de sept années, ne juge pas encore que l'amnistie soit de saison. Je la demande, moi, cette amnistie depuis bien longtemps, je l'ai demandée avant Victor Hugo, et plus les années s'écoulent plus je la demande avec vigueur. Mais enfin, il faut reconnaître la vérité et, pour être juste, rendre à chacun le bien et le mal qui lui est dû.

Dans ces sortes de questions, il faut toujours maudire la fureur et la guerre, de quelque part qu'elles viennent. Ceux qui se laissent aller à commettre de pareils crimes, qu'ils soient spiritualistes ou matérialistes, ne valent pas mieux les uns que les autres : il n'y a de bon que le pardon et la tolérance.

Cela dit à M. Malon sur ses critiques, dont l'esprit est assez franchement matérialiste et athée, il ne me reste qu'à le remercier de sa bienveillante appréciation de mon ouvrage.

Il la commence pourtant par une censure qu'il est utile de relever.

26.

Assez franchement communiste, aussi bien qu'athée, M. Malon fait une remarque générale sur mon individualisme.

« Notre auteur, dit-il, commence par affirmer qu'il faut réaliser l'individualisme, et que tout le mal vient du communisme. Comme nous vivons dans une société individualiste, agrémentée de monopole, mais nullement communiste dans le sens scientifique du mot, nous nous demandons si l'écrivain a voulu simplement faire un paradoxe. Prétendre que c'est de trop de communisme que souffre la société actuelle, c'est vraiment trop fort. »

Non, non, cher M. Malon, cela n'est pas trop fort. Si vous aviez lu avec plus d'attention encore que vous ne l'avez fait certaines parties de mon ouvrage, et, en particulier, la première partie intitulée *le Passé*, vous auriez pu comprendre comment, en se mettant à mon point de vue et sur mon terrain, tous ces systèmes d'organisation sociale autoritaires qui ont été essayés et qui le sont encore aujourd'hui sous nos yeux, ne sont que des systèmes plus ou moins communistes. Par exemple, tout système monarchiste est essentiellement communiste avec cette restriction que le représentant de la communauté, l'administrateur de la chose commune, sera un seul individu qu'on nommera roi, empereur, dictateur, etc.

D'ailleurs, n'est-il pas bien démontré, dans mon livre, qu'aussi longtemps que le régime économique sera ce qu'il a été jusqu'à .présent, c'est-à-dire fondé sur l'intérêt du capital, ou l'usure, il ne sera jamais qu'un système communiste dans lequel il est essentiellement faux de dire que le travailleur jouit du produit complet de son travail, puisqu'il lui en est constamment soutiré une partie, par autorisation de la loi, laquelle va enrichir sans cesse ceux qui ne font rien et qui ne sont que des prêteurs de capitaux. Assurément ce n'est .pas l'individualisme qui règne dans un tel système, et un tel système n'est bien qu'une sorte de communisme par lequel des étrangers au travail, dans la société, s'enrichissent toujours aux dépens de celui qui a produit.

Or ce régime n'est-il pas le régime propre à tous les organismes économiques pratiqués jusque-là et à tous les états à la mode? Ces états existants sont donc communistes à vrai dire, et non pas individualistes, comme le dit M. Malon, avec monopoles. Sans doute les monopoles y existent, et ils consistent surtout dans ce privilége du capital qui s'adjuge le droit de spolier le travailleur, de le réduire à la misère par tous les moyens qu'invente pour lui la science et parmi lesquels figurent sans cesse les machines, et de s'enrichir sans fin lui-même en accaparant ce qu'il n'a pas fait et en proportion de ce qu'il appauvrit le travail.

Certes, n'est-ce pas là un communisme universel absolument exclusif de l'individualisme et de ses droits? Et vous osez m'affirmer que nous sommes dans une société individualiste, nullement communiste ! Et vous osez me demander si j'ai voulu simplement faire un paradoxe !

A mon tour de vous dire : C'est vraiment trop fort !...

Quant à tous vos éloges, je vous en envoie mon sincère merci avec celui de mon théologien socialiste.

Dr F. Junqua.

V.

L'appréciation du même ouvrage par la *Chaîne d'union de Paris, journal de la Maçonnerie universelle,* dans les n^{os} de juillet et août 1878, p. 330.

« *De la justice dans l'usage de la propriété ou le Contrat économique des Républiques de l'avenir*, par le Dr Junqua [1] deux volumes in-18 jésus, portant pour devise : *Tout par le travail et pour le travail.*

« M. Junqua, écrivain, est ce qu'on ne jugeait pas de lui, nous voulons dire un profond et redoutable penseur, disciple du fameux Proudhon et plus rigoureux que son maître dans la démonstration et dans les déductions qu'il tire des principes. Proudhon, en effet, n'admit pas *l'absolu*, qui l'aurait conduit au théisme ; il ne voulut jamais reconnaître que le *relatif*, principe négatif qui le menait à soutenir que toutes les vérités de justice, qu'il exposait avec une si grande vigueur et un si grand talent, n'avaient rien de fixe, d'éternel, de propre à tous les temps, et que l'humanité, en progressant, n'arrivait pas seulement à perfectionner la connaissance en elle de ces vérités, mais bien à les fonder de toutes pièces. Il résultait, de cette théorie fausse, une faiblesse énorme de raisonnement dans cette intelligence d'élite mais dévergondée, faiblesse qui le conduisait à pouvoir tout soutenir, aussi bien le non que le oui, relativement au temps qu'il considérait. M. Junqua est théiste et admet

1. Chez Sandoz et Fischbacher, 33, rue de Seine. Prix : 6 francs.

l'absolu. Pour lui, ce qui est vrai pour un temps
est vrai pour tous les temps ; c'est, comme le
dit Kant, le roc indestructible, et partant inattaquable, qui fait toujours loi, loi naturelle, loi
invariable, loi absolue. C'est là ce qui rend
M. Junqua plus solide que son maître.

» Après avoir donné au public un ouvrage
de généralités, intitulé l'*Eglise démocratique
et sociale de la liberté*, dont nous avons rendu
compte dans notre numéro de mai de la présente année, page 216, voici que le même auteur
lui donne deux beaux volumes d'économie
sociale, sous le titre mis en tête de ce compte-
rendu.

» Dans ces deux volumes, M. Junqua s'em-
pare de la théorie de Proudhon, la plus radicale,
pose en principe que le fruit du travail n'appartient qu'au travail qui l'a produit et qu'en
conséquence les intérêts, les rentes, les loyers,
les fermages, que recueillent le capitaliste et
le propriétaire pour le prêt de l'instrument qui
sert à produire, est une iniquité entrée dans
les mœurs, mais que l'avenir abolira dans ses
pratiques légales, lorsqu'il aura progressé
jusqu'à la connaissance exacte de la justice
absolue.

» C'est par ce grand progrès, d'après lui, que

la société fera cesser, dans son sein, l'excessive richesse et l'affreux paupérisme, ces deux fléaux qui la tuent à petit feu depuis si longtemps sous les régimes, plus ou moins communistes, qui ont régné jusqu'à présent. L'individualisme, qui consiste à attribuer à tout producteur le fruit de ses peines, finira par triompher du système communiste, qui mélange les droits et les produits en donnant une part à ceux qui n'en sont pas les auteurs, et qui fournit, par là, moyen de vivre sans travailler à tous les paresseux, à tous les oisifs.

» M. Junqua, tout renégat qu'il soit de son catholicisme, et renégat de cette doctrine surnaturelle infaillibiliste aussi vigoureux qu'on puisse l'être, prouve sa grande bonne foi en composant la plupart de ses pages de citations tirées du traité manuscrit d'un théologien, célèbre dans notre époque par beaucoup d'ouvrages circulant depuis longtemps dans le public, sans qu'on en ait remarqué l'importance sociale ; il ne nomme point ce théologien, il lui laisse, dit-il, le soin de se faire connaître lui-même quand il le jugera à propos. Ces citations renferment des argumentations irréfutables pour établir que la doctrine de la bible, de l'évangile, du christianisme et du catholicisme surtout, en ce qui est de l'*usure*, est l'expression même de la vérité absolue, et fera, sur ce point particulier, loi dans l'avenir.

» Nous recommandons à nos lecteurs, ne serait-ce qu'à titre de très-grande curiosité, l'étude de ces deux volumes où se trouve exposée, avec une liaison d'idées sans égale, la théorie proudhonienne de l'*égal échange*, en tant qu'opposée à la théorie malthusienne de la *prévoyance usuraire*.

» Nous avions fait quelques réserves sur la composition artistique du premier ouvrage du D* Junqua, l'*Eglise de la liberté*. M. Junqua a cité notre appréciation dans un *post-scriptum* qui termine son second volume *De la justice dans l'usage de la propriété*; parmi les quatre jugements qu'il en a donnés à lire, c'est le nôtre qu'il estime le seul parfaitement juste. Voici ce qu'il dit : « Cette fois, je n'ai qu'à témoigner mon extrême gratitude au maçon intelligent qui a signé X.... : on ne pourrait comprendre mieux mon premier programme de l'*Eglise de la liberté*, ni exprimer plus exactement la pensée religieuse que j'expose dans l'opuscule et dans ce programme. On ne pourrait, non plus, qualifier avec plus d'exactitude mes commentaires de la *déclaration des droits de l'homme et du citoyen* de 93, tant au point de vue politique qu'au point de vue social et socialiste. Je me ferai, d'ailleurs, un devoir, dans mes autres ouvrages, de tenir compte de l'avis bienveillant qui m'est donné, sous le rapport de l'art, par *la Chaîne d'Union de Paris* ; et c'est en envoyant à son rédacteur en chef, M. Hubert, cet engagement que je lui laisse mon plus sincère merci. »

» Nous n'avons plus à présenter à l'auteur, sur ses deux nouveaux volumes, aucune critique relativement au point de vue de l'art dans l'exécution. La matière que traite M. Junqua, tout aride qu'elle soit en elle-même, est tellement avancée sur l'économie politique présentement pratiquée, qu'elle attendra sans doute longtemps des partisans sérieux, mais elle prend, sous sa plume, un intérêt qui la rend actuelle et vivante, jusqu'au dernier mot, dans son radicalisme extrême. C'est la logique qui distingue cet ouvrage, mais cette logique s'agrémente, çà et là, de développements d'une éloquence très-solide, très-lumineuse et du meilleur goût. »   X...

RÉPONSE.

Je n'ai, encore cette fois, qu'à témoigner mon extrême gratitude au maçon intelligent qui signe

toujours X... quand il parle de mes ouvrages.
Il n'est pas possible de mieux préciser l'esprit
de mon livre, et, à part les éloges qui sont, à
mon sens, considérables, tout est absolument
juste et vrai dans cette appréciation, soit sur
la forme, soit sur le fond de mon système.
Puissé-je désormais mériter toujours les com-
pliments de M. X.

F. JUNQUA.

TABLE

TROISIÈME PARTIE. — LES LOIS.

QUATRIÈME PARTIE ET CONCLUSION. — AMOUR ET FRATERNITÉ.

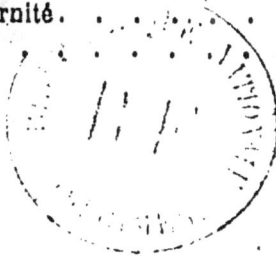

FIN DE LA TABLE.

IMPRIMERIE GÉNÉRALE DE CHATILLON-SUR-SEINE, JEANNE ROBERT

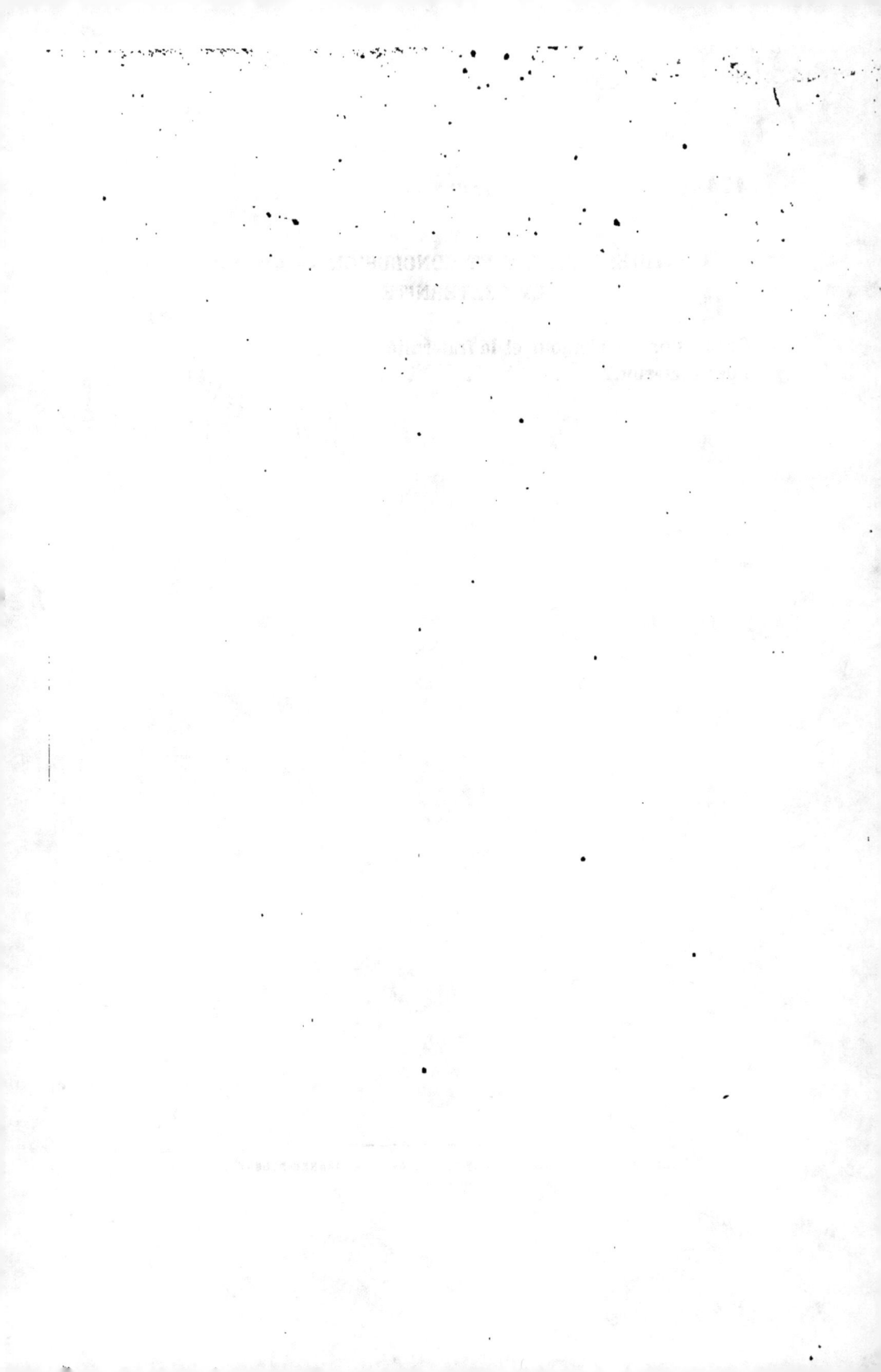